Inhalt

1. Einleitung: Divergenz oder Konvergenz – Vorbemerkungen zum Ländervergleich

Divergenz und Konvergenz

Als sich abzeichnete, dass die jüngste Finanzmarkt- und Wirtschaftskrise durch die staatliche Bankenrettung zu einer Verschärfung der in etlichen Ländern bereits zuvor für problematisch erachteten Staatsverschuldung führen würde, waren erhebliche Auswirkungen auf den öffentlichen Sektor und dessen Arbeitsbeziehungen zu erwarten, zumal der öffentliche Sektor bereits in den Jahrzehnten vor der Krise an gesellschaftlicher Anerkennung eingebüßt hatte, da er als ineffizient galt. Deshalb war er in etlichen Ländern mit unterschiedlichem Erfolg verschiedenen Reform-, Ökonomisierungs- und Privatisierungsmaßnahmen unterworfen worden. Nicht zuletzt vor dem Hintergrund der europäischen Maßnahmen zur Schuldenbegrenzung (Maastricht-Kriterien: Staatsverschuldung max. 60% des BIP sowie max. 3% des BIP Neuverschuldung; verschärfend dann der anschließende Fiskalpakt mit Schuldenbremse) waren weitere Sparmaßnahmen im öffentlichen Sektor zu erwarten. Die zu erwartenden Belastungen für die Beschäftigten, wahrscheinliche Auswirkungen auf die öffentliche Dienstleistungserbringung sowie Auswirkungen auf die Arbeitsbeziehungen und erwartbare Konflikte signalisierten einen erheblichen Untersuchungsbedarf.

In vielen Mitgliedstaaten der Europäischen Union war der öffentliche Sektor seit der Finanzmarkt- und Wirtschaftskrise nicht nur von Sparmaßnahmen betroffen, die Funktion und die Rolle des öffentlichen Sektors und damit auch der Stellenwert der Staatsangestellten sind in Europa ein gesellschaftliches Konfliktthema ersten Ranges. Deutlich wurde dies spätestens durch die Sparpolitik in von der Krise besonders betroffenen südeuropäischen Ländern, aber auch in Irland oder Großbritannien. Allerdings stellt „Austeritätspolitik" hinsichtlich des öffentlichen Sektors keineswegs ein Novum dar.

Mitunter entstand auch in Deutschland der Eindruck, der öffentliche Sektor selbst sei ein zentrales gesellschaftliches Problem. Hoffnungslos ineffizient und der Privatwirtschaft unterlegen, schien der Streit nur noch darum zu gehen, ob noch Hoffnung auf Modernisierbarkeit durch die Übernahme privatwirtschaftlicher Steuerungsinstrumente besteht (*New Public Management – NPM*) oder doch besser gleich privatisiert werden sollte. Seit der jüngsten Krise, die in der europäischen Wahrnehmung eine Metamorphose von einer Finanzmarktkrise über eine Wirtschaftskrise zu einer Krise der Staatsfinanzen gemacht zu haben schien, wurde der öffentliche Sektor in etlichen Ländern nicht nur zum primären Adressaten der Sparmaßnahmen, sondern galt bisweilen auch als Mitverursacher der entstandenen Misere.

Mit diesem Konflikt um den öffentlichen Sektor in der Zeit während, nach, aber auch bereits vor der Finanzmarkt- und Wirtschaftskrise wollen wir uns hier auf eine spezifische Weise beschäftigen, indem wir die Arbeitsbeziehungen des öffentlichen Sektors in Spanien, Schweden, Großbritannien und Deutschland vergleichen, dabei nach Gemeinsamkeiten und Unterschieden suchen und fragen, welchen Einfluss die Finanzmarkt- und Wirtschaftskrise auf die Arbeitsbeziehungen des öffentlichen Sektors hatte oder ggf. auch noch immer hat.

Vor dem Hintergrund bisheriger Forschungen durfte die Erwartung einer gleichförmigen oder sich aneinander annähernden Entwicklung der Arbeitsbeziehungen im öffentlichen Sektor verschiedener Länder als geradezu naiv gelten,[1] auch wenn jüngste Forschungen hier etwas relativieren (Bach/Bordgona 2016). Einige Studien sowie mehrere Argumente lassen sich in unserem Kontext gegen Konvergenz ins Feld führen:

Erstens gibt es eine Traditionslinie der Erforschung der Arbeitsbeziehungen, die immer wieder belegte, dass sich die Entwicklung in den Ländern voneinander unterscheidet. Trotz *grosso modo* ähnlicher externer Einflussfaktoren, deren Veränderungsdruck sich nationale Modelle der Arbeitsbeziehungen nicht gänzlich entziehen können, sprechen ländervergleichende Studien in aller Regel dafür, dass institutionelle Divergenzen gleichwohl nicht verschwinden, sich vielmehr auf veränderter Grundlage in modifizierter Weise reproduzieren (vgl. etwa Traxler 1999; Traxler/Blaschke/Kittel 2001 sowie Forschungen zu den sog. *varieties of capitalism*: Hall/Soskice 2001). Dies gilt auch für die Entwicklung des öffentlichen Dienstes (Bach/Bordogna 2011) und dessen Arbeitsbeziehungen (u.a. Bach et al. 1999). Zwar basiert diese Strömung nicht in allen Ländern auf einer breiten empirischen Forschung, denn Studien zur Entwicklung der Arbeitsbeziehungen des öffentlichen Sektors sind seltener als es etwa die Beschäftigungsanteile des öffentlichen Diensts erwarten lassen könnten. Gleichwohl wurden bereits vor der jüngsten Krise einige Texte verfasst (etwa Ferner 1995; Bach et al. 1999, Martínez Lucio 2007; Ferner 1994; Nomden/Fanham/Onnee-Abbruciati 2003; Nomden/Onee-

1 „Theorists of the diversity of capitalism are (…) eager to play down the implications of globalization, and argue intelligently and forcefully against the naive assumptions of much other literature that globalization somehow abolishes the significance of national differences" (Crouch 2005: 42).

Abbruciati 2002; Masters et al. 2008; Hyman 2008; Olsen 1996; Willems/Janvier/Henderickx 2006), die es angemessen erscheinen lassen, von einem keineswegs gänzlich unerforschten Feld zu sprechen (vgl. auch die Arbeiten in Dell'Aringa et al. 2001), darunter bspw. auch Ausführungen zu den Kollektivakteuren (bspw. Keller/Due/Andersen 2001 zu den Arbeitgeberverbänden) oder den Grundprinzipien der Beschäftigungsverhältnisse (Dualität von tarif- und beamtenrechtlichen vs. weitgehend einheitlichem Beschäftigungsstatus; Zentralisierungsgrad der Regulierung etc.). Bei allen Unterschieden, die sich *en detail* finden lassen, werden in der ländervergleichenden Literatur insgesamt doch die voneinander abweichenden Entwicklungen hervorgehoben. Von Konvergenz ist in der Literatur, die den Forschungsstand vor der Finanzmarktkrise reflektiert, in der Regel jedenfalls kaum die Rede.

Zweitens gelangten Forschungen, denen es weniger um die Arbeitsbeziehungen im Besonderen als um Steuerung und Management des öffentlichen Sektors geht, immer wieder zu dem Resultat, dass sich bereits das Bemühen um Verwaltungsreformen zwischen den Ländern erheblich unterscheidet und die tatsächlichen Veränderungen oft weit auseinanderliegen. In den öffentlichen Sektoren der verschiedenen Länder sahen sich die Akteure der Arbeitsbeziehungen deshalb auch mit verschiedenen Problemlagen konfrontiert, ganz davon abgesehen, dass sie diese Verschiedenheit der Problemlagen zum Teil auch selbst herbeiführten.

Mehrere Studien stellten fest, dass trotz einer häufig an Konzepte des *New Public Management* (NPM) angelehnten Rhetorik mit Verwaltungsreformen länderspezifisch recht unterschiedlich umgegangen wurde (Bach/Della Rocca 2001; Bach/Della Rocca 2000; vgl. etwa Premfors 1998 für das Beispiel Schwedens). Bach/Bordogna sehen mit Blick auf neue Managementkonzepte im öffentlichen Sektor nicht nur die Begrenzungen der Konvergenzthese bestätigt, vielmehr müsse bei Beachtung der gravierenden Länderdifferenzen bezweifelt werden, ob es Sinn ergebe, von einem, wie sie es formulieren, *'varieties of NPM' approach* zu sprechen, „which assumes the prior existence of NPM when it is absent" (Bach/Bordogna 2011: 2291). Haensch/Holtmann (2008: 612) heben hervor, die Verwendung vereinheitlichender Termini vertusche tatsächlich vorhandene Unterschiede und verweisen auf Bevir/Rhodes/Weller (2003: 2): „The aims and results of NPM differ. In the UK, NPM aimed to create the minimalist state. In Norway, it aimed to protect the state." Folgen wir dieser Argumentation, so können die Divergenzen trotz einer Diskurshegemonie angelsächsischer NPM-Konzepte allenfalls unter-, jedoch kaum überschätzt werden. Auch wird darauf verwiesen, dass sich bereits bei den Reformdiskursen selbst erhebliche Unterschiede zwischen den Ländern finden (Naschold/Oppen/Wegener 1998; Wollmann 2002; Wollmann/Marcou 2010). Es ist evident, dass solche Unterschiede im Umgang mit NPM und Verwaltungsreformen auch den Veränderungsdruck auf die Arbeitsbeziehungen des öffentlichen Sektors erheblich modifizieren.

Unterschiede zwischen den Staaten und der Arbeitsweise des öffentlichen Diensts werden mitunter auf die Unterschiede der angelsächsischen und der römischen Rechtstradition sowie Variationen innerhalb Letzterer zurückgeführt. Häufig werden dabei vier Traditionslinien unterschieden (Haensch/Holtmann (2008: 614): *angelsächsisch*: Großbritannien, Irland, Malta, Zypern; *römisch-französisch*: Frankreich, Belgien, Griechenland, Italien, Niederlande, Portugal, Rumänien, Spanien, Luxemburg; *römisch-deutsch*: Deutschland, Österreich, Slowenien, Ungarn, Tschechische Republik, Polen, Slowakische Republik, Estland; *römisch-skandinavisch*: Schweden, Dänemark, Finnland. Unsere vier Untersuchungsländer Großbritannien, Deutschland, Spanien und Schweden gehören demnach jeweils einer der Gruppen an (vgl. auch Pollitt/Bouckaert 2011; Ongaro 2008, 2009; Dell'Aringa et al. 2001).

Drittens weisen auch nicht oder nicht primär auf den öffentlichen Dienst bezogene Studien immer wieder auf divergente Entwicklungen hin und versuchen diese auch theoretisch zu erklären. Etwa werden im Rahmen des *Varieties of Capitalism*-Konzeptes *(VoC)* deutliche Unterschiede zwischen „coordinated market economies“ (CME) und „liberal market economies“ (LME) gesehen. Als typische Beispiele gelten nicht zuletzt Großbritannien vs. Deutschland oder Schweden (Svensson/Öberg 2005). Die Befunde der VoC-Studien, aber auch früherer und mit anderen Ansätzen arbeitender Untersuchungen (zu Wohlfahrtsstaaten bei Esping-Andersen 1990; Schmid 2008), lassen institutionell verursachte Länderdivergenzen erwarten (Lallement 2011). Allerdings gibt es an der Gegenüberstellung von liberaler und koordinierter Marktwirtschaft bei Hall/Soskice (2001), aber auch ähnlicher Ansätze, mittlerweile begründete Kritik. U.a. wird argumentiert, dass sich in den CMEs inzwischen einiges verändert habe. Mitunter wird konstatiert, dass es die Koordinierung nicht mehr gebe (Glassner/Pernicka/Dittmar 2015). Die Kritik etwa von Crouch (2005) richtet sich dabei nicht primär gegen die Wahrnehmung von Unterschiedlichkeit zwischen den Ländern, sondern die Tendenz, auf Basis eines definierten Dualismus Unterschiede *innerhalb* der Länder zu übersehen.[2]

2 Crouch weist etwa darauf hin, dass der militärische Sektor der USA nicht ins Bild einer liberalen Marktökonomie passt und in der Konsequenz auch unzutreffende Zusammenhänge etwa zwischen liberaler vs. koordinierter Marktwirtschaft und Innovationstypus gezogen werden (Crouch 2005: 28).

Konvergenz ist jedenfalls auf der Basis des Ansatzes von Hall/Soskice (2001) nahezu ausgeschlossen und kann aus dem Blickwinkel dieses Konzepts auch für die Arbeitsbeziehungen des öffentlichen Sektors nicht erwartet werden – auch wenn aus unserer Perspektive der Entscheidungsspielraum der Akteure, auch nicht derjenige der Gewerkschaften, nicht vernachlässigt werden sollte.

Wie eng die Zusammenhänge zwischen den jeweiligen Kapitalismusvarianten oder Wohlfahrtsregimes und Entwicklungsvarianten des öffentlichen Sektors und den sektoralen Arbeitsbeziehungen allerdings tatsächlich sind, ist keineswegs unumstritten. Tepe/Gottschall/Kittel (2010) sprechen von „structural fit between states and markets" und konstatieren zwischen öffentlichen Beschäftigungssystemen (offene vs. geschlossene Personalsysteme, Lohnfindungsprozess und Relevanz von NPM-Instrumenten) und „dem jeweiligen Marktwirtschaftsmodell" „ein hohes Maß an institutioneller Kongruenz", sie sprechen geradezu von einer „tandemartigen Passung" (Tepe/Gottschall/Kittel 2008: 393). Gottschall et al. (2015) äußern sich dann jedoch etwas zurückhaltender. Selbst wenn gegenüber einem so hohen Maß an institutioneller Passung oder funktionaler Kongruenz angesichts von Befunden, die zeigen, dass in mancher Hinsicht die grenzüberschreitende intrasektorale Ähnlichkeit ausgeprägter ist, als die zwischen den Sektoren eines Landes (Schmidt 2004: 324), oder die zu zeigen versuchen, dass manche Branchen hinsichtlich ihrer Arbeitsbeziehungen geradezu in einem Gegensatz zur jeweils zugeschriebenen Kapitalismusvariante stehen (etwa Dittmar/Glassner 2017 beim Vergleich des deutschen und des britischen Gesundheitswesens), eine gewisse Skepsis angebracht ist, so sollte doch auch nicht ausgeschlossen werden, dass auch deutlich unterschiedliche institutionelle Ausprägungen der Arbeitsbeziehungen des privaten und des öffentlichen Sektors zueinander in einem funktionalen Passungsverhältnis stehen können. Ähneln sich privater und öffentlicher Sektor vordergründig nicht, so ist dies allein noch kein hinreichendes Argument, um VoC-Konzepte für hinfällig zu halten und die Idee relativ stabiler institutioneller Konstellationen aufzugeben. Zusammenhänge zwischen privatem und öffentlichem Sektor müssen keineswegs lediglich nach dem einfachen Muster der Ähnlichkeit ausfallen, wie es etwa in der Folge gemeinsamer Einflussfaktoren, etwa gesetzlichen Vorgaben, anderweitig institutionalisierten Normen oder in der Folge von Nachahmung (DiMaggio/Powell 1983) auftreten kann. Bach/Bordogna konstatieren 2011 für die Arbeitsbeziehungen sogar „in most cases we are witnessing increased divergence from the private sector. In brief, public service trade union influence has maintained its standing, far more effectively than its counterparts in the private sector" (Bach/

Bordogna 2011: 2289; vgl. auch bspw. Goldfinch/Wallis 2010). Soweit dies zutrifft, könnte zumindest angenommen werden, dass sich die Zusammenhänge zwischen den jeweiligen nationalen Kapitalismusvarianten mit dem Charakter des öffentlichen Sektors und dessen Arbeitsbeziehungen lockern.

Bereits ein rascher Blick auf den Verlauf der Krise sowie deren Nachwirkungen in verschiedenen europäischen Ländern zeigt, dass nach einem zunächst in vielen Ländern ähnlichen Einbruch der Wirtschaftsleistung sich rasch erhebliche Unterschiede zeigten, die von der Wahrnehmung des „German Miracle“ bis zum Krisenfall Griechenland reichen, dessen Krisenverarbeitungskapazität offenbar besonders gering ausgeprägt ist. Dabei deutet sich zumindest der Tendenz nach ein Muster an, das sich in etwa entlang der Kapitalismus-Varianten strukturiert. Während die *Coordinated Market Economies* (CMEs), in unserem Fall Deutschland und Schweden, zwar ebenfalls zunächst hart vom Wirtschaftseinbruch getroffen werden, scheinen sie die Krise dann doch erstaunlich rasch bewältigt zu haben. Ganz anders die angelsächsischen Länder (vor allem Irland, aber auch Großbritannien), die als *Liberal Market Economies* (LMEs) gelten, sowie die südeuropäischen Länder, wobei sich vor allem bei Letzteren trotz Sparpolitik – oder zumindest partiell wahrscheinlich gerade deshalb – zumindest zunächst keine positiven Entwicklungen finden lassen. Unterschiedliche Konsequenzen für den Umgang mit dem öffentlichen Sektor und letztlich auch für dessen Arbeitsbeziehungen sind somit naheliegend.

Auch wenn der öffentliche Sektor in etlichen Publikationen zu Krise und Austeritätspolitik zunächst eher wenig thematisiert wurde (etwa Lehndorff 2011a, 2011b, 2012, 2014, mit mehr Beachtung: Lehndorff/Dribbusch/Schulten 2017), so war doch bereits frühzeitig zu befürchten, dass dem öffentlichen Sektor in der Konsequenz von Bankenrettung und Staatsverschuldung im Kontext neoliberaler politischer Konzepte als Opfer von Austeritätsmaßnahmen ein zentraler Stellenwert zufallen dürfte. Erste Studien konstatierten dann eine Relevanz der Krise für die Arbeitsbeziehungen des öffentlichen Dienstes (Glassner/Watt 2010, Glassner 2010) und sprachen dafür, dass sich die Entwicklung des öffentlichen Sektors sowie die Auswirkungen auf die Arbeitsbedingungen der im öffentlichen Sektor Beschäftigten ebenfalls in etwa in das genannte Muster einpassen (vgl. etwa die Beiträge in Vaughan-Whitehead 2013, für unsere Zwecke insb. Anxo 2013, Bosch 2013, Grimshaw 2013 und Muñoz de Bustillo/Antón 2013), das Dezemberheft 2013 des European Journal of Industrial Relations (insb. Bach/Bordogna 2013, Stoleroff 2013; Bach/Stroleny 2013; Keller 2013a, 2013b) sowie das Augustheft 2014 der Zeitschrift Transfer (insb. Leisink/Bach 2014 und Keller 2014a, 2014b) sowie

European Commission (2013). Zwar werden zunächst nicht selten negative Auswirkungen auf die weitere wirtschaftliche Entwicklung und nicht zuletzt den öffentlichen Sektor in allen Ländern erwartet, doch rasch zeichnen sich deutliche Divergenzen ab. Weniger eindeutig ist hingegen, ob und bis zu welchem Maße den Beschäftigten und den Gewerkschaften im Kontext der Krise auch die Rolle eigenständiger Akteure zukommt.

Doch während empirische Unterschiede der Krisenbetroffenheit und der Versuche der Krisenbewältigung auf der Hand liegen, ist die Erklärung der beobachtbaren Unterschiede doch weniger eindeutig: Der Verschuldungsstand vor und nach der Krise sowie die relative Exportstärke der Industrie könnten manche Unterschiede durchaus auch ohne weitreichende theoretische Annahmen erklären. Ein europäischer Wirkungszusammenhang von Zentrum und Peripherie scheint angesichts der besonderen Krisenbetroffenheit der südeuropäischen Länder zudem nicht weniger erwägenswert als das Konzept der Kapitalismusvarianten, zumal viele Ökonomen durch den Wegfall währungsbasierter Abwertungsmechanismen in der Euro-Zone zugespitzte Folgen von Produktivitätsunterschieden ausmachen. In einem solchen Erklärungskontext wären es dann nicht allein national institutionalisierte Pfade, die für Divergenz sorgen, sondern länderübergreifende, globale oder europäische Beziehungsmuster oder auch: Systeme, die divergente Entwicklungsmuster stabilisieren, begünstigen oder auch erzwingen.

In Europa spricht nicht allein die gemeinsame Währung, sondern auch der bestehende institutionelle und politische Zusammenhang dafür, dass die Annahme sich weitgehend unabhängig voneinander entwickelnder Länder kaum mehr hinreichend sein dürfte. Die auf europäischer Ebene ablaufenden Rettungsaktivitäten und die damit verbundenen Auflagen für die nationale Politik sowie das generelle Bemühen, Konvergenz zu erzwingen, wie sie mitunter unter dem Stichwort „European Governance" zu fassen versucht wurde (etwa Schulten/Müller 2013; Allinger/Flecker/Hermann 2014), sprechen zumindest dafür, dass der Einfluss nationaler Faktoren erheblichen Einschränkungen unterliegen dürfte. An die Relevanz von Globalisierung bzw. Transnationalisierung für nationale Entwicklungen sei an dieser Stelle nur erinnert. Da jedoch gerade die Entwicklung des öffentlichen Sektors und dessen Arbeitsbeziehungen in starkem Maße rechtlichen und politischen Einflüssen ausgesetzt ist, der öffentliche Sektor in starkem Maße national verfasst, wenn auch in Europa nicht allein durch die Nationalstaaten bestimmt ist, ist mit Blick auf den öffentlichen Sektor sowohl mit der Möglichkeit stärkeren Beharrungsvermögens gegenüber ökonomischem Anpassungsdruck als auch unvermittelten politischen Eingriffen zu rechnen, die graduelle Entwicklungen beschleunigen oder unterbrechen können. Wie sich zeigen wird, unterscheiden sich die Länder allerdings auch diesbezüglich voneinander.

Konvergenzen und Divergenzen stellen sich auch anders dar, wenn unterschiedliche Zeiträume betrachtet werden. Während seit der Krise die Löhne in Griechenland gesenkt wurden, fand in Deutschland Reallohnzuwachs statt. Vor Beginn der Krise stiegen hingegen die Löhne gerade in Deutschland anders als in den meisten europäischen Ländern nicht. Betrachten wir die Zeit vor, während oder nach der jüngsten Krise, dann gelangen wir zumindest partiell zu deutlich anderen Resultaten beim Vergleich der Länder.

Länderübergreifende Pendelbewegung

Obgleich vergleichende Forschungen häufig wichtige und aufschlussreiche Unterschiede zeigen, die verdeutlichen, dass es keineswegs nur einen Weg gibt, um Arbeit und Arbeitsbeziehungen zu regeln, stehen diese mitunter in der Gefahr, Gemeinsamkeiten zwischen den Ländern weniger Aufmerksamkeit zuteilwerden zu lassen als Unterschieden. Da nie eine vollständige Deskription möglich ist, rücken Unterschiede mitunter in den Vordergrund. Das mag auch daran liegen, dass es im Rahmen komparativer Studien leichter zu fallen scheint, nationale Unterschiede im Rahmen weiterer nationaler Unterschiede vergleichend zu interpretieren, als Gemeinsamkeiten zu erklären. Die Suche nach länderübergreifenden Entwicklungen einerseits und ländervergleichende Betrachtungsweisen andererseits scheinen gewissermaßen komplementäre Stärken und Schwächen aufzuweisen.

Worauf Crouch (2005) jedoch unseres Erachtens zu Recht hinweist, beschränken sich die Schwächen mancher Ländervergleiche nicht nur darauf. Im Bemühen darum, Länder Typen zuzuordnen, werden empirische Unterschiede zwischen in mancherlei Hinsicht ähnlichen Ländern und nicht zuletzt innerhalb von Ländern mitunter übersehen. Ländervergleiche müssen sich deshalb vor (mindestens) zwei Fallstricken hüten: Der Überbetonung nationaler Unterschiede und der Überbetonung nationaler Kohärenz.

Verschiedentlich finden sich Hinweise, die auch für den öffentlichen Sektor auf länderübergreifende Tendenzen hinweisen, die trotz fortbestehender Unterschiede erklärungsrelevant sein können. Etwa wird nicht immer angenommen, dass die Diskurshegemonie von NPM-Konzepten gänzlich ohne tendenziell ähnliche Einflüsse auf Verwaltungspraxis und Arbeitsbeziehungen geblieben sei. Gualmini etwa betont, dass die NPM-Philosophie auch Kontinentaleuropa durchdrungen habe. Trotz aller Unterschiede habe „in the 1980s and 1990s the majority of European countries moved away from the legal model of state bureaucracy towards the entrepreneurial model“ (Gualmini 2008: 93). Wobei selbst dann, wenn wir diesen Befund als zutreffend annähmen, eingedenk nicht-intendierter und nicht-antizipierter Effekte erhebliche Divergenzen keineswegs auszuschließen wären (Margetts/6/Hood 2010). Peters glaubt bereits mit Blick auf die Zeit bis 2005 zeigen zu können, dass die stabilisierende Wirkung von Institutionen nachlässt: „(…) even if there still are wide variations in public sector spending, public sector size, and public sector service/transfer programs, the keys to understanding recent changes lie less in the impacts of stable institutions and powerful organized constituencies in defecting economic pressures“ (Peters 2012: 210). Die prägende Wirkung von Institutionen lässt in der Krise nach; zumal, wenn diese Institutionen – wie auch die Nationalstaaten selbst – bereits zuvor einem Prozess der Erosion oder einer anderen Form schwächenden Wandels (Streeck/Thelen 2005) ausgesetzt waren.

Nach der Krise zeichnet sich ab, dass auf absehbare Zeit nicht allein Krisenfolgen und Verschuldung die Entwicklung von Arbeitsbedingungen und Arbeitsbeziehungen des öffentlichen Sektors prägen werden, sondern auch, wie anhaltend sich Austeritätspolitik als Standardmuster staatlichen Handelns und als „fiskalpolitisches Regime“ (Streeck/Mertens 2010; Streeck 2011) auf der europäischen Ebene etablieren wird, ob das politische Handeln in der „austerity trap“ gefangen bleibt. Austeritätspolitik und Schuldenabbau gelten offenbar auch dort als hoch legitim, wo wie in Deutschland angesichts des Zinsniveaus keine zwingende Notwendigkeit für Sparprogramme besteht. Konvergenz kann nicht allein dann zustande kommen, wenn ökonomischer Druck trotz unterschiedlicher institutioneller Voraussetzungen dieselben Resultate erzwingt, sondern auch wenn europäisch länderübergreifend politisch Druck für eine Annäherung von Aufgaben und Arbeitsbeziehungen gemacht wird. Man mag ein gewisses Maß an Konvergenz für ein gut begründetes Ziel halten und „gewisse Abschwächungen von Unterschieden“ (Schmid 2008: 735f.) positiv bewerten oder als „erzwungene Konvergenz“ (Schulten/Müller 2013; Allinger/Flecker/Hermann 2014) nicht zuletzt der Arbeitsbeziehungen strikt ablehnen, gänzlich ausgeschlossen scheint neuerdings in den Augen etlicher Beobachter auch Konvergenz keineswegs. Dabei steht außer Frage, dass die jüngste Krise unterschiedliche Folgen für den öffentlichen Sektor und die Arbeitsbeziehungen in verschiedenen (europäischen) Ländern nach sich zog. Weniger das Vorkommen von Divergenz scheint deshalb in Frage zu stehen, sondern deren Auftreten entlang der Unterscheidung von liberalen und koordinierten Ökonomien.

Allerdings ändern sich die Resultate des Ländervergleichs je nach betrachteten Zeiträumen. Während vor der Krise in Deutschland „in vorbildlicher Weise“ an öffentlichen Ausgaben gespart, Arbeitsmarktreformen durchgeführt und Lohnsteigerungen vermieden wurden, hat sich die Situation der öffentlichen Haushalte in Deutschland nach der Krise etwas entspannt und selbst die Löhne steigen wieder. In etlichen anderen Ländern verhält es sich wie erwähnt umgekehrt. Während bei nationaler Betrachtung dabei in Anlehnung an Polanyi (1997) analog zum Wechsel von Phasen der Kommodifizierung und der Dekommodifizierung an eine Art zeitliche Pendelbewegung gedacht werden könnte, spricht Lehndorff (2015: 163) beim Vergleich von Deutschland mit Griechenland und Spanien mit Blick auf die Machtressourcen der Gewerkschaften von einem „cross-country pendulum effect“: Während im Verlauf der Krise den spanischen und griechischen Gewerkschaften die institutionellen Machtressourcen zu schwinden begannen, konnten die deutschen Gewerkschaften im Zuge ihres Beitrags zur Krisenbewältigung und zum deutschen „Jobwunder“ im Zuge des „Krisenkorporatismus“ wieder an gesellschaftlicher Anerkennung gewinnen und materielle Erfolge erzielen.

Angesichts der keineswegs widerspruchsfreien Befunde rechnen wir mit erheblichen Divergenzen sowohl zwischen als auch innerhalb der Länder. Wir erwarten zwar relevante institutionelle Einflüsse, doch unterstellen wir *a priori* keine Verlaufsmuster entlang von Kapitalismustypen. Zumal es angemessen scheint, von keiner strikten Trennung von externen Einflussfaktoren und interner Bearbeitung auszugehen (Stichwort Troika), verlieren sowohl divergente Entwicklungen als auch transnationale Pendelbewegungen ihren zwingenden Charakter. Sie sind zunächst lediglich empirische Beobachtungen, die noch der Erklärung bedürfen. In der Konsequenz ist dann weder eine Kontinuität von Divergenz oder Konvergenz noch eine der Pendelbewegungen garantiert. Einiges deutet vielmehr daraufhin, dass auch das Bild von der Pendelbewegung selbst nur für einen Teil der Länder und einen begrenzten Zeitraum zutrifft. Noch wäre es voreilig, in Deutschland von einer nachhaltigen Stabilisierung der institutionalisierten Arbeitsbeziehungen auszugehen, auch ist im Falle Spaniens die mittelfristige Entwicklung wenig eindeutig – von Griechenland ganz zu schweigen. Im Vergleich Deutschlands und Großbritanniens eine stabile transnationale Pendelbewegung auszumachen, scheint weder empirisch gesichert noch theoretisch begründbar zu sein. Eindeutig ist, dass die Regierungen Cameron einen gewerkschaftsfeindlichen Kurs fuhren, während in Deutschland die tripartistische Kooperation von Bundesregierung, Arbeitgeberverbänden und Industriegewerkschaften auch nach der Krise stabil zu bleiben schien. Inwieweit hier institutionalisierte Pfade oder nicht eher parteipolitische Richtungsunterschiede wirken, ist freilich nicht einfach zu beantworten, auch wenn anzunehmen ist, dass politische Spielräume wiederum sowohl von institutionellen als auch ökonomischen Voraussetzungen abhängen und durch diese begrenzt werden.

Bei allen Unterschieden spricht doch einiges dafür, dass auch jenseits der Krisenbewältigung Probleme bestehen, mit denen alle Länder konfrontiert sind und die mit dem Ende der Nachkriegsprosperität, der Globalisierung und der Transnationalisierung sowie dem Bedeutungsgewinn von Finanzmärkten und Finanzialisierung zusammenhängen, und die einen Druck in Richtung Kommodifizierung begünstigen. Dadurch sind weder Divergenzen noch Ungleichzeitigkeiten und Pendelbewegungen ausgeschlossen, sie markieren jedoch wahrscheinlich die Abweichungen, nicht den Trend. Der Trend könnte selbst bei wachsenden Divergenzen doch in dieselbe Richtung zielen und von größerer Relevanz sein als die Unterschiede (Bach/Bordogna 2016).

Die Fälle Spanien, Schweden, Großbritannien und Deutschland

Während die Finanzmarkt- und Wirtschaftskrise zunächst in allen vier hier betrachteten Ländern zum Einbrechen der wirtschaftlichen Aktivität führte und die Staaten intervenierten, um marode Banken zu retten (Woll 2011), blieb die Krise doch in Schweden und Deutschland ein Intermezzo, wenngleich auch in Deutschland die Staatsschulden anwuchsen, während vor allem in Spanien, bis zu einem gewissen Maße auch in Großbritannien, (a) keine vergleichbar rasche Überwindung der Krise erkennbar war und (b) dort nach einer nur kurzeitig eher keynesianischen Politik ein deutlicher Schwenk in Richtung Austeritätspolitik erfolgte. Die Auswirkungen der Krise auf die Arbeitsbeziehungen im öffentlichen Sektor müssen deshalb zwischen den Ländern zumindest auf kurze Frist in jedem Fall unterschiedlich ausfallen. Da sich hinsichtlich des öffentlichen Sektors und dessen Arbeitsbeziehungen deutliche Unterschiede zwischen den Ländern bereits vor der Krise finden, konnte mit Großbritannien, Spanien, Schweden und Deutschland eine begründete Auswahl von vier Untersuchungsländern getroffen werden, um Krisenreaktionen vor dem Hintergrund unterschiedlicher Voraussetzungen vergleichen zu können.

Die ausgewählten Länder sollten sich hinsichtlich ihrer institutionellen Traditionen unterscheiden und sich an den beschriebenen gängigen Kapitalismusvarianten bzw. Verwaltungstypologien orientieren. Die vier Untersuchungsländer Großbritannien, Schweden, Spanien und Deutschland schließen dabei sowohl die beiden Basistypen der *Liberal Market Economy* und der *Coordinated Market Economy* ein, wie sie die Unterscheidung von skandinavischer, mitteleuropäischer, napoleonisch-mediterraner und angelsächsischer Staatstradition abbilden. Zweitens wurde versucht, auch die Variation der externen Faktoren zu berücksichtigen. Da die Metamorphose der Finanzmarktkrise mit dem Stadium der Staatsschuldenkrise noch nicht abgeschlossen war und sich diese weiter zu einer Krise der gemeinsamen europäischen Währung zu entwickeln schien, wurden zwei Länder mit und zwei ohne Zugehörigkeit zur Eurozone gewählt. Dies zum einen, da in der öffentlichen Wahrnehmung, aber auch bei manchen Wissenschaftlern (etwa Streeck 2013) der Euro zunehmend als das eigentliche Problem erschien, zum anderen, weil sich im Rahmen einer einheitlichen Währung unzweifelhaft auch faktisch veränderte Wirkungszusammenhänge ergeben. Zum einen ist der Wechselkursmechanismus innerhalb der Zone außer Kraft gesetzt und zum anderen hat die ausbleibende Krisenbewältigung in einem Euro-Land auch Folgen für andere Euro-Länder, woraus, wie sich rasch zeigte, dann auch politische Einflussnahme resultiert. Aus diesem Grund wurden mit Spanien und Deutschland zwei Länder „entlang der Unterscheidung von ‚Kern‘ und ‚Peripherie‘“ (Keller 2014a: 32) gewählt. Später hat die Krise erneut eine neue Form angenommen: Sie wurde von einer Krise des Euro zu einer Krise in der öffentlichen Wahrnehmung infolge griechischer Misswirtschaft. Dieses Stadium der Krisenmetamorphose ist mit unserer Länderauswahl nicht mehr abgedeckt. Wir hatten das vor der Krise staatlich gering verschuldete Spanien Griechenland bewusst vorgezogen, um nicht dem Risiko ausgesetzt zu sein, einen wirklichen Sonderfall behandeln zu müssen.

Drittens stehen die vier Länder auch für ein unterschiedliches Ausmaß an Krisenbetroffenheit. Während Deutschland und Schweden die Krise zumindest vordergründig ohne eine längere Phase der Stagnation und ohne große Einbrüche bei der Beschäftigung rasch hinter sich lassen konnten, waren die Wirkungen der Krise in Großbritannien und Spanien ebenso stark ausgeprägt wie der Versuch, die Staatsverschuldung durch Austeritätspolitik zu bekämpfen. Um kein vereinseitigtes Bild zu erhalten, waren unterschiedliche Krisenbetroffenheit und Folgen für die Staatshaushalte neben den institutionellen Unterschieden ein Kriterium der Länderauswahl – nicht vorausgesehen hatten wir jedoch, wie ausgeprägt die wirtschaftlichen Unterschiede sowie die Effekte der Krise auf die Staatsverschuldung sowie die Ausgabenpolitik letztlich ausfallen würden.

Allerdings setzt auch eine begründete Länderauswahl bereits einen Ländervergleich voraus, bei dem es sich rasch zeigt, dass jenseits der Zuschreibung von Typenzugehörigkeiten nicht immer einfach zu lösende

Schwierigkeiten der Vergleichbarkeit und der Aussagekraft von Daten auftreten können.

Allein ein Größenvergleich des öffentlichen Sektors verschiedener Länder ist weniger einfach als man annehmen könnte. Je nach Definition und Datenbasis unterscheidet sich die Größe des öffentlichen Sektors (vgl. Tab. 1 sowie European Commission 2013: 94, Table 3.1; auch Biletta/Cabrita/Götzelmann 2013; sowie Abb. 1). Glauben wir der OECD, dann arbeitet 2010/2011 in Deutschland mit 10,6% der geringste Anteil der Erwerbstätigen direkt beim Staat, während dies in Schweden auf 26,0% der Erwerbstätigen zutrifft. Spanien und Großbritannien liegen mit 13,1% bzw. 18,3% dazwischen.

Tab. 1: Anteil der Beschäftigung im öffentlichen Sektor an der Gesamtbeschäftigung (Prozentwerte)

	LFS-Eurostat 2008-2011 Durchschnitt (O+P+Q)	OECD General Government 2008	OECD General Government und Public Corporations 2008	EIRO 2004 oder 2005
Deutschland	25,1	9,6	13,6	12,0
Spanien	20,5	12,3	13,0	15,2
Schweden	32,1	26,2	-	-
Großbritannien	29,7	17,4	18,6	20,2

Quelle: European Commission (2013): 94, Tab. 3.1. Die erste Spalte differenziert nicht nach Eigentumsform, sondern nach Tätigkeitsfeld und enthält deshalb in manchen Ländern mehr Beschäftigte des Privatsektors als in anderen Ländern: NACE Rev. 2: O = Öffentliche Verwaltung, Verteidigung, Sozialversicherung; P = Erziehung und Unterricht, Q = Gesundheits- und Sozialwesen.

Mit Großbritannien wurde ein Land ausgewählt, das bereits früh als „the outstanding paradigm of radical state restructuring, far-reaching in its reforms and driven by a fierce if not necessarily coherent ideological motivation“ (Ferner 1995: 120) galt und auch nach der Krise wieder zu den Speerspitzen der Austerity zu rechnen ist: „The coalition's record is one of swingeing cuts and attacks on the public sector, and the opening up of state assets to levels of privatisation undreamt of by even the right-wing Tory administrations of the 1980s led by Margaret Thatcher“ (Labour Research 2012: 9). Großbritannien gilt gewöhnlich neben den USA als idealtypisches Beispiel einer „Liberal Market Economy“ und bietet deshalb die

Chance gegenüber Deutschland und Schweden, als den (zumindest traditionell) idealtypischen „Coordinated Market Economies", innereuropäisch einen deutlichen Kontrastfall zu bieten.

Abb. 1: Personalausgaben für die Beschäftigten des öffentlichen Sektors als Prozentanteil am Bruttoinlandsprodukt

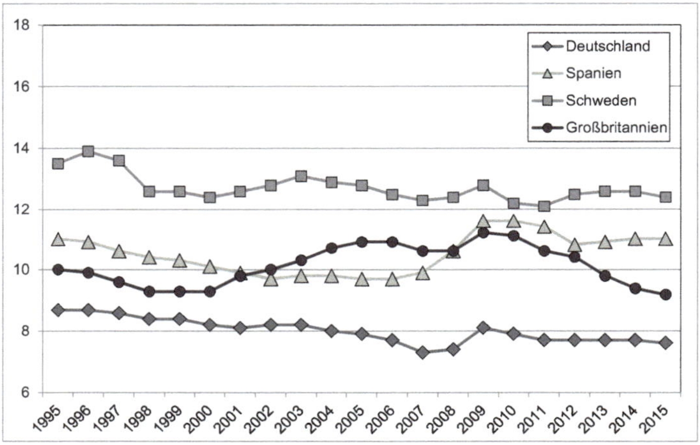

Quelle: Eurostat (2017a): Government revenue, expenditures and main aggregates.

Allerdings gibt es zwei grundlegende Daten, die auch im britischen Fall Vorsicht gegenüber der Erwartung einer im Vergleich zu Deutschland stabil in eine Richtung abweichenden Entwicklung angeraten sein lassen: Erstens waren vor der Krise Staatstätigkeit und staatliche Beschäftigung in Großbritannien umfangreicher als in Deutschland (OECD 2008: 13; Handler et al. 2005; Wollmann 2011; Vesper 2012) und zweitens spricht gerade die tiefgreifende Veränderung, die sich in Großbritannien durch die gegenüber der Nachkriegszeit vollzogene neoliberale Umgestaltung ergab, dafür, dass Pfade auch verlassen werden können. Angesichts einer verfassungsrechtlich ungeschützten Stellung der lokalen Ebene, sind Prozesse der Umgestaltung des öffentlichen Sektors durch die Zentralregierung erheblich einfacher als in Deutschland, was auch zu einem Nebeneinander unterschiedlichster Organisationsformen der lokalen Ebene führen kann und auch einen raschen Um- und Abbau der Kommunalverwaltung sowie eine Zentralisierung der staatlichen Verwaltung ermöglicht (vgl. Tab. 2). Gleichwohl und trotz der Austeritätspolitik hatten sich die britischen *public sector industrial relations* bisher im Vergleich zum Privatsektor als relativ stabil erwiesen: „The austerity measures are a deliberate attempt to roll back the welfare state and re-order social relations on the basis of ‘not letting a good crisis go to waste’ (…) This will play a major role in transforming public sector labour relations in the coming period“ (Shaoul 2011: 63f.).

Tab. 2: Subnationale Politik- und Verwaltungsebenen

Land	Ebenen	Bezeichnung	Anzahl	Einwohner im Durchschnitt
Deutschland	Föderal	Länder	16	5,[illegible] Mio.
	Lokal	Kreise	295	1[illegible].200
		Kreisangehörige Gemeinden	11.146	5.030
		Kreisfreie Städte	107	240.000
	Interkommunal	Verwaltungsgemeinschaften, Ämter etc.	1.708	k.A.
Großbritannien (UK)	Quasi-föderal	Regions (Schottland, Wales, Nordirland)	3	5,0 Mio. (Schottl.) 2,9 Mio. (Wales) 1,6 Mio. (Nordirl.)
	Lokal (England)	Metropolitan District (single-tier system)	36	308.000
		Unitary Authorities (single-tier system)	56	209.000
		Non-metropolitan Counties (two-tier system)	27	759.000
		Non-Metropolitan Districts (two-tier system)	201	102.000
		London Boroughs (two-tier system)	32	2[illegible]7.000
Schweden	Lokal	Landsting Kommuner	20	4[illegible]0.000
		Kommuner	290	31.300
Spanien	Regional	Regionalregierungen	17	2,7 Mio.
	Lokal	Provinzen (50 u. 2 nord-afrikanische Städte: Ceuta u. Melilla)	52	8[illegible]4.341
		Städte	8119	5.728

Quelle: Kuhlmann/Wollmann (2013): 107, Abb. 27 sowie eigene Ergänzungen und Darstellung

Spanien haben wir in unsere Untersuchung aus zwei Gründen aufgenommen. Zum einen gehört Spanien zu den besonders hart von der Krise betroffenen Ländern, zum anderen gilt Spanien als ein Land der „napoleonischen Tradition“. Alba/Navarro (2011) bescheinigen dem Land, das sie gemeinsam mit Italien, Griechenland und Portugal einem „Southern Model“ zuordnen, eine ausgeprägte Form pfadabhängiger Entwicklung, die sich trotz politischer Veränderungen durch langanhaltende Kontinuität zentraler Elemente der Administration auszeichnen würde (vgl. auch Ongaro 2008). Allerdings erfolgte in Spanien eine ausgeprägte Dezentralisierung des administrativen Systems (vgl. auch Kickert 2011; Joumard/Giorno 2005). Über das Ausmaß und den Charakter der Veränderung des öffentlichen Sektors in Spanien vor der Krise scheint keine Übereinstimmung zu herrschen. Die Arbeitsbeziehungen des spanischen öffentlichen Sektors änderten sich in der Zeit nach Franco parallel zur Dezentralisierung bzw. Regionalisierung des öffentlichen Dienstes (Jódar/Jordana/Alós 1999). Trotz niedriger (im öffentlichen Dienst höherer), jedoch wachsender Organisationsgrade waren die spanischen Gewerkschaften relativ einflussreich und konnten auf Basis neo-korporatistischer Arrangements auch die Reform des öffentlichen Diensts mitgestalten (Lasierra 2007: 70; Köhler/Calleja Jiménez 2012). Es war früh offensichtlich, dass die Austeritätspolitik in Spanien erheblichen Druck auf die Arbeitsbeziehungen des öffentlichen Sektors ausübt, weniger klar war hingegen, inwiefern die institutionelle Verankerung der spanischen Gewerkschaften sich tatsächlich als hinreichend stabile „institutionelle Machtressource“ erweisen würde.

≡ *Tab. 3: Verteilung der Ausgaben auf die staatlichen Ebenen 2007, 2013 und 2014 (Prozentwerte)*

	Deutschland			Spanien			Schweden			Großbritannien		
	2007	2013	2014	2007	2013	2014	2007	2013	2014	2007	2013	2014
Zentralregierung	18,7	18,2	17,5	22,3	23,6	23,3	42,2	38,4	37,8	71,8	74,9	75,4
Zwischenebene	22,5	22,7	22,5	36,0	31,5	31,6	-	-	-	-	-	-
Lokale Ebene	15,7	16,3	16,7	13,9	10,8	10,9	46,3	47,0	47,8	28,2	25,1	24,6
Sozialversicherung	43,1	42,8	43,4	27,9	34,1	34,2	11,5	14,6	14,4	-	-	-

Quelle: OECD (2015): Tab. 2.41

Schweden steht ähnlich wie Deutschland für eine rasche Überwindung der jüngsten Krise. Außerdem ist Schweden wie Großbritannien, und anders als Spanien und Deutschland, kein Mitglied der Eurozone. Schweden steht einerseits für einen im Vergleich zu den anderen Ländern umfangreichen und bedeutsamen öffentlichen Sektor und unterscheidet sich diesbezüglich von allen anderen Ländern, nicht zuletzt von den sogenannten *Liberal Market Economies*, andererseits ähnelt Schweden doch Großbritannien darin, dass es über keine Beamten im deutschen oder spanischen Sinne verfügt. Auch fanden in Schweden in der ersten Hälfte der 1990er Jahre erhebliche Flexibilisierungsmaßnahmen bei den Beschäftigungsbedingungen statt (wobei Reformen der Beschäftigungsverhältnisse partiell allerdings bereits in den 1960er Jahren erfolgten, vgl. Hils/Streb 2010: 15). Schweden, so wurde argumentiert, habe sich in der Folge zu einem Fall von „*lean corporatism*" entwickelt (Thörnqvist 2007: 17). Obwohl die Aushandlungsprozesse von Entgelt und Arbeitsbedingungen in starkem Maße dezentralisiert und flexibilisiert wurden, blieb der gewerkschaftliche Organisationsgrad jedoch hoch und Kollektivverhandlungen relevant, wenngleich auch in Schweden Rückgänge auf hohem Niveau zu konstatieren sind.

In Deutschland wurde der öffentliche Sektor bereits vor der Krise in erheblichem Ausmaß verändert und reformiert. Kennzeichnend war neben Privatisierungen auch ein Prozess der Verwaltungsreformen, der beginnend in den 1980er Jahren an den Diskurs über *New Public Management* anschloss (Pennings 2010). Bogumil et al. (2007: 39) konstatieren allerdings bereits für die zweite Hälfte der 1990er Jahre einen Rückgang neuer Modernisierungsmaßnahmen bei den deutschen Kommunen, wobei die Politik der Einsparungen jedoch auch danach fortgeführt wurde. Auch im Rahmen der Arbeitsbeziehungen (vgl. Tarifreform, Schmidt/Müller/Trittel 2011) wurden Reformschritte angestoßen. Gerade in Deutschland sind die Arbeitsbeziehungen des öffentlichen Sektors allerdings wenig erforscht. Greifenstein/Kißler (2010: 115) nennen den öffentlichen Sektor das „Stiefkind" der Mitbestimmungsforschung (auch Kißler/Greifenstein/Schneider 2011: 134ff.).[3]

3 Vogel und Kollegen konstatieren, dass es aus arbeits- und industriesoziologischer Perspektive zutreffend sei, vom öffentlichen Dienst als einem „wenig erforschten Kontinent" zu sprechen (Grabe/Pfeuffer/Vogel 2012: 35). Dem ist in der Tendenz zuzustimmen, allerdings legte Keller neben zahlreichen Einzelbeiträgen (etwa Keller 2011, 2010b, 2007, 2006; Keller/Schnell 2005) auch ein einführendes Überblickswerk vor (Keller 2010a). Mitunter publizierten auch andere Autoren Beiträge, die sich mit den Arbeitsbeziehungen des öffentlichen Sektors beschäftigen (etwa die erwähnten Greifenstein/Kißler 2000 oder Sack/Schneider 2005 und Schmidt/Müller/Trittel 2011 oder – eine echte Rarität – mit der Perspektive auf Dienstrecht und Arbeitsbeziehungen im Beamtenbereich Czerwick 2007).

Projektanlage und Methode

Um eine hinreichende Landes- und Sprachkenntnis mit einer intensiven Zusammenarbeit im Team verbinden zu können, bildeten wir ein national gemischtes Projektteam, das jedoch organisatorisch vollständig am Forschungsinstitut für Arbeit, Technik und Kultur (F.A.T.K.) bzw. an der Universität Tübingen angesiedelt war, auch wenn vor allem die schwedischen KollegInnen sich weitgehend im Untersuchungs- und Herkunftsland aufhielten. Durch Projektreffen, die gemeinsame aktive Teilnahme an internationalen Konferenzen (Müller et al. 2014 und 2015) sowie Austausch auf elektronischem Weg konnte eine kooperative Arbeitsweise entwickelt werden, die auch über den formalen Abschluss des dieser Darstellung zugrundliegenden Forschungsprojektes hinaus Bestand hat.

Methodisch setzte das Projekt auf die Analyse von nationalen und internationalen Statistiken[4] und Dokumenten (Schmidt 2017) sowie eine Reihe von Interviews. Vorgesehen waren zum einen in jedem Land zehn Experteninterviews mit Akteuren der Arbeitsbeziehungen auf unterschiedlichen Ebenen sowie Gespräche mit drei sonstigen Experten, zum anderen sollten – gewissermaßen eingelagert in die Länderfallstudien – jeweils Gespräche in zwei Kommunen geführt werden (im Text gekennzeichnet, bspw. im schwedischen Falle als SE-1 und SE-2). Die Kommunen sollten dazu dienen, neben der durch Gespräche mit Arbeitgeber- und Gewerkschaftsvertretern auf nationaler oder regionaler Ebene vermittelten Perspektive „von oben" auch so etwas wie einen Blick „von unten" einnehmen zu können, um zumindest exemplarisch mit den Erfahrungen und Orientierungen von Akteuren vor Ort unmittelbar in Kontakt zu geraten. Die Interviews konzentrierten sich wie vorgesehen auf die Akteure der Arbeitsbeziehungen im öffentlichen Sektor, schlossen jedoch auch externe Experten mit ein. Gespräche mit Letzteren wurden nicht nur in den Untersuchungsländern, sondern auch auf europäischer Ebene geführt. Hinzu kommen die Gespräche in den acht Kommunen, die ebenfalls mit

4 Abgesehen von Fehlangaben, die durchaus auch bei nationalen und internationalen Behörden und Organisationen vorkommen können, gilt für länderübergreifend vergleichbare Daten in aller Regel, dass diese mit einer „Komplexitätsreduktion verbunden (sind), so dass manche Information an Detailtiefe verliert" (Bieling/Buhr 2015: 328). Diese Komplexitätsreduktion wirkt sich dabei gewöhnlich nicht auf die Daten aller Länder gleichermaßen aus. National divergente Phänomene können in einheitlich angelegten, länderübergreifenden Erhebungen und Kategorien nie gleichermaßen gut abgebildet werden, auch wenn diese der nachträglichen Integration nicht-harmonisiert erhobener Daten in der Regel überlegen sind.

Repräsentanten der Arbeitgeber- und Arbeitnehmerseite stattfanden. Die Interviews wurden als leitfadengestützte, teilstrukturierte, dabei jedoch relativ offene Experteninterviews geführt (Liebold/Trinczek 2002; Witzel 2000) und in der Regel aufgezeichnet. In summa wurden 83 Interviews mit bisweilen bis zu fünf TeilnehmerInnen geführt. Teilweise konnten die gewonnenen Eindrücke auch durch die Teilnahme an verschiedenen, mit dem Feld und dessen Akteuren verbundenen Tagungen und Kongressen ergänzt und vertieft werden.

Ermöglicht wurde die Untersuchung nicht nur durch die Gesprächspartnerinnen und Gesprächspartner, die sich bereit erklärten, uns Rede und Antwort zu stehen, und denen deshalb unser Dank gilt, sondern auch durch die großzügige finanzielle Förderung des Projekts „*Krise, Staat und Arbeitsbeziehungen: Austerity-Politik und Arbeitsbeziehungen des öffentlichen Dienstes*“, das von Juli 2013 bis Ende Juni 2016 stattfand, durch die Hans-Böckler-Stiftung sowie die anregende inhaltliche Begleitung durch einen Projektbeirat sowie den Projektzuständigen bei der Hans-Böckler-Stiftung, Stefan Lücking.

2. Schweden

2.1 Grundzüge der Arbeitsbeziehungen im öffentlichen Sektor sowie Unterschiede zum Privatsektor ■

Die Arbeitsbeziehungen in Schweden gelten als hoch zentralisiert, getragen von starken, landesweiten Vereinigungen mit hohem Organisationsgrad sowohl auf Arbeitgeber- als auch auf Arbeitnehmerseite, die alle Sektoren der Ökonomie abdecken. Es gibt eine enge Beziehung zwischen den Verbänden auf der zentralen und der lokalen Ebene. Charakteristisch für das schwedische System der Arbeitsbeziehungen ist es, dass es alle Lohnabhängigen einbezieht, unabhängig davon, ob diese Blue-Collar- oder White-Collar-Beschäftigte sind und ob sie bei öffentlichen oder bei privaten Arbeitgebern tätig sind (Ahlberg/Bruun 2005). Arbeitsmarkt- und Beschäftigungsregeln sowie soziale Vergünstigungen gelten, von wenigen Ausnahmen abgesehen, für die Beschäftigten des öffentlichen und des privaten Sektors gleichermaßen.

Die Vereinbarung von Saltsjöbaden vom 20. Dezember 1938 zwischen der Schwedischen Arbeitgeberkonföderation SAF (*Svenska arbetsgivareföreningen*) und der Föderation der schwedischen Gewerkschaften LO (*Landsorganisationen i Sverige*) ging als Meilenstein eines neuen, geregelten und konfliktfreien harmonischen Arbeitsmarktes in die Geschichte ein (Swenson 2009; Hamark 2014: 131ff.). Wegen der engen Verbindungen von SAP (*Sveriges socialdemokratiska arbetareparti*) und LO hatten die Gewerkschaften zudem einen großen Einfluss auf die sozialdemokratische Politik. Vor allem das „Nachkriegsprogramm der Arbeiterbewegung" (*Arbetarrörelsens efterkrigsprogram*), das Arbeiterrechte und Partizipation am Arbeitsplatz als Instrumente zur Steigerung des Interesses und damit der Produktivität betonte, war 1944 von SAP und LO gemeinsam entwickelt worden. Die Arbeitnehmervertretung auf Branchenebene sollte demselben Zweck dienen.[5] Es waren auch zwei Ökonomen der LO, Gösta Rehn und Rudolf Meidner, die die „solidarische Lohnpolitik" entwickelten, ein Konzept für Vollbeschäftigung und zugleich geringe Inflation, das sich in den 1950er und 1960er Jahren als erfolgreich erwies. Zusammen mit einem zentralisierten Bargaining System wurde da-

5 Begleitet war diese Diskussion von einer Debatte über die Einführung einer Planwirtschaft. Dies war das einzige Mal, dass in Schweden ernsthaft über eine solche Frage diskutiert wurde, wobei sowohl SAP als auch LO sich aktiv daran beteiligten, um ein Transformationskonzept zu entwerfen (Lewin 1967; Thörnqvist 2011b: 220).

durch auch eine strukturelle Transformation der schwedischen Ökonomie befördert, da schwache Branchen wie die Textil- und Bekleidungsindustrie die Lohnkosten nicht tragen konnten. Der Maschinenbau jedoch gewann durch die geringen Lohnsteigerungen und Arbeitnehmerinnen, und Arbeitnehmer wechselten aus den weniger profitablen in die prosperierenden Bereiche (Bergström 2003; Ekdahl 2003, 2005).

Allerdings erhielten die Beschäftigten des öffentlichen Sektors erst im Jahre 1966, d.h. 40 Jahre später als andere Arbeitnehmer, das gesetzliche Recht zum Abschluss von Tarifverträgen und zum Streik. Die gewerkschaftliche Organisierung begann jedoch schon früher und auch Tarifverträge wurden bereits zuvor abgeschlossen (Kjellberg 2015). Während die Gewerkschaften etlicher Länder Entgeltfragen entweder auf Branchen- oder auf Firmenebene aushandeln, verhandeln die schwedischen Gewerkschaften im Rahmen der Branchenverträge und der nationalen Kollektivverträge auch direkt auf der betrieblichen Ebene, d.h. es gibt ein System des zweistufigen Bargaining. Eine skandinavische Besonderheit besteht in separaten, landesweit organisierten Gewerkschaften für die Blue- und die White-Collar Beschäftigten. Der Schwedische Gewerkschaftsbund LO organisiert Arbeiter, während die Gehaltsempfänger Mitglieder der Zentralorganisation der Angestellten TCO (*Tjänstemännens Centralorganisation*) sind. Die meisten Beschäftigten in Berufen, die eine universitäre Ausbildung verlangen, sind Mitglied in der *Sveriges Akademikers Centralorganisation*, Saco (Thörnqvist 2011a: 27f.). Es gibt keine separaten Dachorganisationen für die Beschäftigten des öffentlichen und des privaten Sektors.

Im Allgemeinen erkennen schwedische Gewerkschaften und Arbeitgeberverbände, dem hergebrachten Klima der Zusammenarbeit gemäß, ihre Arbeitsmarktinteressen gegenseitig an. Ein Beispiel hierfür ist, dass die Gewerkschaften immer eine positive Einstellung zum technologischen Wandel und sonstigen Maßnahmen zur Produktivitätssteigerung hatten. Darüber hinaus zeichnen sich die Arbeitsbeziehungen in Schweden generell durch ein hohes Maß an kollektiver Autonomie und Nichteinmischung des Staates aus. Wenn Gewerkschaften und Arbeitgeber darin übereinstimmen, ihre Angelegenheiten selbst zu regeln, interveniert die Regierung normalerweise nicht (Ahlberg/Bruun 2005).

Zum 1. Januar 1977 wurde allerdings, als ein Resultat der Einführung neuer Arbeitsmarktgesetze im Jahr 1976, das Streikrecht für den öffentlichen Sektor eingeschränkt. Das Streikrecht ist dabei sowohl durch das Gesetz zur öffentlichen Beschäftigung (*Lagen om offentlig anställning* – LOA) als auch durch Tarifverträge eingeschränkt. Absicht ist es, Konflikte zu vermeiden, die die öffentliche Sicherheit beinträchtigen könnten, insbesondere im Gesundheitswesen, bei der Brandbekämpfung sowie bei der Polizeiarbeit. Gleichwohl ist die „Doktrin der Freiheit des Arbeitsmarktes“ vor staatlichen Eingriffen ein sehr starkes Prinzip der schwedischen Arbeitsbeziehungen. Das Recht auf Streik ist niedergeschrieben in Paragraph 2:17 des schwedischen Gesetzes über die Regierungsform (*Regeringsformen*), einem der schwedischen Fundamentalgesetze, die die Verfassung bilden. Ein Zwangseingriff des Staates ist deshalb sehr selten. Der generelle Ausschluss von Streiks beispielsweise im Falle der Feuerwehrleute ist tarifvertraglich selbst auferlegt, wird bei jedem Abschluss erneut bestätigt, ist jedoch nicht im Arbeitsrecht verankert (Stokke/Thörnqvist 2001: 246ff.).

Die schwedischen Gewerkschaften des öffentlichen Diensts haben insgesamt einen höheren Organisationsgrad als die Gewerkschaften des Privatsektors. Im Jahr 2014 waren 77% der Arbeiter und 82% der Angestellten des öffentlichen Sektors organisiert, verglichen mit 61% und 68% im privaten Sektor. Darüber hinaus sind im öffentlichen Sektor 100% der Beschäftigten durch Tarifverträge abgedeckt, während dies im privaten Sektor nur 84% sind (2013). Dabei sollte der bemerkenswerte Umstand festgehalten werden, dass der Organisationsgrad der Angestellten sowohl im privaten wie im öffentlichen Sektor höher liegt als der Organisationsgrad der Arbeiter.

Die steigenden Kosten der Beiträge zur Arbeitslosenversicherung und weitere einschlägige Veränderungen, die die Mitte-Rechts-Regierung im Januar 2007 vornahm, führten zu einem Rückgang des gewerkschaftlichen Organisationsgrads um sieben Prozentpunkte im privaten und um sechs Prozentpunkte im öffentlichen Sektor (2006-2014). In beiden Sektoren gab es den stärksten Rückgang unter den Arbeitern (Kjellberg 2015: 11-15). Die neue Regierung hatte die rechtlichen Vorschriften für die Arbeitslosenversicherung verändert und verursachte dadurch den größten Rückgang in der Gewerkschaftsmitgliedschaft der jüngeren schwedischen Geschichte. Die Neuregelung führte zu einem Anstieg der individuellen Mitgliedsbeiträge zum Fond der Arbeitslosenversicherung von mehr als 200%. Da gleichzeitig die Möglichkeit der steuerlichen Absetzbarkeit abgeschafft wurde, war der Nettoanstieg sogar noch höher und lag für manche Gruppen bei bis zu 500%. Da die Gewerkschaften die Arbeitslosigkeitsfonds verwalten und Beiträge zur Arbeitslosenversicherung und gewerkschaftliche Mitgliedsbeiträge normalerweise auf derselben Abrechnung erschienen, nahmen viele Mitglieder Versicherungsschutz und Gewerkschaftsmitgliedschaft auch als dieselbe Ausgabe wahr. In der Konsequenz sank der gewerkschaftliche Organisationsgrad von 77% im Jahr 2006 auf 71% im Jahr 2008. Das ist der größte Rückgang in einem solchen kurzen Zeitraum seit dem Generalstreik 1909 (Thörnqvist 2013: 23f.; Kjellberg 2011: 47). Dieser Einbruch war im privaten Sektor stärker als im öffentlichen Sektor (Kjellberg 2015). Vor allem in privaten Dienstleistungsbranchen wie dem Einzelhandel und dem Hotel- und Gastgewerbe war der Rückgang besonders ausgeprägt.

Der relativ stabile und hohe gewerkschaftliche Organisationsgrad im öffentlichen Sektor sollte jedoch nicht darüber hinwegtäuschen, dass sich auch in Schweden Veränderungen vollzogen haben. Große Beschäftigtengruppen, die früher öffentlich angestellt waren und heute in privatisierten, noch immer öffentlich finanzierten, jedoch privat organisierten Aktivtäten tätig sind, sind vor dem Hintergrund des Preisdrucks bei öffentlichen Ausschreibungen auch in Schweden oft nur schlecht organisiert. In etlichen Fällen, insbesondere in kleinen Firmen in den Bereichen Reinigung, Alten- und Behindertenpflege sind sie auch nicht durch Tarifverträge abgesichert (Thörnquist 2013: 62ff., 2015: 24ff.).

Inzwischen scheint sich der gewerkschaftliche Organisationsgrad im Durchschnitt der Sektoren bei ca. 70% eingependelt zu haben. Für das Kalenderjahr 2014 berichtet das schwedische Schlichtungsinstitut (*Medlingsinstitutet*) eine Umkehr des rückläufigen Trends bei den Gewerkschaftsmitgliedern und die Entwicklung bis Ende des Jahres 2015 deutet darauf hin, dass der 2008 begonnene Abwärtstrend nahezu gestoppt ist (2015a, 2015b, 2016), wobei die Angestelltengewerkschaften (TCO) und die Akademikergewerkschaften (Saco) neue Mitglieder hinzugewonnen, die Arbeitergewerkschaften (LO) jedoch weiterhin Mitglieder verloren haben (Medlingsinstitutet 2014a).

Die größte schwedische Gewerkschaft ist die Gewerkschaft der Gemeindebeschäftigten (*Kommunal*), die zur LO gehört und über eine halbe Million Mitglieder hat. Mehr als 80% der Mitglieder sind Frauen. Diese Gewerkschaft organisiert eine große Zahl verschiedenster Berufsgruppen wie die Beschäftigten der Gesundheits- und Krankenpflege, Reinigungskräfte, Müllwerker, Hausmeister, Politessen, Kindergartenlehrer, Feuerwehrleute und viele andere Dienstleistungsbeschäftigte. Zusammen stellen diese ein Achtel der schwedischen Erwerbstätigen (Johansson 2015). 2013 traten der Kommunalarbeitergewerkschaft 3.621 neue Mitglieder bei. „Sie hat damit jetzt gut 500 000 Organisierte hinter sich. Ihr Gegenstück, die Angestelltengewerkschaft Unionen (TCO-Bereich), war mit 22.118 Neuzugängen in der Mitgliederwerbung am erfolgreichsten“ (Medlingsinstitutet 2014b). Die größte Gewerkschaft des öffentlichen Sektors für Angestellte ist mit ungefähr 230.000 Mitgliedern im Jahr 2013 die Lehrergewerkschaft. Auch in dieser Organisation sind mehr als 80% der Mitglieder weiblich.

Die „Beamten“ oder „Staatsangestellten“[6] der Kommunen, der *Landstingen* und der Kirche sind in der Gewerkschaft *Vision* (bis 2011 *Statsanställdas Förbund*, ST) organisiert. *Vision* hat ungefähr 168.000 Mitglieder und vertritt Verwaltungspersonal, Führungskräfte, Sozialarbeiter, Priester, Zahnarzthelferinnen, Arzthelferinnen usw. Unter den Mitgliedern sind auch Beschäftigte öffentlicher Unternehmen und Stiftungen der kommunalen Ebene. *Vision* gehört zum Dachverband der Föderation der Gewerkschaften der professionellen Angestellten, der *Tjänstemännens Centralorganisation* – TCO, dem 14 Gewerkschaften des privaten und des öffentlichen Sektors angehören. Die prominentesten Mitgliedsgewerkschaften im öffentlichen Sektor sind die Gewerkschaft *Fackförbundet ST*, die Angestellte im öffentlichen Dienst, der Stadtwerke und der staatlich finanzierten Unternehmen und Stiftungen organisiert, die schwedischen Polizeigewerkschaft *Polisförbundet* sowie die schwedische Lehrergewerkschaft (*Lärarförbundet*).

Die meisten akademisch-qualifizierten Beschäftigten des öffentlichen Sektors sind Mitglied in Gewerkschaften, die der primär Akademiker organisierenden Saco angehören. Saco besteht aus 23 Gewerkschaften aus verschiedenen Sektoren und Berufsbereichen sowohl des privaten als auch des öffentlichen Sektors. Im öffentlichen Sektor gehören zu Saco beispielsweise der schwedische Verband der Universitätslehrer (SULF) oder der nationale Lehrerverband *Lärarnas Riksförbund* LR (die meisten Mitglieder sind Lehrer der Sekunda oder der Obersekunda), *Civilekonomerna* (offen für Menschen mit einem schwedischen Bachelor-Abschluss mit mindestens 120 ECTS-Punkten in Betriebswirtschaft und Ökonomie plus 30 Credits in anderen Wirtschaftsthemen und in einem weiteren Fach 30 Credits), die Medizinervereinigung (*Läkarförbundet*), der Verband der schwedischen Offiziere (*Officersförbundet*) und der Akademikerverband SSR (organisiert eine Vielzahl Berufe des öffentlichen wie des privaten Sektors, einschließlich Buchhaltung, Verwaltung, Personalwirtschaft und Sozialarbeit). Während die schwedischen Gewerkschaften seit über hundert Jahren mehrheitlich nach dem Industrieprinzip organisiert sind, arbei-

6 "In Sweden, less than 1% of the total public workforce has a specific public status (mainly judges)" so Christoph Demmke, wobei in „Sweden, the same overall labour law applies in principle to the public sector as to other sectors in the labour market. However, some groups enjoy greater employment security, e.g. judges. Consequently, most public employees do not fall within the definition of civil servant used in this survey, even though they are referred to as civil servants in Sweden" (Demmke 2005: 29 und 29, Fn 86).

ten die Mitgliedsgewerkschaften von Saco vornehmlich nach dem Berufsprinzip.

Die Blue-Collar-Gewerkschaft für Staatsbeschäftigte ist die Gewerkschaft für Dienstleistungs- und Kommunikationsbeschäftigte – Seko (*Facket för Service och Kommunikation*), die drittgrößte zur LO gehörige Gewerkschaft. Seko hat 160.000 Mitglieder in neun Branchen, etwa der öffentlichen Verwaltung, Eisenbahn, Post, Telekommunikation sowie Verteidigung. Seco gilt als eine eher radikale Gewerkschaft und hat sich klar gegen die Privatisierung der öffentlichen Dienstleistungen gestellt. Diese Gewerkschaft bekämpft außerdem die Zunahme von befristeten Tätigkeiten und von Teilzeitbeschäftigung, stundenweise bezahlte Beschäftigung, wie sie oft bei öffentlichen Ausschreibungen vorkommt, eingeschlossen. Im Jahr 2014 führte die Gewerkschaft beispielsweise einen viel beachteten Eisenbahnerstreik in der Region Öresund im Süden Schwedens durch. Der Grund bestand darin, dass der wichtigste private Transportdienstleister der Region, *Veolia Transport*, beabsichtigte, das unbefristet beschäftigte Personal zu reduzieren, zum Teil durch Entlassungen, aber auch durch eine Umwandlung der unbefristeten in befristete Arbeitsverträge. Der Streik erhielt ausgeprägte Rückendeckung durch die Öffentlichkeit, obwohl er die Reisenden stark belastete. Die Auseinandersetzung führte zu einem Vertrag mit der Arbeitgebervereinigung Almega-Kontraktunternehmen, der den Einsatz dieser Art atypischer Beschäftigungsformen verteuerte.

Darüber hinaus gibt es auch gewerkschaftlich organisierte Arbeitnehmergruppen, die keiner der drei Dachorganisationen angehören. Die wichtigsten im öffentlichen Sektor sind die schwedischen Feuerwehrleute (*Brandmännens Riksförbund*) sowie die Gewerkschaft der Lokomotivführer (*Svensk lokförarförening*), aber auch die syndikalistische Gewerkschaft SAC hat mehrere Zweige für den öffentlichen Sektor. Für den öffentlichen wie den privaten Sektor gleichermaßen gilt bemerkenswerterweise, dass das relativ egalitäre Schweden mit der Tradition solidarischer Lohnpolitik eine ausgeprägt vertikal gegliederte Gewerkschaftsstruktur aufweist. „Sweden contains the most class-segmented union movement in the world through the existence of separate national unions and union confederations for blue-collar workers (LO), university-educated professionals (Saco) and other white-collar workers (TCO). This pattern persists despite increasingly diluted borders between the Saco and TCO unions caused by the heightened educational level of TCO groups like teachers and journalists“ (Kjellberg 2014: 6).

Die wichtigste schwedische Arbeitgeberorganisation ist der Verband schwedischer Unternehmen (*Svenskt Näringsliv*). Es gibt keine Angaben zum genauen Organisationsgrad, die wichtigsten privaten Unternehmen sind jedoch Mitglied von *Svenskt Näringsliv*. Doch während der gewerkschaftliche Organisationsgrad in den letzten zehn Jahren abnahm, stieg der Organisationsgrad der Arbeitgeber an (Kjellberg 2015). Anders als bei den drei Gewerkschaftsbünden, die Beschäftigte sowohl im privaten als auch im öffentlichen Sektor organisieren, ist dies bei den Arbeitgeberorganisationen nicht der Fall. Die Regierungsbehörden werden durch den nationalen Verband der staatlichen Arbeitgeber (*Sveriges Arbetsgivarförbund*) SAGE vertreten. Die Arbeitgeber der Gemeinden und Kreise vertritt die Vereinigung der Kommunen und Regionen SKL (*Sveriges Kommuner och Landsting*), wobei SKL die Kommunen nicht nur als Arbeitgeber, sondern auch generell vertritt. SAGE vertritt 250 Behörden, Unternehmen in öffentlichem Eigentum und weitere Arbeitgeber des staatlichen Sektors mit etwa 250.000 Beschäftigten, SKL 290 Kommunen, 20 *landstingen* (Kreise) und Regionen mit mehr als einer Million Beschäftigten. Alle Arbeitgeber des öffentlichen Sektors sind unmittelbar Mitglied in einem dieser Verbände. Unter dem Dach von SKL findet sich auch das Verhandlungskartell PACTA, das viele der neuen Unternehmen vertritt, die im Zuge der Vermarktlichung öffentlicher Aufgaben entstanden sind (Thörnqvist 2011a: 29f.).

2.2 Verhandlungsprozesse im öffentlichen Sektor

Verhandlungen auf kollektiver Basis

Wie erwähnt beträgt der tarifvertragliche Deckungsgrad im öffentlichen Sektor 100%. Dies ist darauf zurückzuführen, dass alle öffentlichen Arbeitgeber den zentralen Arbeitgeberverbänden SKL und SAGE angeschlossen sind. Die vollständige Tarifdeckung im öffentlichen Sektor erklärt vor dem Hintergrund von dessen Größe partiell auch statistisch, warum die allgemeine *coverage rate* in Schweden mit 90% so hoch liegt (Kjellberg 2015). Da der Tarifvertrag ein zentrales Instrument der Arbeitsmarktregulierung in Schweden darstellt, herrscht die Überzeugung, dass eine praktische Notwendigkeit besteht, die Vereinbarungen in allen Sektoren ähnlich zu gestalten, da das System schwierig zu handhaben wäre, wenn einige Branchen oder wichtige Teile von Branchen aus dem System der Tarifverhandlungen ausgespart blieben.

Die Grundstruktur der Tarifverhandlungen hat sich in der Praxis trotz des Dezentralisierungsschubs in den 1990er Jahren wenig geändert. Allerdings zog sich *Svenskt Näringslivs* Vorgänger SAF 1990 einseitig von

Verhandlungen mit den Gewerkschaften auf *Spitzenebene* zurück. Damit folgte Schweden dem internationalen Trend zur Dezentralisierung der Arbeitsbeziehungen. Allerdings kann dieser Prozess als „organisierte Dezentralisierung" hin zu einem „schlanken Korporatismus" charakterisiert werden. Diese Entwicklung ist eng mit wirtschaftspolitischen Entwicklungen verbunden. Als die Voraussetzungen für den klassischen Keynesianismus aufgrund der Stagflation in den 1970er Jahren schwanden, schwenkten viele Länder mit starken korporatistischen Traditionen, so argumentieren Traxler und Kollegen, nicht sofort auf den neoliberalen Weg ein. Im Gegensatz zum Neoliberalismus seien die Marktkräfte im schlanken Korporatismus auf eine Weise in Arbeitsbeziehungen eingefügt, dass deren „sensitivity to monetary signals (...) increases: all forms of coordinated bargaining strongly respond to monetary policy, in stark contrast to uncoordinated bargaining" (Traxler/Blaschke/Kittel 2001: 300f.; vgl. auch den ähnlichen, im dänischen Kontext entstandenen Begriff der „zentralisierten Dezentralisierung" bei Andersen/Due/Madsen 1997). Schlanker Korporatismus gehe mit netzwerkförmiger Arbeitsmarktregulierung einher. Schweden ist eines der Länder, auf die diese Beschreibung zutrifft. Es sollte auch erwähnt werden, dass der Dezentralisierungstrend nicht nur die Lohnverhandlungen betrifft, sondern auch andere Themen, die traditionell in den Zuständigkeitsbereich der Arbeitsmarktparteien fielen, vor allem den Arbeits- und Gesundheitsschutz (Thörnquist 2008). Der Rückzug des Arbeitgeberverbandes von nationalen, sektorenübergreifenden Verhandlungen war ein Angriff sowohl auf die traditionelle Arbeitsmarktpolitik als auch die Gewerkschaften generell, aber die Demontage des Systems ging nie so weit, wie sich die SAF dies erhofft hatte. Vielmehr wurden die Spitzenverhandlungen ersetzt durch landesweites *pattern bargaining*, bei dem zwar auf Branchenebene verhandelt, dabei jedoch einer durch die Verhandlungen in der verarbeitenden Industrie vorgegebenen Marke der Entgeltsteigerung gefolgt wird (Thörnqvist 1998, 1999; Elvander 2002).

Der öffentliche Sektor war am Angriff der Arbeitgeber auf die einheitlichen Verhandlungen nicht direkt beteiligt, aber die Ideen der *Dezentralisierung* verbreiteten sich dort mitunter sogar rascher als im Privatsektor und wurden weitergehend eingeführt. Bereits in den landesweiten Tarifrunden des Jahres 1993 wurde vereinbart, dass mindestens die Hälfte der gesamten Lohnsumme im öffentlichen Sektor auf der lokalen Ebene individuell verteilt werden sollte (Elvander 1997: 39f.). Tatsächlich erfolgte die Dezentralisierung der Löhne im öffentlichen Sektor schneller als in der Privatwirtschaft (Thörnqvist 1998). Vor allem die Angestelltengewerkschaft *Vision* veränderte ihre Struktur der Lohnverhandlungen in den 1990er Jahren grundlegend. Die Verhandlungen wurden stark dezentralisiert und individualisiert. Hintergrund dieser Änderung war einerseits die damalige Finanzkrise sowie die anschließende Sparpolitik der 1990er Jahre und andererseits der Durchbruch von *New Public Management*-Konzepten. Zur selben Zeit änderte sich auch der Charakter der Beziehung zwischen der Gewerkschaft *Vision* und ihrem Gegenstück SKL, dem Verband der kommunalen Arbeitgeber: Zunehmend wurde das traditionelle Aushandlungsmodell durch Kooperationsvereinbarungen auf der Grundlage von Konsens ersetzt. Eine weitere Änderung ist darin zu sehen, dass das schwedische Schlichtungsinstitut[7] ab dem Jahr 2000 zum Teil die regulatorische Funktion der ehemaligen Spitzenabkommen übernommen hat, insbesondere die Verantwortung dafür, dass die Lohnsteigerungen zur Anforderung der makro-ökonomischen Stabilität passen.[8] In den Augen der meisten Kommentatoren förderte dies im Vergleich zu den frühen 1990er Jahren, als SAF und Gewerkschaften die Spitzenvereinbarungen aushandelten, sowohl eine niedrigere Inflationsrate als auch wachsende Reallöhne (Larson 2006).

Die nationalen Branchentarifverträge setzen den Rahmen für die unteren Ebenen, aber vor Ort bleibt Gestaltungsraum, etwa für monetäre Anreizsysteme und Lohnzuschläge. Ein wichtiger Grund für die Stabilität und Reichweite der schwedischen Tarifvereinbarungen kann im Zusammenwirken von Branchenebene und *shop-floor* gesehen werden. In Schweden gibt es keine Interessenvertretungen der Arbeitnehmer, die unabhängig von den Gewerkschaften sind, wie sie in manchen Ländern existieren, also etwa keine Betriebs- oder Personalräte im deutschen Sinne. Alle Verhandlungen auf Shop-floor-Ebene, also etwa in einer Kommunal-

7 Das *Medlingsinstitutet* ist die Zentralbehörde für Schlichtungsverfahren in Arbeitskonflikten. Organisatorisch ist es dem Arbeitsministerium zugeordnet, es soll insbesondere Arbeitskonflikte schlichten, eine gute Praxis der Lohnbildung fördern und die Lohnstatistik führen.

8 Das *Medlingsinstitutet* setzt sich nach eigenen Angaben für „eine gute funktionierende Lohnbildung ein. Das heißt: Die Lohnbildung soll zu Reallohnsteigerungen und höherer Beschäftigung führen sowie Veränderungen von Lohnrelationen zwischen verschiedenen Arbeitnehmergruppen ermöglichen. Gut funktionierende Lohnbildung ist damit vereinbar, dass die dem Wettbewerb ausgesetzte Wirtschaft (Exportsektor) die Normen der Lohnsteigerungen festlegt und dass die Kosten der schwedischen Industrie nicht stärker ansteigen als die Steigerungen in den mit Schweden konkurrierenden Ländern. Das Institut tauscht sich in regelmäßigen Kontakten und Beratungen mit den Tarifparteien aus. Mehrmals jährlich informiert es die Parteien über die Bedingungen der Lohnbildung. Hinzu kommen einschlägige Berichte und Handbücher – alles mit dem Ziel, die Lohnbildung in die gewünschte Richtung zu lenken“ (Medlingsinstitutet 2015c).

verwaltung, werden vom örtlichen Zweig einer Gewerkschaft geführt. Im Kern handelt es sich dabei um eine spezifische Variante des zweistufigen Bargaining (wie es traditionellerweise auch in Großbritannien existierte, sich dort jedoch zumindest in der Privatwirtschaft weitgehend aufgelöst hat), allerdings mit einem zentralen Unterschied: Während in Großbritannien die örtlichen Gewerkschaften stets um einen Aufschlag auf die überregionale Lohnvereinbarung kämpften, steht in Schweden mehr die individuelle Verteilung des in der Höhe bereits im Flächentarifvertrag vereinbarten Volumens im Mittelpunkt.

Die Bindekraft der Flächentarifverträge hinsichtlich der Höhe der Entgeltsteigerungen ist damit in Schweden erheblich höher, während zugleich die Aushandlungen auf der unteren Ebene für eine lokal flexible Anpassung sorgen. Die Resultate sind somit Stabilität und Flexibilität und damit trotz einer gewissen Ähnlichkeit ganz andere als im traditionellen britischen System, das zu Streiks auf beiden Ebenen geführt hatte, wodurch Flächentarifverträge aus Sicht der Arbeitgeber ihre Befriedungsfunktion verloren (Jauch/Schmidt 2000: 104). Mit der Ergänzung der breiten Gültigkeit der Flächentarifverträge, die auf den ersten Blick fälschlicherweise für ein sehr starres System zu sprechen scheint, durch eine hohe Flexibilität vor Ort sind in Schweden offenbar sowohl die Arbeitgeber als auch die Gewerkschaften überwiegend zufrieden. Durch die organisatorische Stärke der schwedischen Gewerkschaften gelingt es in der Regel, die Beschäftigten (auch in kleineren Betrieben) bei deren Aushandlungsprozessen durch gewerkschaftliche Ombudsleute zu unterstützen. Ein weiterer Unterschied zu Großbritannien besteht im erwähnten *pattern bargaining*, das historisch aus den früheren Spitzengesprächen entstanden ist, und das noch immer eine *de facto* allgemeingültige, wenn auch mitunter umstrittene Steigerungsrate für die überwiegende Zahl an Lohnverhandlungen auf Branchenebene hervorbringt, die sogenannte *mark*. Für die überwiegende Zahl der Beschäftigten gilt diese Steigerungsrate jedoch nur kollektiv, nicht individuell, da über die konkrete Verteilung vor Ort verhandelt wird. In einigen Verträgen und für jeweils eine Minderheit der Beschäftigten gilt die vereinbarte Steigerungsrate jedoch auch individuell, d.h. ohne Verteilungsverhandlungen vor Ort (Fulton 2013: 11% der Beschäftigten im Jahr 2012). In anderen Fällen enthalten die Branchentarifverträge gar keine Zahlen oder Prozentsätze, da die Entgeltsteigerungen vollständig vor Ort ausgehandelt werden (laut Fulton 2013 ebenfalls 11% der Beschäftigten). Die Individualisierung der Aushandlungsprozesse ist insbesondere im öffentlichen Sektor weit fortgeschritten. Insgesamt ist das schwedische System der Arbeitsbeziehungen somit gerade im öffentlichen Sektor weniger zentralistisch, wie es auf den ersten Blick erscheinen könnte. Vielmehr ist es trotz der 100%igen tarifvertraglichen Deckungsrate hochgradig flexibel und konnte offenbar gleichwohl ein hohes Maß an Vertrauen hervorbringen und erhalten, wie es nicht nur in einer geringen Streikhäufigkeit zum Ausdruck kommt (s.u.).

Betrachten wir sowohl die Rahmentarifverträge bzw. die inzwischen einseitige nationale Koordinierung im Rahmen des gewerkschaftlichen Dachverbandes LO, als auch die Koordinationsfunktion des *Medlingsinstitutet* sowie regional oder lokal agierende gewerkschaftliche Ombudsmänner als relevante Akteure des schwedischen Systems der Arbeitsbeziehungen, dann kann auch von vier relevanten kollektiven Handlungsebenen des schwedischen Systems gesprochen werden (vgl. Tab. 4).

Tab. 4: Überblicksschema über das schwedische Bargaining-System

Trade union bargaining unit		**Management-side counterpart**
LO TCO Saco	**Confederation level** LO settles no wage agreements since 1990 but maintain internal coordinating conferences. The other confederations have bargaining cartels.	Svenskt Näringsliv Arbetsgivarverket SKL
Industry-wide, national affiliates to LO and TCO, for instance Kommunal, Unionen or IF Metall, and national unions based on occupation, affiliated to TCO and Saco.	**Sectoral/industry level** Concludes the judicially binding, normally industry-wide, agreements, normally for three or, less often today, two years. Each agreement is officially settled between *one* union and *one* employers' association; though they might in practice be very closely linked together, even have almost exactly the same content.	Industry associations affiliated to Svenskt Näringsliv Arbetsgivarverket SKL, sometimes through its bargaining organizations KFS or PACTA
Regional or local union branches, normally with at least two full-time ombudsmen for each.	**Regional/local level** A "middle-level", aiming to facilitate the adaptation of the industry-wide agreement to workplace-level realities and practices.	(No directly comparable management-side counterpart.)
Local or firm-level trade union representatives.	**Shop-floor level** Negotiations over individual wages and firm-level distribution of working hours, OHS issues etc.	Single employers, supported by employers' associations.

Quelle: Thörnqvist (2011b): 31.

Verhandlungen auf individueller Basis

Eine wichtige Veränderung gegenüber dem traditionellen System stellt die Tendenz zur Individualisierung der Entgeltsetzung dar. Dabei gehen die Auffassungen darüber auseinander, ob diese Entwicklung ausschließlich vorteilhaft für die Arbeitgeber ist, oder ob auch die Beschäftigten Vorteile davon haben. Die Initiative zur Individualisierung der Vergütung kam von der Arbeitgeberseite und war ein zentraler Teil der Dezentralisierungsprozesse in den 1990er Jahren. Das tarifvertraglich geregelte Eingruppierungsschema für Staatsbeschäftigte wurde Anfang der 1990er Jahre im Kontext der Dezentralisierung der Lohnverhandlungen und des Aufbaus von SAGE als gemeinsamem Arbeitgeberverband für die Regierungsbehörden (im Jahr 1994) abgeschafft. Einige Gewerkschaften, vor allem im öffentlichen Sektor, versuchten jedoch den Individualisierungsprozess im Interesse ihrer Mitglieder zu wenden.

Im Jahr 1995 konstatierte die Gewerkschaft für ausgebildete Krankenschwestern und Hebammen, die schwedische Vereinigung der Gesundheitsberufe (zu jener Zeit SHSTF, heute *Vårdförbundet*), dass ihre weiblichen Mitglieder, insbesondere Krankenschwestern, verglichen mit Männern mit vergleichbaren Aufgaben und Erfahrungen diskriminiert werden. Alle Gehälter im Gesundheitswesen, so argumentierte die Gewerkschaft, sollten auf persönlicher Qualifikation beruhen, denn dies würde sich vorteilhaft für die weiblichen Mitglieder auswirken, die generell ein hohes Maß an formaler Kompetenz haben. Die Gewerkschaft verfolgte dabei die Strategie, eine Bezugnahme auf Gesetzgebung, insbesondere auf das Verbot diskriminierender Lohnfestsetzung aufgrund von Geschlecht, mit der fortschreitenden Dezentralisierung der Entgeltverhandlungen im öffentlichen Sektor zu verbinden. Diese Strategie bot sich gerade im öffentlichen Sektor an, weil die Dezentralisierung der Verhandlungen hier bereits besonders weit ging und Mitte der 1990er Jahre beschleunigt wurde.

Mit der Bezugnahme auf die gegen Diskriminierung gerichtete Arbeitsmarkt-Gesetzgebung verschoben die Krankenschwestern und Hebammen auch den Fokus ihrer Mobilisierung: weg von der Durchsetzung höherer Gehälter aufgrund eigener Stärke hin zu rechtlich und moralisch begründeten Forderungen. Es wurde argumentiert, dass es nicht fair sei, wenn Männern mit vergleichbarer Kompetenz, Verantwortung und Berufserfahrung mehr bezahlt werde (Fransson/Thörnqvist 2004: 60f.). Vor diesem Hintergrund waren es die weiblichen Beschäftigten in der Gesundheits- und Krankenpflege, die sich vor allem für die neuen Formen der Entgeltsetzung interessierten. Es ist bemerkenswert, dass in diesem

Fall Individualisierung als eine kollektive Strategie verstanden wurde, um das Ziel zu verfolgen, höhere Verdienste für Frauen durchzusetzen. Die ursprüngliche Intention der Arbeitgeber bestand in einer Individualisierung und Dezentralisierung der Entgeltbestimmung und verfolgte gegenteilige Ziele, insbesondere eine größere Spreizung und Flexibilisierung der Verdienste.

Bis zu einem gewissen Grad war die Strategie der Gewerkschaft auch erfolgreich, jedenfalls in den ersten Jahren. Doch nachdem einige Fälle von „Unfairness“ vor dem Arbeitsgericht landeten, wurde klar, dass längerfristig von der Individualisierung nicht die Frauen profitieren würden. Das Gericht akzeptierte die Argumentation der Arbeitgeber, dass besserverdienende männliche Mitarbeiter in der Regel einen höheren Marktwert haben. Diese Beschäftigten würden zu anderen Arbeitgebern wechseln, wenn sie nicht besser bezahlt werden. In der Praxis wurde es daher nach den ersten Jahren schwierig für die Frauen, von der Strategie der Verbindung von Individualisierung und Gesetzgebung zu profitieren. Ein bleibendes Ergebnis allerdings war die Einführung der systematischen Arbeitsbewertung im öffentlichen Sektor, die jedoch nur spärlich genutzt werde, da ihr Einsatz zu Konflikten zwischen männlichen und weiblichen Berufsgruppen führe (Fransson 2000: 378ff., 417).

Vårdförbundet ist Mitglied im Dachverband TCO. Heute hat die TCO die individualisierten Gehälter akzeptiert und sieht diese generell als ein Mittel zur Steigerung der Verdienste. Die Akademikergewerkschaft für den öffentlichen Dienst, Saco-S, vertritt ebenfalls die Position, dass die Individualisierung der Entgeltsetzung im Interesse der Arbeitnehmer liege. Auch die große Gewerkschaft der Arbeiter im öffentlichen Dienst, *Kommunal*, hat die individualisierten Löhne inzwischen weitgehend akzeptiert, doch der Weg dahin war weniger geradlinig als bei den Angestellten und den Akademikern. *Kommunal* entschied sich bereits auf ihrem Kongress im Jahre 1993 dafür, das neue individualisierte Entgeltsystem anzunehmen, also bereits vor der Schwestern- und Hebammengewerkschaft. Bis dahin waren die Löhne zentral durch die nationalen Tarifverträge für die jeweiligen Tätigkeiten und nach Berufserfahrung festgelegt worden, ab 1993 wurden zentrale Teile der Lohnfestsetzung auf die lokale Ebene übertragen.

Darüber hinaus wurde auch das Entgeltprinzip verändert. Statt der bis dahin gängigen Verfahren der Eingruppierung und der Einstufung erhält jetzt jeder Beschäftigte einen individuell definierten Verdienst, der nach Kriterien wie Verantwortung, Fähigkeiten, Aufgaben, Bildung, soziale Kompetenz und Leistung bestimmt wird. Die zentral vereinbarten Mindestlöhne blieben, doch *Kommunal* akzeptierte die „unvermeidliche Konsequenz" einer wachsenden Lohnspreizung innerhalb der Berufe, bei dem einige Beschäftigte einen größeren Anteil aus dem lokalen Entgeltvolumen erhalten als andere.[9] Die wachsende Entgeltspreizung sollte dazu beitragen, so argumentierte *Kommunal*, die Produktivität zu steigern und für alle Beschäftigten höhere Löhne zu erzielen. Auf allen nachfolgenden Kongressen gab es dann Anträge, die darauf zielten, aus der individuellen Lohnbildung wieder auszusteigen und zu einer tarifvertraglich geregelten Entgeltdetermination zurückzukehren.

Die Hauptkritik an der individuellen Lohnbildung lautet, dass diese die Macht des Arbeitgebers auf Kosten der Beschäftigten und der Gewerkschaften gesteigert und dadurch Ruhe und Anpassung im Betrieb gefördert habe. Auch wird von Kritikern infrage gestellt, weshalb noch immer zentral über Streiks entschieden wird, während die Verhandlungen in erheblichem Maße lokal geführt werden. Kritisch hervorgehoben wird zudem, dass es nicht belegt sei, dass individualisierte Löhne produktivitätsförderlich sind, während wachsende Lohnspreizung zu Unmut und geradezu zu produktivitätshemmendem Verhalten sowie höheren Transaktionskosten führe, da Führungskräfte wie Mitarbeiter mehr Zeit in Sitzungen verbringen müssten (Lapidus 2015: 113ff.).

Das System der individualisierten Entgeltbestimmung besteht nun seit mehr als 20 Jahren, aber es ist noch immer schwer zu sagen, welchen materiellen Unterschied es wirklich macht und, falls dies der Fall ist, zu wessen Gunsten. Eine wichtige Voraussetzung dafür, dass sich die Individualisierung der Lohnbildung in Schweden nicht in starkem Maße zulasten der Beschäftigten ausgewirkt hat, dürfte neben der gewerkschaftlichen Stärke vor Ort[10] auch die in Schweden übliche, hohe Lohntransparenz sein, denn ohne ein Wissen um die Verdienste der anderen Beschäftigten, somit Markttransparenz, wäre eine individuelle Lohnbildung sicherlich mit erheblich höheren Rationalitätsdefiziten und Risiken verbunden.

Das schwedische System der Arbeitsbeziehungen kommt noch immer ohne einen staatlichen Mindestlohn aus, doch durch die Öffnung des Arbeitsmarktes und die Entsendung ausländischer Arbeitnehmer ist auch in Schweden die Gültigkeit von Tarifverträgen weniger selbstverständlich

---

9 Es ist zu erwähnen, dass die Individualisierung nicht alle Bargaining-Bereiche von *Kommunal* umfasst, in ein paar wichtigen Bereichen existiert weiter ein vollständig tariflich determiniertes Entgeltsystem.

10 2011 gab es 325.000 gewählte Gewerkschaftsvertreter in Schweden, darunter 158.000 der LO-Gewerkschaften (ca. 14% der LO-Mitglieder), ein Zuwachs um ca. 1.000 im Vergleich zum Zeitpunkt vor fünf Jahren. Bei TCO und Saco sind etwa 13% bzw. 9% der Mitglieder zu Vertretern gewählt (Arvidsson 2014: 6).

geworden. Ein Umstand, der trotz der noch immer 100%igen Deckung durch Tarifverträge im öffentlichen Dienst, angesichts des weitgehend einheitlichen Systems von privatem und öffentlichem Sektor sowie der gewachsenen Konkurrenz durch private Anbieter, die etwa im Bereich der Pflege staatlich finanzierte Dienstleistungen privat erbringen, keineswegs bedeutungslos ist. Die Einführung eines nationalen Mindestlohnes allerdings ist in Schweden derzeit nicht absehbar.

2.3 Arbeitsbedingungen im öffentlichen Sektor ■

Im ersten Quartal 2015 waren in Schwedens primären Kommunen etwa 818.000 Personen und in den Kreisen und Regionen etwa 256.000 Personen beschäftigt (Statistics Sweden 2017), darunter insgesamt ca. 250.000 Personen in Teilzeit. Der rot-grünen Mehrheit der Vereinigung der Kommunen und Regionen (SKL) zufolge, ist die Nutzung von Teilzeitarbeit weitgehend eine Frauenangelegenheit. Im Gegensatz zu männlichen Arbeitnehmern arbeiten Arbeitnehmerinnen, die rund 90% der Beschäftigten in diesen Bereichen stellen, häufig Teilzeit, obwohl sie eine Vollzeitbeschäftigung bevorzugen würden. Da nicht nur geringe Einkommen, sondern auch niedrigere Renten die Konsequenz sind, arbeiten viele Frauen in Schweden in einem Alter jenseits von 65 Jahren, um zur Rente hinzuzuverdienen. Die Forderung nach einem Recht auf Vollzeitbeschäftigung ist seit langem eine der wichtigsten Forderungen von *Kommunal,* und die Gewerkschaft hat sogar in Erwägung gezogen, dass hierfür eine gesetzliche Regelung in Frage kommen könnte. Teilzeittätigkeit und befristete Beschäftigung sind auch in Schweden dabei oft miteinander verkoppelt (Kommunal 2013). Der Teilzeitanteil bei den weiblichen Beschäftigten des öffentlichen Sektors ist allerdings seit 2005 von 43,5% auf 37,3% zurückgegangen, auch wenn dieser Wert immer noch als hoch gilt. In einigen Teilen des öffentlichen Sektors ist der Anteil beträchtlich höher. Laut einer Mitgliederbefragung von *Kommunal* waren im Jahr 2014 etwa 40% der befragten Beschäftigten mit unbefristeten Verträgen in der Altenpflege in Vollzeittätigkeiten, während dies bei den befristet Beschäftigten nur 25-30% waren (Wand 2014: 11). Die SKL hat daher vorgeschlagen, eine Klausel in die Tarifverträge aufzunehmen, die garantiert, dass alle Beschäftigten der Kommunen, einschließlich derjenigen, die bei privaten, jedoch öffentlich finanzierten Anbietern arbeiten, das Recht auf eine Vollzeitbeschäftigung erhalten, auch sollen alle neuen Dauerstellen als Vollzeitbeschäftigung ausgeschrieben werden. Das Ziel besteht darin, Arbeit im öffentlichen Sektor attraktiver zu machen (Aftonbladet, 23. März 2015).

Heute gibt es in zentralen Teilen des Sektors einen erheblichen Mangel an Arbeitskräften, etwa der Altenpflege und der Krankenpflege. Viele schwedische Krankenschwestern arbeiten in Norwegen, wo Löhne und Arbeitsbedingungen besser sind. Die Personalbesetzung der großen Krankenhäuser ist oft äußerst schwierig. Im Zeitraum 2010-2013 stiegen die Personalkosten für extern angeheuertes Krankenpflegepersonal in der Region Skåne (einschließlich Malmö) von 9,1 auf 19,6 Mio. SEK. In der Region Västra Götaland – darunter die von uns untersuchte Stadt SE-2 – stiegen die Kosten von 21 auf 34 Mio. SEK, während im Kreis Stockholm die Kosten von 105 auf 155 Mio. Schwedische Kronen zunahmen. Auch in der Stadt SE-1 stiegen die Kosten für über Zeitarbeitsfirmen angestellte Krankenschwestern dramatisch an: Im Jahr 2010 gab der Kreisrat 2 Mio. SEK für diesen Zweck aus, während die Summe im Juni 2015 nicht weniger als 21 Mio. SEK betrug. Dieser Personalengpass führte auch zu wachsenden Belastungen bei denjenigen, die direkt bei den Kreisen und Regionen beschäftigt sind (Dagens Arena 17.6.2014). Viele Krankenschwestern erklären, dass sie lieber bei Zeitarbeitsfirmen arbeiten, da Letztere höhere Löhne und bessere Arbeitsbedingungen bieten würden. Mitunter soll die Differenz um die 10.000 SEK pro Monat betragen (Schwedisches Fernsehen, 8. Juni 2015).

Im zentralstaatlichen Sektor gilt Teilzeitbeschäftigung hingegen nicht als großes Problem. Allerdings ist die Anwendung von befristeten Arbeitsverträgen in etlichen Bereichen weit verbreitet. Seit der Neufassung des Gesetzes zur Beschäftigungssicherheit (*lag om anställningsskydd* – LAS; SFS 1982:80 und SFS-2007:391) sollte die Obergrenze befristeter Beschäftigung nicht mehr als 24 Monate betragen. Viele Arbeitgeber umgehen jedoch diese Regel, indem sie Beschäftigte wiederholt über diesen Zeitraum beschäftigen oder andere Varianten von Kurzzeittätigkeiten nutzen. Im Februar 2014 lag der Anteil der befristeten Beschäftigung im Staatssektor bei 23,5%, während er im privaten Sektor bei 14,6% lag. Auf die Regierungsbehörden, die Universitäten und den Verteidigungsbereich entfallen rund 65% der befristeten Arbeitsverträge des staatlichen Sektors. Bei den Regierungsbehörden sind etwa 20% des Personals befristet beschäftigt (Dagens Nyheter 6.5.2014; vgl. Statistics Sweden 2014a).

Die verbreitete Nutzung dieser Form der atypischen Beschäftigung führte zu langjährigen Auseinandersetzungen zwischen Staat und Gewerkschaften (vor allem zwischen ST und TCO). Im Jahr 2007 beschloss die TCO, die Angelegenheit der Europäischen Kommission vorzulegen, die deutlich erklärte, dass die Praxis, verschiedene Formen befristeter Tätigkeiten zu nutzen, um den Zeitpunkt aufzuschieben, ab dem einem Arbeitnehmer eine Dauerbeschäftigung zusteht, gegen EU-Vorschriften verstößt. Doch die ehemalige Mitte-Rechts-Koalitionsregierung bestritt jede Verletzung der EU-Regeln und laut regierungseigenem Arbeitgeberverband SAGE finden Befristungen im Staatssektor ihre natürliche Erklärung darin, dass die Regierung häufig externe Experten anheuere. Befristung an den Universitäten sei zudem ein selbstverständlicher Teil des Karrieresystems. Darüber hinaus ist Befristung im Verteidigungsbereich für bestimmte Gruppen von Arbeitnehmern, wie Soldaten, Matrosen und Gruppenführer, rechtlich festgelegt (Karl Pfeifer, Chefjurist voon SAGE, Svenska Dagbladet 2. Mai 2013).[11]

Das Verdienstniveau im öffentlichen Sektor ist im Großen und Ganzen niedriger als im Privatsektor (Fredman/Nilsson 2006; Larsson 2014). Für Frauen traf dies allerdings keineswegs immer zu. Im Jahr 1961 verdienten Frauen im öffentlichen Sektor 12% mehr als ihre Kolleginnen in der Privatwirtschaft mit vergleichbarer Ausbildung, Fertigkeit und Arbeitserfahrung. 1981 war dieser Unterschied auf 2,5% geschrumpft und im Jahr 2000 verdienten Frauen bei gleichem Qualifikationsniveau in Privatfirmen 10% mehr als im öffentlichen Sektor (Nyberg 2003). Während der Expansion des öffentlichen Sektors nahmen Frauen insbesondere auf kommunaler Ebene (Gemeinden und *landstingen*) zunehmend neue, doch schlechter bezahlte Jobs an, die zu einer Verdienstabsenkung des Sektors insgesamt führten.

Eine Erklärung für geringere Löhne im öffentlichen Sektor wird in einem Mangel an Konkurrenz gesehen. Einige Studien fanden auch heraus, dass Entgeltunterschiede in den Gemeinden zusammen mit der Konkurrenzexposition gesunken sind (z.B. Oreland 2010). Dies ist jedoch umstritten. Eindeutig ist jedoch, dass Entgeltunterschiede zwischen Männern und Frauen im öffentlichen Sektor geringer sind als im Privatsektor. Der geringste geschlechtsbezogene Unterschied findet sich unter den Arbeitern (Larsson 2014: 42).

11 *Zero-hours-contracts* oder Null-Stunden-Verträge, wie sie etwa aus Großbritannien bekannt sind, existieren in Schweden allerdings nicht. Doch in etlichen kleinen Unternehmen, die etwa in der Reinigung von Dienststellen oder der Pflege tätig sind, d.h. in Grenzbereichen des öffentlichen Sektors, kommen *de facto* auch in Schweden unterschiedlichste Formen prekärer Beschäftigung vor (Calleman 2011; Thörnquist 2013; 2015). Baufirmen, die im Rahmen öffentlicher Ausschreibungen tätig sind, nutzen häufig lange Ketten von Subunternehmern, ausländische Unternehmen mit *posted workers* eingeschlossen, in denen die ansonsten gültigen schwedischen Arbeitsnormen häufig unterschritten werden (Thörnqvist/Woolfson 2012: 530ff.; Jonsson et al. 2014).

Im Zeitraum 2011 bis 2014, d.h. nach der Krise, stiegen die Reallöhne für Arbeiter im privaten und im öffentlichen Sektor jeweils um 6,9%, während der Anstieg bei den Angestellten im öffentlichen Sektor 7,7% und in der Privatwirtschaft 7,6% betrug (Larsson 2014: 23f.). Der höchste Anstieg der Reallöhne fand in den Gemeinden und Kreisen statt. Nach dem Ausbruch der Krise 2008/2009 fiel das Wachstum der Nominallöhne gleichwohl moderat aus, die geringe Inflationsrate ermöglichte gleichwohl einen zeitgleichen Anstieg der Reallöhne (vgl. Tab. 5).

≡ *Tab. 5: Index der allgemeinen Reallohnentwicklung in Schweden 2006 bis 2014 (1960 = 100)*

2006	2007	2008	2009	2010	2011	2012	2013	2014
230,3	232,7	234,7	243,3	245,5	246	251,2	257,5	265,2

Quelle: Medlingsinstitutet/Ekonomifakta (2015).

Wie dargelegt, wurde das Entgeltsystem dezentralisiert und individualisiert, auch sogenannte ziffernlose Vereinbarungen (*sifferlösa avtal)* kommen vor und die Entscheidung über die individuelle Entgeltsteigerung wird in die Hände des einzelnen Arbeitnehmers und dessen unmittelbarem Vorgesetzten gelegt. Gleichwohl wird erwartet, dass die Arbeitsmarktparteien überindividuelle und überbetriebliche Regeln insofern respektieren, als die Entgeltsteigerungen für eine einzelne Branche nicht höher ausfallen sollen als die sogenannte *mark* des *pattern bargaining*. In diesem System besteht die wichtigste Aufgabe der Gewerkschaft darin, so wird im Gespräch erläutert, die einzelnen Beschäftigten zu „coachen“, statt kollektive Lösungen zu erstreiten.

Eine Untersuchung unter Mitgliedern von *Kommunal*, die 2011 durchgeführt wurde, stellt fest, dass sich die Meinung über das individualisierte Aushandeln der Löhne seit den frühen 2000er Jahren zunehmend positiv entwickelt habe (Wallenberg 2012). Allerdings ist das System der ziffernlosen Vereinbarungen problematischer für Beschäftigtengruppen mit niedrigen Löhnen, für die garantierte Lohnsteigerungen eine größere Bedeutung haben.

Die Stadt SE-1 sticht in dieser Frage hervor, da sie zu den Pionieren zählt. Die meisten Akademiker und Verwaltungsangestellten sind dort zufrieden mit den *sifferlösa avtal*, da der Einzelne nach seinen Qualifikationen und Kompetenzen individuell bezahlt und die Bereitschaft, gute Arbeit zu leisten und Deadlines einzuhalten belohnt werden könne.

„Dann ist es nicht mehr so wichtig, wo die Leute arbeiten, (…) meine Hauptaufgabe (besteht) darin, danach zu schauen, dass die Leute nicht länger als 40 Stunden pro Woche arbeiten“, so der Chefunterhändler und Arbeitsrechtsexperte der Stadt SE-1. Dies gilt jedoch auch dort nicht für alle Tätigkeiten. Mit der Gewerkschaft *Kommunal* verhandelt die Stadt noch auf traditionelle Weise, obgleich der letzte Schritt der Lohnsetzung auch für deren Gruppen individuelle Lohndiskussionen einschließt.

In der Stadt SE-2 und im Westen von Schweden scheinen die Mitglieder von *Kommunal* individuelle Löhne so zu verstehen, dass größere Verantwortung und schwierigere Arbeitsaufgaben höher entgolten werden sollen, während andere Vorstellungen, Löhne zu definieren, wenig Unterstützung finden. Es gibt auch Kritik daran, wie die Arbeitgeberseite und die Gewerkschaft das Verfahren der Entgeltbestimmung handhaben. Die regionale Ebene von *Kommunal* hat deshalb entschieden, sich für eine größere Bedeutung „kollektiver Lohnanteile“ einzusetzen.

Es mag naheliegen, dass die Leistungsanforderungen in der Stadt SE-1 für jene Beschäftigten besonders ausgeprägt sind, für die der Prozess der Entgeltbestimmung strikt individualisiert ist und bei denen das System der *sifferlösa avtal* eingeführt wurde, allerdings spricht einiges dafür, dass die Leistungsanforderungen und oft auch hohe Arbeitsbelastungen seit langem bereits alle Beschäftigten der Kommunen betreffen, da sie letztlich alle von Downsizing und Ausgabenkürzungen betroffen und der Konkurrenz ausgesetzt sind. Da der Preisdruck im öffentlichen Beschaffungswesen hoch ist und die Vergütungen für Dienstleistungsanbieter im Rahmen der Customer-Choice-Modelle in der Regel sehr gering sind, versuchen die Arbeitgeber, und in der indirekten Folge dann auch die öffentlichen Anbieter, die Arbeitskosten zu drücken (Thörnquist 2014: 127ff.; 2015: 27ff.), die im Bereich der sozialen Dienstleistungen etwa 80% der Produktionskosten ausmachen. Im Einklang mit den Ideen des *New Public Management* sind zudem die Anforderungen an die Qualität der kommunalen Dienstleistungen und deren Kontrolle gestiegen. Auch in Kommunen mit einem geringen Maß an Privatisierung hat der Versuch, die Kosten zu senken und die Effizienz zu steigern, eine höhere Arbeitsbelastung und mehr Stress für die Beschäftigten erzeugt (Meagher/Szebeheley 2013). Eine Zunahme der Arbeitsbelastung wird auch aus dem Gesundheitswesen berichtet, etwa durch die Übertragung von Verantwortung von Ärzten auf Krankenschwestern – wobei diese Entwicklung sicherlich je nach eingenommener Perspektive unterschiedlich bewertet werden kann. Belastungen werden auch von der Einführung neuer Positionen berichtet, etwa durch sogenannte Tele-Krankenschwestern und Gesundheits-Call-Center (Andersson Bäck 2011).

„Der Regierung Brotlaib ist klein, aber sicher.“ Mit diesem Sprichwort wurde die Tätigkeit beim Staat in Schweden über Jahrzehnte charakterisiert. Diese Aussage traf zumindest für dauerhaft beschäftigte männliche Staatsangestellte zu, doch galt sie keineswegs für alle Beschäftigten, insbesondere die Situation vieler Frauen beschrieb sie keineswegs zutreffend (Kvarnström/Waldemarson/Åmark 1995). Abgesehen von der Tatsache, dass alle Beschäftigten des öffentlichen Sektors durch Tarifverträge abgedeckt sind, ist die Beschäftigung beim Staat heute nicht viel sicherer als in anderen Bereichen. Die seit den 1990er Jahren eingeleiteten Veränderungen im öffentlichen Sektor, die Maßnahmen zur Kürzung der Ausgaben, das „*Reverse Budgeting*", und die Einsparung von Personal, die Prozesse der Dezentralisierung und der Individualisierung der Lohnbestimmung sowie die Umorientierung von einer auf Regeln basierenden Steuerung zur Steuerung mittels Zielen, haben unter dem Einfluss des *New Public Management* den Charakter des Staates als Arbeitgeber verändert, auch wenn Sparpolitik und NPM im Falle Schwedens hinsichtlich der Arbeitsbedingungen und der Arbeitsbeziehungen nicht mit anderen Ländern identische Resultate erbrachten.

Ein Bereich, in dem der Staat in Schweden als ein richtig guter Arbeitgeber und auch als Vorreiter gilt, insofern als *model employer* bezeichnet werden kann, ist die Gleichstellung der Geschlechter. Heute ist die Frage der Gleichstellung der Geschlechter systematisch und erfolgreich in die Organisations- und Arbeitsprozesse der meisten Regierungsbehörden eingebaut. Gesundheit und Sicherheit der Arbeit wurden hingegen eher etwas hintangestellt. Laut Gewerkschaft ST haben die psychosozialen Probleme in der Arbeitswelt in den letzten Jahren im staatlichen Sektor massiv zugenommen. Hohe Arbeitsbelastung und schlechte Führung gelten als wichtige Ursachen dieser Entwicklung. Insbesondere haben sich körperliche Bedrohungen und Gewalt gegenüber Staatsbeschäftigten in verschiedenen sozialen Kontexten deutlich erhöht. Diese Probleme treten demnach in der Begegnung mit den Bürgern, aber auch unter Führungskräften und Mitarbeitern sowie im Verhältnis der Mitarbeiter untereinander auf. Der Präsident der ST nimmt an, dass das Problem teilweise in einem Zusammenhang mit den Auswirkungen der jüngsten Krise steht. Da die Arbeitslosenquote gestiegen ist und mehr Menschen auf Arbeitslosenunterstützung oder Unterstützung der Sozialversicherung angewiesen sind, habe der Druck auf die Verwaltungsbeschäftigten zugenommen. Die Beschäftigten, so versucht es der Präsident der ST im Gespräch auf den Punkt zu bringen „treffen einfach häufiger auf verzweifelte Menschen".

Hinzugefügt sei noch, dass auch in Schweden die demographische Entwicklung für den öffentlichen Sektor von Relevanz ist, insbesondere beim Zentralstaat ist die Zahl der in den 1940er Jahren geborenen Beschäftigten höher als in jeder anderen Branche. Die derzeitigen Neueinstellungen können bei den Zentralbehörden lediglich die Hälfte der Beschäftigten ersetzen, die ihre Arbeitsplätze verlassen. Wenn die Zahl der Beschäftigten gehalten werden soll, dann muss der Neuzugang gesteigert werden (Johansson/Heed 2014). Dies dürfte nicht ohne Folgen für die Arbeitsbedingungen und die Arbeitsbeziehungen bleiben: In welchem Verhältnis dabei ein gewissermaßen naturwüchsiger Aufgabenzuwachs und in der Konsequenz eine stärkere Bargaining-Position der Beschäftigten und der Gewerkschaften stehen werden, scheint jedoch noch nicht entschieden zu sein.

2.4 Arbeitskonflikte

Das Streikmuster der schwedischen Nachkriegszeit passt in längerer zeitlicher Perspektive gut in das allgemeine internationale Bild, auch wenn einige Aspekte international ziemlich einzigartig sind. Wie in vielen industrialisierten Ländern, kam die Ruhe der Jahrzehnte der Wohlfahrtsstaatsentwicklung an der Wende der 1970er Jahre durch das Aufflammen wilder Streiks an ein Ende.[12] Im schwedischen Fall führte der Aufschwung auch zu erneuerten Forderungen nach industrieller Demokratie (Thörnqvist 2011b: 220ff.). Auch in den 1980er Jahren blieb das Streikniveau noch hoch. In den 1990er Jahren kehrte jedoch die Ruhe der 1950er und 1960er Jahre zurück, von ein paar ausgedehnten Streiks abgesehen, die vornehmlich im öffentlichen Sektor stattfanden (vgl. Tab. 6). In früheren Jahren waren die Beschäftigten des öffentlichen Sektors in erheblich geringerem Maße streikaktiv gewesen als die Beschäftigten im Privatsektor.

Bemerkenswert ist der Streik der Gemeindearbeiter im Jahr 2003. Im Herbst 2002 forderte *Kommunal* eine Neuverhandlung des übergreifenden Branchentarifvertrags. Die Gewerkschaft argumentierte, dass ihre Mitglieder nicht die Reallohnsteigerungen erhalten würden, die mit dem Abschluss des Abkommens im Jahre 2001 intendiert waren (in der Regel

12 Da Schweden als *das* Land der korporatistischen, friedlichen Arbeitsbeziehungen bekannt war, eine Ansicht, die von den schwedischen Arbeitsmarktparteien sowie den Politikern geteilt wurde, wurde die erste Streikwelle 1969/1970 als Schock wahrgenommen, obwohl in Italien und Frankreich zuvor Ähnliches geschah. Im schwedischen Recht wird strikt zwischen legalen und inoffiziellen (wilden) Streiks unterschieden, wobei die Teilnahme an wilden Streiks untersagt ist. Allerdings haben die Gewerkschaften einige Möglichkeiten auch knapp unterhalb der Schwelle eines Streiks zu agieren (Thörnqvist 2007: 323ff.).

schließen die schwedischen Gewerkschaften Tarifverträge mit mehrjähriger, meist dreijähriger Laufzeit ab, wie auch in diesem Fall). Deshalb drängte *Kommunal* auf ein neues Abkommen mit einer Gesamtlohnerhöhung von 5,5%. Die kommunalen und regionalen Arbeitgeber fanden die Forderung völlig unrealistisch und boten stattdessen 4,2% für die Beschäftigten im Bereich der Krankenpflege und 2,0% für die Beschäftigten außerhalb dieses Sektors.

Kommunal forderte jedoch nicht nur in den Augen der Arbeitgeber zu viel. Ein vielleicht noch größeres Problem für *Kommunal* war es, dass andere der LO angeschlossene Gewerkschaften die Forderung ebenfalls für unrealistisch hielten. Zu den stärksten Gegnern zählte die Gewerkschaft des Handels, in der die meisten Beschäftigten des Einzelhandels organisiert sind (auch Verkaufspersonal wird, da der Gewerkschaft LO zugehörig, als Blue-Collar betrachtet, d.h. die Begriffe Arbeiter und Angestellte differenzieren nicht in derselben Weise wie in Deutschland). Andere LO-Gewerkschaften befürchteten, dass diese neue Forderung die Koordination innerhalb der LO verletzte und brachten ihren Dissens mit *Kommunal* offen zum Ausdruck. Ein Vorgang, der in der schwedischen Gewerkschaftsbewegung historisch ziemlich ungewöhnlich ist. *Kommunal* hielt jedoch an der Forderung fest, was zu einem landesweiten Streik im Frühjahr 2003 führte.

Der Streik begann zunächst in begrenzter Weise, um zu zeigen, dass die Intention nicht darin bestand, Bürgern Schaden zuzufügen, sondern um zu verdeutlichen, dass der Gewerkschaft wegen der Sturheit der Arbeitgeber keine andere Wahl bleibe. Nach zwei sich ausweitenden Wellen erreichte der Streik Ende Mai seinen Höhepunkt, etwa einen Monat nach Beginn.

Tab. 6: Arbeitskonflikte in Schweden 1974-2014 (insgesamt)

	Streiks und Aussperrungen	Beteiligte Beschäftigte (tausend)	Ausgefallene Arbeitstage (tausend)	Ausgefallene Arbeitstage pro tausend Beschäftigten
1974	240	27	58	14,68
1975	290	37	358	88,13
1976	123	11	26	6,48
1977	107	18	119	29,53
1978	166	18	42	10,38
1979	207	32	29	7,58
1980	204	34	4.478	1.075,92
1981	67	99	209	50,28
1982	46	5	2	0,48
1983	92	17	37	8,89
1984	206	24	31	7,39
1985	160	125	504	118,78
1986	75	69	683	159,65*
1987	72	10	15	3,48
1988	144	55	798	182,40
1989	139	34	410	92,30
1990	126	73	770	171,68
1991	23	5	22	5,00
1992	20	18	28	6,65
1993	33	30	190	47,93
1994	13	29	52	13,24
1995	36	141	627	157,30

	Streiks und Aussperrungen	Beteiligte Beschäftigte (tausend)	Ausgefallene Arbeitstage (tausend)	Ausgefallene Arbeitstage pro tausend Beschäftigten
1996	9	9	61	15,39
1997	14	12	24	6,12
1998	13	0	2	0,50
1999	10	9	79	19,42
2000	2	0	0	0,00
2001	20	10	11	2,59
2002	10	1	1	0,24
2003	11	81	628	148,32
2004	9	2	15	3,56
2005	14	1	1	0,23**
2006	9	2	2	0,45
2007	14	4	14	3,08
2008	5	13	107	23,86
2009	6	1	2	0,36
2010	5	3	29	6,58
2011	2	0	0	0,06
2012	7	6	37	8,25
2013	9	2	7	1,56
2014	5	2	3	0,75

*Quellen: Swedish National Mediation Office; Statistics Sweden, AKU; Thörnqvist (2000: 165ff.); Thörnqvist (2007: 338). * = Ab 1986 fielen die Angaben erhebungsbedingt leicht höher aus, dem kommt jedoch keine relevante Bedeutung zu. ** = Ab 2005 sind Schweden, die weniger als zwei Jahre im Ausland arbeiten, bei den Erwerbspersonen eingeschlossen.*

Durch das schrittweise Vorgehen brachte die Gewerkschaft *Kommunal* die Bürger nicht gegen sich auf, vielmehr betrachtete die Öffentlichkeit die Forderungen größtenteils als fair. Es war offenbar gelungen, sich auf die Machtressource Gesellschaft zu stützen, der gerade im öffentlichen Sektor eine erhebliche Bedeutung zukommt. Sowohl für die Mitglieder der *Kommunal* als auch für viele außenstehende Beobachter und Beobachterinnen war es deshalb eine herbe Enttäuschung, mitunter sei es geradezu ein Schock gewesen, dass die Vorsitzende der Gewerkschaft, Ylva Thörn, eine Tarifvereinbarung unterschrieb, die kaum besser war als die zuvor von den Arbeitgebern und den Mediatoren vorgeschlagene, die zu unterschreiben die Gewerkschaft sich geweigert hatte. Thörn selbst erklärte, die Vereinbarung sei das Beste gewesen, was angesichts des Widerstands der kommunalen Arbeitgeber erreicht werden konnte, doch andere waren davon überzeugt, dass Thörn dem im Hintergrund starken Druck der sozialdemokratischen Regierung nachgegeben hatte (Thörnqvist 2007: 333f.). Obwohl die in den darauffolgenden Jahren stattfindenden Verhandlungsrunden für *Kommunal* recht erfolgreich verliefen, wirkten Enttäuschung und Verbitterung längere Zeit nach.

2.5 Krise und Arbeitsbeziehungen im öffentlichen Sektor

Anders als die Krise der frühen 1990er Jahre war die jüngste Finanzmarkt- und Wirtschaftskrise in Schweden kein Anlass für besondere Schritte in Richtung Ökonomisierung, Vermarktlichung, Deregulierung oder ähnliche, neoliberal inspirierte Maßnahmen. Zwar wurde im November 2008 das Gesetz zum System der Wahlfreiheit eingeführt (SFS 2008:962), das eine Alternative zum Gesetz über öffentliche Ausschreibungen darstellen soll, doch dieses Gesetz wurde zwar während der Krise eingeführt, es steht mit dieser jedoch in keinem sachlichen Zusammenhang. Auch ansonsten gab oder gibt es in Schweden keine mit der jüngsten Krise begründete Austeritätspolitik im öffentlichen Sektor.

Zeitgleich mit den Privatisierungen nach 2006 vergab die Regierung die Aktivitäten vieler Behörden auch an neu gebildete Unternehmen in Staatsbesitz, eine Art "Korporatisierung" (in Deutschland war mit Blick auf die Kommunen diesbezüglich vom „Konzern Stadt“ die Rede, vgl. Schneider 2002). In den Jahren 2009 und 2010 übernahmen staatseigene Unternehmen wie *Infranord*, *Svevia* und *Vectura* einen Großteil der Aufgaben der schwedischen Transportverwaltung (*Trafikverket*). *Swedavia* übernahm 2010 einen großen Teil der Zuständigkeiten von der schwedischen Luftfahrtverwaltung (*Luftfartsverket*). Außerdem beschloss das Parlament die Schaffung von *Metria*, die Aufgaben übernahm, die früher zu *Lantmäteriet* (Vermessungs- und Grundbuchamt) gehörten (Johansson/Heed 2014). Neben die Privatisierung tritt somit auch in Schweden die Binnenumgestaltung des öffentlichen Sektors nach dem Modell der Privatwirtschaft auf.

Vor, während und nach der Krise fand in Schweden eine bemerkenswerte Zentralisierung bzw. Konzentration der staatlichen Administration statt.[13] Die Zahl der Behörden nahm auch zwischen 2007 und 2011 ab und sank von 468 auf 377, wobei deren Größe zunahm. Dieser Prozess schritt auch in allerjüngster Zeit weiter voran, wenn auch nur noch langsam. Das erkläre Ziel ist es, das Management effizienter zu gestalten, die Flexibilität und die Rechtssicherheit zu steigern, aber auch die Kosten zu senken. Ein Beispiel dafür ist die Sozialversicherung (*Försäkringskassan*), die früher aus 21 und heute nur noch aus einer Körperschaft besteht (Johansson/Heed 2014). Da die Staatsausgaben für die öffentlichen Behörden in Relation zur Produktivitätsentwicklung im Privatsektor bestimmt werden, haben allerdings auch die Budgets der staatlichen Behörden infolge der Krise vorübergehend abgenommen.

Dies gilt jedoch für die Kommunen nicht in derselben Weise, da sich diese durch eigene Steuern finanzieren. Auch die Ausgaben für die höhere Bildung und die Universitäten wurden nicht gekürzt. Vielmehr stiegen die staatlichen Ausgaben für Forschung und Entwicklung zwischen 2007 und 2014, vom Jahr 2011 abgesehen, jedes Jahr an (Statistics Sweden 2014b). Zugleich bekam die Debatte darüber, in welchem Maße die universitäre Verwaltung und die Infrastruktur durch Drittmittel finanziert werden sollte, einen zusätzlichen Schub. Die Regierung zielte darauf, dass extern finanzierte Forschungsprojekte auch ihre eigenen Overhead-Kosten selbst tragen sollen, ohne dafür reguläre staatliche Mittel der Universitäten zu verwenden. Allerdings war dies weder bei externen Financiers populär, noch ist geklärt, was unter „eigenen Kosten" wirklich zu verstehen ist.

Von einer in der jüngsten Finanzmarkt- und Wirtschaftskrise sachlich oder diskursiv begründeten systematischen staatlichen Sparpolitik kann in Schweden nicht die Rede sein. Mit den stattfindenden Maßnahmen war bereits zuvor begonnen worden, zumindest wurden sie bereits zuvor geplant. Auch wurden sie nicht als „Austeritätspolitik" verstanden. Weder

13 Auch auf kommunaler Ebene finden sich Zentralisierungsprozesse. So befand sich beispielsweise eine unserer Untersuchungskommunen (SE-1) in einem Prozess grundlegender Reorganisation, der als Abkehr von der NPM-inspirierten Dezentralisierung zurück zu traditionell zentralisierten Organisationsstrukturen verstanden werden muss.

die Behörden, noch die Akteure der Arbeitsbeziehungen verstehen *Austerity* als charakteristisches Merkmal der schwedischen Nachkrisensituation. Wenn wir in Interviews nach austeritätspolitischen Maßnahmen fragten, dann wurde stets auf die schwedische Finanzkrise der frühen 1990er Jahre Bezug genommen.[14]

Die traditionell sozialpartnerschaftlich ausgerichteten Arbeitsbeziehungen wurden durch die Krise nicht beschädigt. Dem dürfte zugutegekommen sein, dass die nationale Tarifrunde bis zum Frühjahr 2008 und damit vor dem Auftreten manifester Krisenfolgen beendet war. Diese Verhandlungsrunde verlief nicht konfliktfrei, doch nur in einem Fall kam es zu einem ernsthaften Streik. Im Frühjahr 2008 streikten die Krankenschwestern der Gewerkschaft *Vårdförbundet* mit mäßigem Erfolg (Thörnqvist 2010). Dem Einfluss der Krise zugeschrieben werden kann allerdings in der Folge eine gewisse gewerkschaftliche Zurückhaltung bei Entgeltforderungen sowie ein im März 2009 abgeschlossenes Abkommen zwischen der Metallgewerkschaft und dem Arbeitgeberverband *Teknikföretagen*, in dem zwar auf die Vereinbarung direkter Entgeltkürzungen verzichtet wurde, doch das eine Verkürzung der Arbeitszeiten ohne einen finanziellen Ausgleich für die Gewerkschaftsmitglieder beinhaltete. Die Löhne wurden somit nicht gesenkt, die Verdienste jedoch durch veränderte Arbeitszeiten gleichwohl verringert.

Das 2009 vereinbarte „Krisenabkommen“ brachte für viele Beschäftigte eine Arbeitszeitreduktion und eine Entgeltkürzung von bis zu 20% (80% der Verdienste wurden garantiert), wobei die Entscheidung über die Dauer der Arbeitszeit zwischen Einzelarbeitgeber und Gewerkschaft auf betrieblicher Ebene auszuhandeln war. Die Vereinbarung sollte der krisenbedingt drohenden Arbeitslosigkeit entgegenwirken. Ein wahrscheinlich entscheidender Hintergrund dieser Veränderung gewerkschaftlicher Politik ist darin zu sehen, dass im Jahr 2009 das Risiko bestand, dass das Arbeitslosengeld aufgrund der politisch herbeigeführten Veränderungen auf nur noch 55-60% der regulären Verdienste hätte sinken können, während die Arbeitslosenunterstützung in den Hochzeiten der solidarischen Lohn-

14 Sicherlich begünstigten die „healthy public finances“ (Anxo 2013: 573) einen Verzicht auf Austeritätsmaßnahmen in Schweden, auch wenn das Ausmaß der Verschuldung in keiner direkten Relation zu den politischen Maßnahmen steht, wie Anxo einräumt: „Die ‚schwedische Erfolgsgeschichte‘ in den Krisenjahren kann (…) nicht auf die frühzeitige Konsolidierung der öffentlichen Haushalte reduziert werden. Entscheidend zur Entschärfung der Lage beigetragen haben ebenso die automatischen Stabilisatoren, die im schwedischen Sozialmodell angelegt sind, die zusätzlich ergriffenen (keynesianischen) Konjunkturmaßnahmen und nicht zuletzt der soziale Dialog im Rahmen des Tarifvertragssystems“ (Anxo 2014: 240).

politik deutlich höher lag. Außerdem weigerte sich die Mitte-Rechts-Koalition, staatlich unterstützte Kurzarbeit einzuführen. Ein Arbeitsplatzverlust hätte für Erwerbstätige somit anders als früher einschneidende finanzielle Folgen nach sich gezogen. Die alte gewerkschaftliche Orientierung, auf *concession bargaining* zugunsten von Arbeitsplatzsicherung zu verzichten, hatte somit ihre institutionelle Stütze verloren.

Allerdings wurde in Interviews verschiedentlich ebenfalls erläutert, dass die Erwartungen der Gewerkschaften hinsichtlich der weiteren wirtschaftlichen Entwicklung zum Zeitpunkt der Krise aus heutiger Sicht viel zu negativ waren, da die Erinnerung an die Krise der frühen 1990er Jahre übertriebene Befürchtungen befördert hatte und mit dramatischen Krisenfolgen gerechnet wurde. Zur Bereitschaft zu nicht kompensierter Arbeitszeitverkürzungen dürften auch die Vorhersagen und Empfehlungen wichtiger Institute, wie des *Konjunkturinstitutet* und des *Medlingsinstitutet*, beigetragen haben, die die Gewerkschaften drängten, Entgeltsteigerungen gering zu halten. Bei den vereinbarten Arbeitszeitverkürzungen handelte es sich allerdings um temporäre Maßnahmen, die über die Krise helfen und keine dauerhafte Lohnsenkungen nach sich ziehen sollten, somit Maßnahmen, die dem in Deutschland als erfolgreichem „Krisenkorporatismus" bewerteten Kurzarbeitsmaßnahmen ähneln. Doch während solche Maßnahmen in Deutschland staatlich unterstützt und als Erfolg des deutschen Modells der industriellen Beziehungen verstanden wurden, fehlte es in Schweden nicht nur an staatlicher Unterstützung durch die damalige Regierung, sondern es gab daran auch Kritik aus Arbeitnehmerperspektive, da von den bisherigen Prinzipien abgewichen wurde.[15]

---

15 Da IF Metall schätzt, dass durch dieses Abkommen 12.000 bis 15.000 Arbeitsplätze gesichert wurden und sich im Vergleich zeigte, dass andere europäische Länder einem Arbeitsplatzabbau und einem Verlust von Kompetenz in Krisen stärker vorbeugen, wurde 2013 ein Abkommen geschlossen, dass auch zukünftig tarifvertragliche Kurzarbeit zulässt und eine Art Öffnungs- oder Härtefallklausel darstellt, über die die Betriebsparteien entscheiden können (maximale Entgeltabsenkung 12% über 9 Monate). Darüber hinaus wurde im November 2013 jedoch auch ein neues staatlich gestütztes Kurzarbeitssystem vom Parlament beschlossen, durch das Einkommensverluste bei Kurzarbeit abgemildert werden. Diese Art Kurzarbeit kann allerdings nicht bei lediglich betrieblich bedingten Schwierigkeiten, sondern nur bei schweren nationalen oder internationalen Absatzkrisen vereinbart werden (Ibsen 2016). Eine darauffolgende, vom Volumen her ähnliche Arbeitgeberforderung nach einer Verdienstsenkung bei der Scandinavian Airlines SAS, die in verlustbringender Konkurrenz zu Billigfluglinien steht, konnte nicht durchgesetzt werden, da die Konjunktur zu diesem Zeitpunkt bereits wieder anzog. 2012 wurde die Forderung nach geringeren Verdiensten, Pensionen und verschlechterten Arbeitsbedingungen jedoch erneut erhoben und endete in einer Niederlage der Gewerkschaften (Dagens Industri 17.11.2012). Hier handelte es sich jedoch wiederum um

In den darauffolgenden Runden des *pattern bargaining* unterblieben vergleichbare Forderungen. Inwiefern durch die Veränderungen bei der sozialen Sicherung durch die Regierung und der neuen Bereitschaft von IF Metall, im Rahmen von Kurzarbeitsvereinbarungen Arbeitsplatzsicherung höher zu bewerten als Entgeltsteigerungen, eine grundlegende Veränderung der schwedischen Arbeitsbeziehungen eingeläutet wurde, ist derzeit noch nicht einzuschätzen.

Die vorübergehende Zurückhaltung bei Entgeltabschlüssen in der verarbeitenden Industrie hatte im Kontext des schwedischen *pattern bargaining* auch Folgen für den öffentlichen Sektor, da die von den Lohnführern ausgehandelte *mark* eine Art Entgeltobergrenze für alle Branchen darstellt. Ein zumindest vorübergehend lohndämpfender Effekt darf somit der Krise auch für den öffentlichen Sektor zugeschrieben werden – obwohl im öffentlichen Sektor keine krisenbedingte Gefährdung von Arbeitsplätzen zu fürchten war. Dieser Umstand dürfte dazu beigetragen haben, dass Spannungen zwischen den Gewerkschaften des privaten und des öffentlichen Sektors verstärkt wurden. Obwohl *pattern bargaining* und *mark* im Grundsatz breit akzeptiert sind und lange Zeit gut funktioniert haben, kommt offenbar aus den Reihen der Gewerkschaften des öffentlichen Sektors zunehmend Kritik daran. Unter anderem wird kritisiert, dass durch übereinstimmende prozentuale Entgeltsteigerungen traditionell bestehende Entgeltunterschiede nicht abgebaut werden, vielmehr in absoluten Größen betrachtet, besserverdienende Beschäftigte sogar eine überdurchschnittliche Zunahme an Entgelt erhalten. Dabei folgt die Bestimmung der *mark* auch einer Logik des europäischen Wettbewerbs und der Isomorphie. Andersen et al. (2016) legen dar, dass – mehr als etwa die in Schweden eher marginale Einflussnahme der EU im Rahmen der europäischen „Economic Governance" – die bis zur Krise geringe bis negative Reallohnentwicklung in Deutschland für die nordischen Ökonomien eine gewisse Orientierungsmarke abgegeben habe, da „die kleinen und offenen nordischen Volkswirtschaften stark mit der größeren deutschen Wirtschaft verflochten und von ihr abhängig sind" (Andersen et al. 2016: 123f.).

Im November 2014 attackierten Annelie Nordström, die Vorsitzende der schwedischen Gewerkschaft der Kommunalarbeiter, und die Tarifsekretärin, Lenita Granlund, ungerechtfertigte Lohnunterschiede zwischen Männern und Frauen, sie kritisierten auch Unterschiede in den Arbeitsbedingungen und – insbesondere – die niedrigeren Renten für Frauen infolge ihrer geringen Einkommen im Erwerbsleben. Auch wenn die Unter-

keine Krisenfolge, sondern um das Problem verschärfter Konkurrenz in der Flugbranche, wie es nicht nur in Schweden auftritt.

schiede eigentlich nicht zwischen den Verdiensten von Männern und Frauen schlechthin, sondern zwischen den Beschäftigten des öffentlichen Dienstes und denen der verarbeitenden Industrie bestehen, so hat das *de facto* doch einen ähnlichen Effekt. 80% der Mitglieder von *Kommunal* sind weiblich, während dies in der Industrie in etwa umgekehrt ist. Zwischen den Zeilen attackierte Nordström damit auch die *mark*. Eine Kritik, die bereits in der Verhandlungsrunde von 2013 aufgetaucht war (Dagens Industri 3.11.2014). In der Verhandlungsrunde 2015/2016 verließ *Kommunal* das Modell der Entgeltkoordination. Der aktuelle Anlass bestand darin, für eine bestimmte Mitgliedergruppe, die Hilfsschwestern, eine höhere Entgeltsteigerung zu vereinbaren. Diese Entscheidung brach mit einer nahezu ununterbrochenen, zwanzigjährigen Phase der Arbeitsmarktkoordination, die mit dem 1997 eingeführten Tarifvertrag begonnen hatte, war jedoch nicht prägend für das Jahr 2017, in dem die LO-Gewerkschaften wieder koordiniert antraten (Thörnquist/Thörnqvist 2018). Die weitere Entwicklung bleibt abzuwarten.

Ein Grund für die Spannungen zwischen den Gewerkschaften und die wachsende Unzufriedenheit mit der Entgeltkoordination dürfte auch darin zu finden sein, dass trotz einer einerseits für Schweden nach der Krise relativ hohen Arbeitslosigkeit, in wichtigen Bereichen des kommunalen Sektors ein signifikanter Arbeitsmarktengpass besteht, etwa in der Altenpflege und im Gesundheitswesen. Strukturell wird der gewerkschaftliche Einfluss in einer solchen Arbeitsmarktkonstellation gestärkt, während die Gewerkschaften des Privatsektors durch die Arbeitslosigkeit zumindest leicht geschwächt sind. Innerhalb des durch die *mark* gesetzten Rahmens kann eine solche Machtverschiebung jedoch nicht substanziell zum Tragen kommen.

Die überraschende Akzeptanz, die in Schweden die individualisierte Entgeltbestimmung und die ziffernlosen Vereinbarungen finden, steht in einem gewissen Zusammenhang mit den arbeitsmarktbedingten Machtverschiebungen zwischen den Sektoren, aber auch zwischen den Geschlechtern sowie zwischen Berufsgruppen. Manche Gewerkschaften versprachen sich mittels der individualisierten Entgeltbestimmung einen Weg zu finden, um die Verdienste zu erhöhen, etwa die Angestelltengewerkschaft. Auch wenn die Entgeltsteigerungen für ganze Branchen weiterhin feststehen, so bieten *sifferlösa avtal* doch die Chance für einzelne Beschäftigte und möglicherweise bestimmte Berufsgruppen Entgeltsteigerungen zu ermöglichen, die oberhalb der gesamtwirtschaftlichen Steigerungsrate liegen.

Zusammenfassend lässt sich sagen, dass es gar nicht so unwahrscheinlich ist, dass sich nachhaltige Veränderungen der schwedischen Arbeitsbeziehungen anbahnen, die gerade auch für den öffentlichen Sektor relevant sind. Doch die gegenwärtigen Spannungen finden sich weniger zwischen Gewerkschaften und Arbeitgebern als zwischen den Beschäftigten bzw. den Gewerkschaften aus relativ gering und relativ hoch bezahlten Sektoren, nicht zuletzt zwischen der privatwirtschaftlichen, vergleichsweise männlich besetzten verarbeitenden Industrie einerseits und den öffentlichen Dienstleistungen andererseits, in denen Frauen zahlenmäßig dominieren. Obwohl auch die Gewerkschaften des öffentlichen Sektors die wirtschaftlichen und gesellschaftlichen Folgen der schwedischen Arbeitsbeziehungen und der *mark* zu schätzen wissen, so wird es doch auch als Problem betrachtet, dass das System bestehende Entgeltungleichheiten zementiert, die auch in Schweden selbst bei gleicher Ausbildung und Kompetenz zwischen Männern und Frauen und zwischen Beschäftigten verschiedener Sektoren vorkommen. Obgleich in ländervergleichender Perspektive die Relevanz nicht durch Tätigkeit und Qualifikation legitimierter Entgeltdiskriminierung in Schweden relativ gering scheinen mag, so könnte in Verbindung mit dem Interesse mancher Berufsgruppen, ihre potentiell arbeitsmarktbedingt höheren Löhne zu realisieren, doch ein Risiko für den Fortbestand des schwedischen *pattern bargaining* bestehen.

Trotz solcher Spannungen darf gleichwohl konstatiert werden, dass die schwedischen Arbeitsbeziehungen durch die Krise nicht grundsätzlich verändert wurden, dies gilt in vollem Umfang auch für den öffentlichen Sektor. Der sozialpartnerschaftlich ausgeprägte und korporatistische Grundzug der schwedischen Arbeitsbeziehungen hat sich erhalten. Die Entwicklung der gewerkschaftlichen Mitgliederzahlen scheint sich stabilisiert zu haben und insbesondere im öffentlichen Sektor ist der Organisationsgrad im Ländervergleich noch immer ausgesprochen hoch. Der einigermaßen stabil hohe Organisationsgrad sowie die relativ hohe Anerkennung, die die schwedischen Gewerkschaften genießen, erzeugten für diese keinen starken Druck zur grundsätzlichen Veränderung ihrer Arbeitsweise. Anders als es etwa in Spanien der Fall ist, spielt in Schweden eine Kooperation der Gewerkschaften mit sozialen Bewegungen oder NGOs zumindest in den Kernbereichen ihrer Tätigkeit keine relevante Rolle, bisweilen scheitert eine Zusammenarbeit auch aus ideologischer Distanz (Egels-Zandén/Hyllman 2006).

Da weder die zentralstaatliche Ebene noch die Kommunen in starkem Maße durch Krise oder Austeritätspolitik betroffen waren und sind, kann von spezifischen Folgen weder für die Arbeitsbeziehungen noch für die

Gesellschaft gesprochen werden.[16] Gänzlich falsch wäre es jedoch, daraus zu schließen, in Schweden hätte sich in den letzten Jahrzehnten nichts geändert. Erinnert sei an die Einschnitte zu Beginn der 1990er Jahre sowie erhebliche Anstrengungen zur Modernisierung des öffentlichen Sektors, wobei allerdings Privatisierung nicht im Mittelpunkt stand. Vielmehr wurde an einem hohen Niveau öffentlich erbrachter, wohlfahrtsstaatlicher Versorgung festgehalten.[17] In Schweden kann von bleibenden Schäden durch die Krise und eine daran anschließende Austeritätspolitik nicht die Rede sein. Auch die Reputation des öffentlichen Sektors wurde in Schweden folgerichtig durch Austeritätspolitik oder deren ideologische Begleitmusik nicht ernsthaft beeinträchtigt.

Bemerkenswert an der schwedischen Entwicklung der Arbeitsbeziehungen ist jedoch nicht nur deren Stabilität, sondern vor allem die bemerkenswerte Kombination von institutionell gestütztem *pattern bargaining* und ausgesprochen dezentralen bis individuellen Aushandlungsprozessen vor Ort. Auf diese Weise scheinen Stabilität und Flexibilität in einer Weise kombiniert zu werden, die den in politischen Debatten häufig beschworenen Gegensatz von Regulierung und Flexibilität auf eine Weise auflöst, die sich in Schweden bisher sowohl als institutionell relativ stabil wie als sozial und wirtschaftlich erfolgreich erwiesen hat.[18]

---

16 Damit unterscheiden sich die Auswirkungen der Krise in Schweden auf die Arbeitsbeziehungen in ihrer Begrenztheit nicht grundsätzlich von denen in den anderen nordischen Arbeitsbeziehungssystemen (vgl. hierzu etwa Andersen et al. 2016 und Mailand/Hansen 2016).

17 Auch auf kommunaler Ebene hat allerdings die Bedeutung von privaten Anbietern etwa im Pflegebereich durchaus zugenommen. Im kommunalen Wohlfahrtssektor stieg der Anteil privater Dienstleister von 9,4% im Jahr 2006 auf 14,3% 2014, bei den Gesundheitsdienstleistungen der Kreise nahm der private Anteil von 9,5% auf 12,7% zu. Der Anteil der bei privaten Firmen im privatwirtschaftlich organisierten, wenngleich öffentlich finanzierten Bereich tätigen Beschäftigten (16-74 Jahre) stieg von 2007 auf 2014 im Bereich der Schulen und des Wohlfahrtssektors durchschnittlich von 15,7% auf 21,9% (Statistics Sweden 2014c).

18 Einen negativen Einfluss auf die staatlichen Finanzen könnte allerdings mittelfristig die mit der Krise auch in Schweden angestiegene Arbeitslosigkeit haben, die zwar im Oktober 2016 mit 6,9% deutlich unterhalb der spanischen Arbeitslosenquote von 19,2% und auch etwas unter dem EU-28 Durchschnitt von 8,3% liegt, doch deutlich höher liegt als in Großbritannien mit 4,7% (August 2016) und Deutschland mit 4,1%. Hinzu kommt, dass in Schweden bisher anders als in Deutschland, wo die Krise den Rückgang der Arbeitslosigkeit lediglich kurzzeitig unterbrach, und Großbritannien, wo die Arbeitslosenquote sich inzwischen wieder auf Vorkrisenniveau befindet, keine ausgeprägte Tendenz zum Rückgang ersichtlich ist.

Auch in Schweden gibt es allerdings eine Veränderung im politischen Raum, deren mittel- und langfristige Folgen für die Arbeitsbeziehungen kaum einschätzbar sind. In den letzten Jahren ging die starke Stellung, die die Sozialdemokraten unter den LO-Mitgliedern hatten, erheblich zurück, während die rechtspopulistischen Schwedendemokraten (*Sverigedemokraterna,* SD) an Einfluss gewonnen haben. Laut einer Umfrage vom Dezember 2015 würden 28,9% der LO-Mitglieder die sozialdemokratische Arbeiterpartei (SAP) und 31,1% die Schwedendemokraten wählen (Schwedisches Fernsehen, 19.12.2015). Im Januar 2015 lag der Anteil der SAP-Wähler laut Umfragen noch bei 45,9% und der SD-Wähler bei 19,1%. Da unter den Unterstützern der SD die Männer überwiegen, darf zwar vermutet werden, dass der Anteil der SD-Wähler im öffentlichen Sektor etwas geringer ausfällt, doch gleichwohl ist nicht unwahrscheinlich, dass sich diese Verschiebung der politischen Orientierungen allmählich auf den Charakter und die Politik der Gewerkschaften auswirkt. Mittelfristig könnten auch durch einen politischen Einfluss der SD auf die Politik des Staates als Arbeitgeber Veränderungen der Arbeitsbeziehungen im öffentlichen Sektor und darüber hinaus ausgelöst werden.

3. Spanien

3.1 Grundzüge der Arbeitsbeziehungen im öffentlichen Sektor sowie Unterschiede zum Privatsektor

Funcionarios und Laborales

Es gibt zwei Hauptkategorien von Beschäftigten im öffentlichen Dienst Spaniens: Beamte (*funcionarios*) und Angestellte (*laborales*). Der Status der ersten wird durch Verwaltungsrecht geregelt (*derecho administrativo*), während das Arbeitsrecht (*derecho laboral*) für Letztere gilt. Den Angestellten stehen jedoch nicht alle Positionen offen. Drei Verfassungsgrundsätze (Gleichbehandlung, Verdienst und Fähigkeit) müssen in jedem Fall erfüllt sein, um Bürgern eine öffentliche Anstellung zu geben. Die Einstellungsverfahren im öffentlichen Sektor erfolgen dabei nach standardisierten Regeln.

Die wesentlichen Merkmale der *funcionarios* sind folgende: Sie müssen ein spezifisches Auswahlverfahren durchlaufen, das *Oposición*, um dann offiziell ernannt zu werden. Sie arbeiten in der Regel in Funktionen, die direkt oder indirekt mit der Anwendung staatlicher Autorität verbunden sind oder im Sicherheitsinteresse des Staates und der öffentlichen Verwaltung liegen. Für die Beamten gelten einige Besonderheiten des Beschäftigungsverhältnisses, etwa gibt es eine Besoldungsgarantie, die sie vor dem Risiko bewahren soll, in geringeren Positionen eingesetzt zu werden (Sanchez-Motos 2007).[19] *Laborales* hingegen werden auf Basis der bilateralen Verträge des Arbeitsrechts beschäftigt. Ihre Verträge können dauerhaft, unbestimmt oder befristet sein. Unabhängig von der zeitlichen Dauer ihrer Arbeitsverträge werden sie nach einem Bewertungsverfahren beurteilt, dem System *Concurso*, nach dem Leistungen überprüft und bewertet werden, oder dem Verfahren *Concurso-oposición*, das eine Mischung aus Test und Leistungsbeurteilung darstellt.

Bis 1964 wurden im öffentlichen Dienst ausschließlich Beamte beschäftigt. Seither, und vor allem nach dem Gesetz 30/1984 (über Maßnahmen zur Reform des öffentlichen Dienstes) stieg die Zahl der *laborales* in der öffentlichen Verwaltung. Der Hauptgrund dieses Prozesses der *laboralización* scheint im Bemühen um mehr Flexibilität zu liegen. Eine jün-

19 "The essential remuneration guarantee for the civil servant is his right to be appointed or transferred to another job position that cannot be lower in two levels than his personal level" (Sanchez-Motos 2007: 8).

gere Änderung (Gesetz 23/1988) erlaubt, dass einige öffentliche Positionen mit befristet beschäftigten Angestellten besetzt werden dürfen. Diesem Modell folgen die meisten Regionalregierungen.

Die nationale Erfahrung habe gezeigt, dass der Charakter der öffentlichen Verwaltung und dessen Besonderheiten die selbstverständliche Anwendung des Arbeitsrechts und die Behandlung des öffentlichen Sektors wie einen privaten Arbeitgeber in der Praxis begrenzen. Das ist der Grund, warum die *laborales* zunehmend den *funcionarios* gleichgestellt wurden, etwa hinsichtlich des Verbots neben der eigentlichen Beschäftigung noch anderen Tätigkeiten nachzugehen, oder der Möglichkeit, die tarifvertraglichen Spitzengehälter ebenfalls der Haushaltsdisziplin unterwerfen zu können (Cantero Martínez 2013). Laut *Registro Central de Personal* (RCP) *al Servicio de Las Administraciones Públicas*, in dem die beiden Beschäftigungskategorien separat ausgewiesen werden, betrug im Januar 2006 die Gesamtzahl der Beschäftigten im öffentlichen Dienst 2.436.172, davon waren 59% *funcionarios* (1.433.826), 27 % *laborales* (646.638) und 13% sonstiges Personal (355.708).

Tabelle 7 zeigt, dass zwischen 2004 und 2009, also in den Jahren vor der Finanzmarktkrise, die Gruppe der *funcionarios* auf allen Beschäftigungsebenen um etwa ein Fünftel zunahm, besonders deutlich mit 77,2% auf lokaler Ebene, auf der 2009 nur ein Drittel der Beschäftigten *funcionarios* waren. Doch auch bei den Regionalregierungen (mit einem 65% Anteil an *funcionarios*) sowie der nationalen Ebene (75%) hatte im Jahr 2009 noch Zuwachs stattgefunden. Die absolute Zahl der *laborales* sank hingegen um 3,5% (auch die sonstigen Beschäftigten nahmen zu). Von einem Prozess der *laboralización* kann somit in dieser Phase nicht mehr die Rede sein.

≡ *Tab. 7: Veränderung der Zahl an Funcionarios und Laborales in Spanien 2004 – 2009 (in %)*

Ebene	Funcionarios	Laborales	andere
Zentralstaat	9,7	-5,6	29
Region	21,5	9,3	1,8
Lokale Ebene	77,2	-15,2	100
Universitäten	2,6	209,9	-80,9
zusammen	20,2	-3,3	10,6

Quelle: Pimec (2009: 19), ohne Post (Correos y Telégrafos).

Die Rechte und Pflichten aller öffentlich Beschäftigten werden hauptsächlich durch das *Estatuto Básico del Empleado Público* (EBEP; vgl. Boletín oficial des estado 2015) definiert. Dort werden individuelle und kollektive Rechte (etwa das Recht auf Privatssphäre, auf Unkündbarkeit, Laufbahn und Verdienstentwicklung, das Recht auf politische Aktivitäten, das Recht, sich zusammenzuschließen sowie das Recht auf Streik) sowie Pflichten geregelt (etwa unparteiisches Verhalten im Dienst, Integrität und Objektivität, Pflicht zur Aufgabenerfüllung etc., vgl. Ministry of the Presidency 2010). Mit Bezug auf das Laufbahnsystem sind für den spanischen Staatsdienst folgende Merkmale charakteristisch: Die lebenslange Beschäftigung soll Unabhängigkeit garantieren, von befristeten und Aushilfstätigkeiten abgesehen, ist ein geregeltes Auswahlverfahren verpflichtend, ebenso „neutrality to political changes and subject to the values of law, impartiality and merit; duality of law enforcement regimes: public and/or private; special disciplinary and incompatibility regime“ (General Directorate of Civil Service 2011).

Für die Verhandlungen mit den Gewerkschaften auf zentralstaatlicher Ebene ist letztlich das Ministerium für Finanzen und öffentliche Verwaltung zuständig. Außerdem sind VertreterInnen der Verwaltungen der verschiedensten Regierungsebenen an einer Reihe verschiedener „Verhandlungstische“ bzw. Verhandlungsarenen beteiligt (s.u.). Am allgemeinen Verhandlungstisch vertritt die Spanische Föderation der Gemeinden und Provinzen (*Federación Española de Municipios y Provincias* FEMP) die gemeinsamen Interessen der Kommunen. Ähnliche Organisationen, etwa der Baskische Gemeindebund (*Asociación de Municipios Vascos* EUDEL), repräsentieren die Gemeinden bestimmter Regionen an regionalen Verhandlungstischen. In jeder Gemeinde ist die Personalabteilung dann direkt an den Verhandlungen beteiligt. Manche der befragten Gewerkschaftsvertreter kritisieren eine übermäßige Politisierung[20] der Angelegenheiten des öffentlichen Sektors, die in ihren Augen stark im Agieren der Zentralregierung begründet liegt. Dies treffe vor allem im Kontext der jüngsten Krise zu, in der viele Änderungen unilateral aufgezwungen wurden, die ideologisch motiviert seien, und manchmal auch klar gegen gültige Tarifvereinbarungen verstoßen würden.

Als zentrale Errungenschaften der Arbeitnehmervertretung in Spanien gelten die Vertretungs- und Beteiligungsrechte, die im Statut der Arbeit-

20 Zwei spanische Parteien regierten Spanien in den letzten Jahren: die mitte-links orientierte PSOE (*Partido Socialista Obrero Español*) zwischen 1982 und 1996 sowie zwischen 2004 und 2011, und die mitte-rechts orientierte PP (*Partido Popular*) zwischen 1996 und 2004 sowie 2011 und 2015.

nehmerrechte (*Estatuto de los Trabajadores*) von 1980 und dem Gesetz über die Gewerkschaftsfreiheit (*Ley de Libertad Sindical*) von 1985 sowie der Institution der Gewerkschaftswahlen (*elecciones sindicales*) ihren Ausdruck finden. Danach werden in regelmäßigen Abständen Delegierte der Beschäftigten zu Betriebskomitees gewählt. Damit wurde eine Art duales Modell der Interessenvertretung (mit jeweils regionalen Abweichungen) geschaffen (Köhler/Calleja Jiménez 2013: 6f.; van der Meer 1997: 54). Das Gesetz zur Gewerkschaftsfreiheit bestimmte „ein allgemeines Repräsentativitätskriterium, nach dem Gewerkschaften, die bei Betriebskomitee-Wahlen landesweit über 10% oder in einer Region über 15% der Delegierten erzielen (…) ein generelles Recht zur Vereinbarung von Tarifverträgen besitzen, in öffentlichen Institutionen vertretungsberechtigt sind und Zugang zu bestimmten staatlichen Subventionen haben" (Köhler/Calleja Jiménez 2014: 372). Diese Regeln bilden ein Verfahren zur Vermeidung zersplitterter Tarifstrukturen. Die Arbeitnehmervertretung ist in Spanien jedoch auch noch in anderer Weise aufgeteilt, da die spanischen Gewerkschaften selbst unterschiedliche Ausrichtungen haben: erstens unterscheiden sie sich nach ihrer politisch-ideologischen Ausrichtung, zweitens bestehen anhaltende regionale Unterschiede. Drittens gibt es auch Unterschiede zwischen großen und kleinen Betrieben (van der Meer 1997: 2).

Wie Tabelle 8 verdeutlicht, die die aggregierten Ergebnisse der *elecciones sindicales* von 1978 bis 2012 zeigt, reflektiert die Wahl der Belegschaftsvertreter die Entwicklungen von Wirtschaft und Arbeitswelt ebenso wie interne Anpassungsprozesse der Gewerkschaften. Es gab eine erste Blüte nach dem Ende der Diktatur, danach ging die Zahl der gewählten Delegierten wieder zurück und erreichte zu Beginn der 1980er Jahre ihren Tiefpunkt. Anschließend belebte sich die Entwicklung wieder, um dann in den 1990er Jahren über einen Tiefpunkt Mitte der 1990er Jahre hinweg insgesamt einigermaßen stabil zu bleiben. Bis zu Beginn der Krise nahm die Zahl der Delegierten dann wieder zu (Beneyto 2014: 10).

Die Gewerkschaftslandschaft blieb seither weitgehend unverändert. Es dominieren die beiden Mehrheitsgewerkschaften, die post-kommunistische CC.OO (*Confederación Sindical de Comisiones Obreras*) und die Allgemeine Arbeitergewerkschaft UGT (*Unión General de Trabajadores*). Die prozentualen Anteile der Gewerkschaften zum Jahresende 2014 unterscheiden sich kaum von denen des Jahres 2012 (CC.OO 37,3%, UGT 35,0%), allerdings ging die Anzahl der Delegierten weiter auf 297.252 zurück. Mit einem Anteil von jeweils deutlich mehr als 10% der Delegierten landesweit vertreten die beiden Gewerkschaften die meisten Beschäftigten im öffentlichen Sektor. 70% der Delegierten auf nationaler

Ebene entfallen auf sie, den öffentlichen und den privaten Sektor zusammengenommen. Beide haben Mitgliedsgewerkschaften für den öffentlichen Sektor: die FSC-CC.OO. (*Federación de Servicios a la Ciudadanía*) und die FSP-UGT (*Federación de Servicios Públicos*).

Die Gewerkschaft der Unabhängigen und der Beamten (*Central Sindical Independiente y de Funcionarios*) erreichte die nötigen Delegiertenzahlen in manchen funktionalen oder territorialen Bereichen. Die Gewerkschaft USO (*Unión Sindical Obrera*) erreichte das erforderliche Repräsentationsniveau aber nur bei den Beamten, nicht den Angestellten. Regional erreichten die baskische Arbeitersolidarität ELA (*Eusko Langileen Alkartasuna*) und die galizische CIG (*Confederación Intersindical Galega*) über 15%.

Betrachten wir nur die Wahlen der Vertreter der *funcionarios*, so nahm deren Zahl von 18.720 Ende des Jahres 2000 auf 23.089 2014 zu, während sich die Anteile der bei dieser Gruppe starken Gewerkschaften (CC.OO 26,3%, UGT 24,4%, CSI-CSIF 15,7% Ende 2000 bis Ende 2014 auf 22,3%, 20,1% und 17,1%) etwas zugunsten der CSI-CSIF verschoben haben. Die syndikalistische Gewerkschaft USO (*Unión Sindical Obrera*) hat ebenfalls das erforderliche Maß an Repräsentativität erreicht, allerdings nur bei den Beamten und nicht bei den Tarifbeschäftigten. Auf der regionalen Ebene erhielten die Baskische Arbeitersolidarität ELA (*Eusko Langileen Alkartasuna*) und die Galizische Gewerkschaftsvereinigung CIG (*Confederación Intersindical Galega*) über 15% der Delegiertensitze in ihren jeweiligen Regionen.

Da nur diejenigen Gewerkschaften, die die genannten Mindestanforderungen an Repräsentativität erfüllen, an Tarifverhandlungen teilnehmen dürfen, bildet sich das duale Vertretungssystem auf Basis dieser Wahlergebnisse. Aus diesen Gründen lehnt der Nationale Arbeiterbund (Confederación Nacional del Trabajo, CNT), der eine Art von Anarchosyndikalismus vertritt, das System der Wahlen der Betriebskomitees ab. Er stellt in Frage, dass die nach der Repräsentationsformel abgeleitete Legitimation die tatsächliche Legitimation der Gewerkschaften hinreichend abbildet. Der CNT kritisiert offen die starke Institutionalisierung der Privilegien für UGT und CC.OO und fordert eine Überarbeitung des Systems der Repräsentativität, um es „demokratischer" zu gestalten (Ortiz Vargas 2011). Im öffentlichen Sektor bilden die gewählten Delegierten *Juntas de Personal* für Dienststellen mit mehr als 50 Beamten und, im Falle von Tarifbeschäftigten, Betriebskomitees (*comités de empresa*) zur Vertretung der Arbeitnehmerinteressen. Zu den Aufgaben gehören insbesondere die Überwachung der Arbeitsbedingungen sowie die Information und die Unterstützung der Beschäftigten. Diese Vertretungsorgane werden für gewöhnlich über den Fortgang von Tarifverhandlungen informiert und im Entscheidungsfindungsprozess beratend herangezogen, sie verhandeln jedoch nicht selbst. Andererseits haben die Gewerkschaften, sofern sie genügend Stimmen erhalten haben, die Möglichkeit, Mitglieder zur Gründung von betrieblichen Gewerkschaftssektionen (*secciones sindicales*) zu bestimmen, die das Recht auf eine bestimmte Anzahl an Stunden für die Vertretungsarbeit und einen Raum für die Gewerkschaftsarbeit haben, sowie auf ein schwarzes Brett, um Informationen auszuhängen.

Abb. 2: Gewerkschaftlicher Organisationsgrad allgemein (privat + öffentlich)

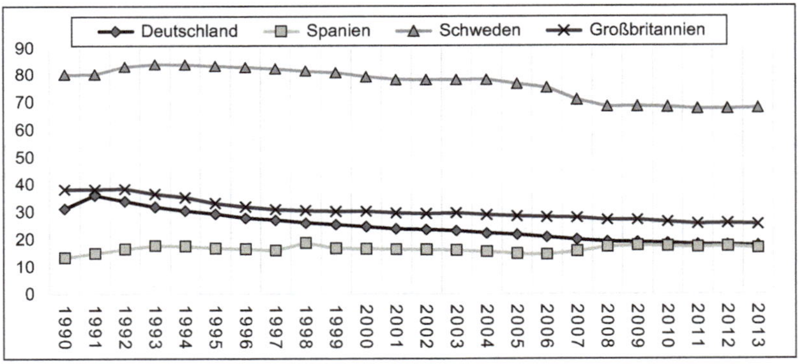

Quelle: OECD (2016).

Neben den allgemeinen Gewerkschaften gibt es auch Berufsgewerkschaften, die jedoch nicht das erforderliche Mindestlevel an Repräsentativität erreichen, um am Verhandlungsprozess beteiligt zu werden; an informellen Treffen mit der Regierung können sie sich jedoch beteiligen. Wie mehrere InterviewpartnerInnen erklärten, begünstigt die Repräsentationsschwelle von 10% nicht nur ein höheres Maß an Tarifeinheitlichkeit, sondern fördert auch die allgemeinen, eher „klassenorientierten" Gewerkschaften, und deren Interessenlagen. Allerdings gebe es jüngst, vor allem in der Zeit nach der Krise, einen gewissen Trend hin zur Förderung von Berufsgewerkschaften. Wobei sich die Evidenz hierfür noch durchaus in Grenzen hält.

Im Jahr 1997 lag der gewerkschaftliche Organisationsgrad in Spanien insgesamt bei 15,7% und war dabei im öffentlichen Sektor mit 32% doppelt so hoch wie im privaten Sektor mit 14,5%. Außerhalb des öffentlichen Sektors und großer Betriebe waren die Organisationsgrade gering (Visser 2006: 46-47).[21] Nimmt man den Zeitraum 1999-2001 dann liegt der Anteil der Arbeitnehmer, die angeben, zu einer Gewerkschaft zu gehören, bei 13,8% im privaten Sektor und bei 29,4% im öffentlichen Sektor (Simón 2003: 72). Laut Beneyto (2009: 22, Tab. 6) stieg der gewerkschaftliche Organisationsgrad (*tasa de afiliación)* im öffentlichen Sektor vor der Krise zwischen 2003 und 2008 um 28,6% von 25,5% auf 32,8%, während er im privaten Sektor in derselben Zeit um 16,2% anstieg, von 13,6% auf 15,8% (Eurofound 2009). Laut ICTWSS-Datenbank lag der Organisationsgrad 2009 insgesamt bei 17,6% und im öffentlichen Sektor bei 32,4% (ICTWSS 2016). Dem *Quality of Working Life Survey 2010* zufolge betrug der gewerkschaftliche Organisationsgrad im Jahr 2010 insgesamt 18,9% und 31,5% im öffentlichen Sektor (Muñoz de Bustillo/ Antón 2013: 540; vgl. auch Abb. 2).

Tab. 8: Ergebnisse der Delegiertenwahlen zu den spanischen Betriebskomitees 1978-2012 (elecciones sindicales; Daten für Laborales und Funcionarios öffentlicher und privater Sektor)

Jahr	Delegierte zusammen	CC.OO.		UGT		Sonstige		Unorganisiert	
		Anzahl	%	Anzahl	%	Anzahl	%	Anzahl	%
1978	193.112	66.540	34,5	41.897	21,7	25.953	13,4	58.725	30,4
1980	164.617	50.817	30,8	48.194	29,3	22.053	13,4	43.553	26,5
1982	140.770	47.016	33,4	51.672	36,7	25.058	17,8	17.024	12,1
1986	175.363	59.230	33,8	69.427	39,6	33.998	19,4	12.708	7,2
1990	237.261	87.730	36,9	99.737	42,0	41.387	17,4	8.407	3,5
1995	204.586	77.348	37,8	71.112	34,7	49.495	24,2	6.63[illegible]	3,2
1999	260.285	98.440	37,8	96.770	37,2	57.006	21,9	8.969	3,1
2003	283.075	110.208	38,9	103.305	36,7	69.062	24,4	*	*
2007	312.017	122.079	39,1	114.973	36,8	74.965	24,0	*	*
2011	309.817	117.172	37,8	110.755	35,7	81.890	26,4	*	*
2012	303.622	113.721	37,5	107.459	35,4	75.788	24,9	6.654	2,2

*Quelle: (Beneyto 2014: 10); * = Daten für Sonstige und Unorganisierte sind zusammengefasst.*

Der ICTWSS-Datensatz nennt für 2010 einen Gesamtorganisationsgrad von 15,6%. Seit Ende der 1990er Jahre ist der gewerkschaftliche Organi-

21 Die Angaben zu gewerkschaftlichen Organisationsgrad variieren in Spanien je nach Quelle, doch in der Tendenz fallen die Angaben ähnlich aus.

sationsgrad stabil geblieben und lag im Jahr 2011 bei 15% aller abhängig Beschäftigten (Sanz de Miguel 2013). Andere Quellen führen für 2011 an, dass 17,2% (vgl. Abb. 2) bzw. 19% (Fundación 1 de Mayo 2014) der abhängig Beschäftigten Gewerkschaftsmitglieder sind. Für 2013 nennt die OECD einen Organisationsgrad von 16,9%, was einen weiteren leichten Rückgang bedeuten würde (OECD 2016). Allerdings gelten in Spanien die Wahlergebnisse der betrieblichen Arbeitnehmervertretungen als aussagekräftigeres Maß für die Stärke der Gewerkschaften als Daten zur Mitgliedschaft (Pedersini 2010: 14). Die Zahl der Delegierten ist jedoch ebenfalls rückläufig (vgl. Tab. 8).

■ 3.2 Verhandlungsprozesse im öffentlichen Sektor

Das Recht auf Kollektivverhandlungen wurde 1978 in der Verfassung für nicht-verbeamtete Beschäftigte des öffentlichen Sektors (*laborales*) verankert, jedoch nicht für Beamte (*funcionarios*). Letztere erlangten dieses Recht erst durch das Gesetz 9/1987 zu Vertretungsorganen, der Festlegung von Arbeitsbedingungen und der Partizipation der ArbeitnehmerInnen öffentlicher Verwaltungen. Es folgte das Gesetz 7/1990, das – mit dem Ziel einer detaillierteren Darlegung und effizienteren Praxis – speziell die Thematik von Kollektivverhandlungen und Arbeitnehmerbeteiligung bei der Festlegung der Arbeitsbedingungen öffentlich Beschäftigter regelt (Alfonso Mellado 2007).

Während der 1990er Jahre gab es verschiedene Vereinbarungen zwischen der damaligen Regierung und den Mehrheitsgewerkschaften, die eine Reihe von Themen, wie den Ausgleich von inflationsbedingten Lohnverlusten (aufgrund veränderter Verbraucherpreise), die Zusammenarbeit bei Aus- und Weiterbildungsprogrammen, die Verbesserung der Arbeitsbedingungen und berufsbezogene Gesundheits- und Sicherheitsgarantien zum Gegenstand hatten. Allerdings setzte die Regierung in diesen Jahren im Zuge einer Wirtschaftskrise auch unilaterale Entscheidungen um: 1992 wurden im öffentlichen Sektor nur noch schon vorhandene, freie bzw. durch Verrentung frei werdende Stellen nachbesetzt, aber keine neuen Stellen mehr geschaffen und in den Jahren 1994 und 1997 wurden Löhne und Gehälter im öffentlichen Sektor eingefroren.

Seit 1998 gibt es auf staatlicher Ebene die sogenannten *Convenio Único de la Administración General del Estado*, in der 50 Tarifverträge verschiedener Abteilungen der Ministerien integriert wurden, wobei lediglich einige spezielle Tarifverträge für bestimmte staatliche Organe erhalten geblieben sind. Dieser Schritt erbrachte eine Vereinheitlichung der

Arbeitsbedingungen der öffentlichen Verwaltung auf staatlicher Ebene. Die *Convenio Único*[22] (Einheitsvereinbarung) brachte einige Neuerungen im Hinblick auf die Klassifizierung der Berufe, die Arbeitskräftemobilität und die Gehaltsstruktur, die auf eine Rationalisierung im Bereich des Personaleinsatzes zielten.

In den frühen 2000er Jahren kam es zu einigen Arbeitskämpfen. Die meisten kamen zustande, da von Regierungsseite, um die erforderlichen Konvergenzkriterien der EU zu erfüllen, unilateral gegen bestehende Vereinbarungen verstoßen und Nullrunden durchgesetzt wurden. Diese und weitere politische Entscheidungen waren nach Auffassung der Gewerkschaften Ausdruck einer schwerwiegenden Geringschätzung der Tarifverträge. Im November 2002 unterzeichneten Regierung und Gewerkschaften dann auf staatlicher Ebene eine neue Vereinbarung über die Modernisierung und Verbesserung der öffentlichen Verwaltung für den Zeitraum von 2003-2004 (Ministerio de Administraciones Públicas 2002). Darin werden die Punkte Schaffung von Arbeitsplätzen, Mobilität, Teilzeitarbeit und befristete Arbeit, Laufbahnsystem, Beschäftigungsstabilität, Arbeitstag und Arbeitszeit, Work-Life Balance und Urlaubsregelungen behandelt. Zu den wichtigsten Verhandlungserfolgen der Gewerkschaften zählen hier die Bereitstellung zusätzlicher Mittel z.B. für Brillen, Schulbücher etc., die auch zur Kompensation von Entgelteinbußen genutzt werden, die Abschaffung der Wiederbesetzungsquote von nur 25% und die Zusage, befristete Beschäftigung zu reduzieren. Diese Vereinbarung wurde auch als ein Weg gesehen, den Verhandlungsprozess wieder in Gang zu setzen, um öffentliche Dienstleistungen ebenso wie die Arbeitsbedingungen der Beschäftigten des öffentlichen Sektors zu verbessern.

Im Jahr 2004 erbrachte der "Tisch des sozialen Dialogs für die öffentlichen Verwaltungen" (*Mesa del Diálogo Social para las Administraciones Públicas*) einen breiten Konsens zwischen der neuen sozialistischen Regierung und den Gewerkschaften hinsichtlich folgender Punkte: Stärkung sowohl der Beteiligungsrechte wie der Tarifverhandlungsprozesse, Professionalisierung und angemessene Behandlung der öffentlich Beschäftigten sowie Förderung stabiler Beschäftigung im öffentlichen Sektor. Schließlich wurden als Ziele benannt, dass die Qualität der öffentlichen Dienstleistungen verbessert, Produktivitätsgewinne durch verbesserte Arbeitsbedingungen erzielt und die Abläufe der öffentlichen Verwal-

22 Das dritte Convenio Único gibt es seit 2009 (http://www.boe.es/boe/dias/2009/11/12/pdfs/BOE-A-2009-18065.pdf) und ist bis heute für rund 78% der in der zentralen öffentlichen Verwaltung Beschäftigten gültig.

tungen optimiert werden sollen. Die wichtigsten, vereinbarten Punkte waren:

- Die Teilnehmer kamen überein, eine Obergrenze für befristete Stellen in den öffentlichen Verwaltungen festzulegen und eine „Beobachtungsstelle für öffentliche Beschäftigung" (*Observatorio del Empleo Público*) zu schaffen. Letztere sollte zur Ermittlung und Planung des Bedarfs an Humanressourcen beitragen.
- Es wurde vereinbart, weitere neue Regularien zu erarbeiten. Damit sollten das Basisstatut für Beschäftigte des öffentlichen Sektors (EBEP), das letztendlich 2007 verabschiedet wurde, sowie allgemeine Bestimmungen für den öffentlichen Dienst oder die Anwendung flexiblerer Bedingungen für freiwillige Frühverrentung festgeschrieben werden.
- Um die Arbeitsbedingungen zu verbessern, wurde die Möglichkeit einer schrittweisen Anhebung der zwei zusätzlichen, jeweils im Juni und Dezember ausbezahlten Monatsgehälter in Betracht gezogen. Gegenstand der Verhandlungen waren darüber hinaus ebenso flexiblere Arbeitszeiten wie die potentielle Reduktion der Wochenarbeitszeit auf 35 Stunden.
- Der Ausbau von Qualifizierungsmöglichkeiten wurde sowohl als Karriereförderung als auch als Instrument zur Anpassung der Arbeitsweise an die Anforderungen einer erneuerten öffentlichen Verwaltung verstanden (Anpassungsqualifizierung).
- Außerdem wurde die Bereitstellung zusätzlicher Mittel zur Förderung von Kollektivverhandlungen sowie für Pensionen und Produktivitätsanreize gefordert.
- Intendiert war auch die Erstellung einer Richtlinie, die das Feld öffentlicher Dienstleistungserbringung abstecken und allgemeine Regeln für ausgelagerte Dienste und die mit diesen fortbestehenden Verbindungen festlegen sollte.

Charakteristisch für diese Verhandlungen und die nach 2004 erreichten Verbesserungen war grundsätzlich ein intensiver Dialog zwischen Regierung und Gewerkschaften. Die Verhandlungen fanden auf verschiedenen Ebenen oder auch Arenen statt, die wie erwähnt auch als *mesa* (Tisch) bezeichnet werden:

- Im Rahmen des *Mesa General de Negociación* werden auf nationaler Ebene für alle öffentlichen Verwaltungen Rahmenregelungen verhandelt (etwa zu Arbeitsbedingungen, allgemeinem Budget etc.). Das Ministerium für Finanzen und öffentliche Verwaltung vertritt die staatliche Ebene und delegiert diese Aufgabe für gewöhnlich an ein Staatssekretariat. Ferner sind VertreterInnen der Regionalregierungen (*Comunidades Autónomas*) und der kommunalen Verwaltungsebene (*Federación Española de Municipios y Provincias* – FEMP) beteiligt.

- *Mesa General de Negociación de la Administración General del Estado* sind zuständig für die zentralstaatliche Ebene, unter dem Vorsitz des Staatssekretärs für öffentliche Verwaltung, der üblicherweise an den Generaldirektor des öffentlichen Dienstes delegiert. Je nach Themen sind weitere VertreterInnen aus anderen Ministerialabteilungen beteiligt.
- *Mesas Delegadas* bestehen in manchen Ministerialabteilungen und Behörden, um besondere Belange zu verhandeln, während bei den *Mesas Sectoriales* sektorspezifische Inhalte Verhandlungsgegenstand sind.
- Darüber hinaus bestehen *Mesas* bei den einzelnen Regionalregierungen (*Comunidades Autónomas*), den zu Spanien gehörenden, nordafrikanischen Städten Ceuta und Melilla, sowie den Kommunen.
- *Comisiones Técnicas* sind Arbeitsgruppen zur Bearbeitung spezieller Themen, etwa Gesundheit und Sicherheit am Arbeitsplatz, Weiterbildung, soziale Maßnahmen, Chancengleichheit, Auslandseinsätze, Befristungen und soziale Verantwortung.

Es ist ausdrücklich geregelt (Artikel 37.1 EBEP), dass auf jeder Verwaltungsebene (Staat, regional, lokal) sowie bei besonderen Einrichtungen ausschließlich über Fragen des eigenen Zuständigkeitsbereichs verhandelt werden darf, also insbesondere hinsichtlich der direkt zugeordneten Beschäftigten und denen unterstellter Ebenen, für die sie basale Bedingungen regeln dürfen.

Das Statut für Beschäftigte des öffentlichen Sektors von 2007 (EBEP), das im Wesentlichen Rahmenbedingungen festgelegt hat, gilt gemeinhin als Meilenstein für die Konsolidierung von Tarifverhandlungen im öffentlichen Sektor, auch wenn der zweite Schritt, die Umsetzung in konkrete Tarifverträge, aufgrund der einsetzenden Finanzmarkt- und Wirtschaftskrise nicht mehr eingelöst wurde. Es war das erste Mal, dass ein *Mesa General de Negociación* für das Aushandeln gemeinsamer Problemstellungen für alle Beschäftigten des öffentlichen Sektors zuständig war. Im EBEP und der im Jahr 2008 folgenden Vereinbarung für Beschäftigte der öffentlichen Verwaltung auf Staatsebene (Ministerio de Administraciones Públicas 2008) wurde die komplette Bargaining-Struktur festgelegt. Aus den Verhandlungen gehen entweder *Pactos* und *Acuerdos*, also

Verträge und Vereinbarungen für die Beamten (manchmal auch für alle öffentlich Beschäftigten) oder Tarifverträge für die Tarifbeschäftigten hervor.

In der Praxis werden *Pactos* und *Acuerdos* zunehmend für alle im öffentlichen Sektor Beschäftigten ausgehandelt und dann ratifiziert und auf die Tarifverträge der *laborales* zugeschnitten, wie in einem Interview erläutert wurde. Manchmal ist der Unterschied zwischen beiden Vertragstypen, den *Pactos/Acuerdos* und den Tarifverträgen, eher nominell und formal rechtlich. Etwa sprachen die Gesprächspartner in einer der untersuchten Städte (ES-1) stets nur von Tarifverträgen, obgleich tatsächlich alle Rathausbeschäftigten *funcionarios* waren. Der Begriff schien in ihrer Verhandlungstradition etabliert zu sein. Nicht selten sind zunehmend auch gemeinsame Verhandlungsprozesse für alle öffentlich Beschäftigten verbreitet, insbesondere in kleineren Gemeinden mit einer großen Zahl an *laborales*. Es wird öfter versucht, gemeinsame Basisregelungen und möglichst vergleichbare Arbeitsbedingungen hinzubekommen. Solche gemeinsamen Verhandlungen verdeutlichen einen Prozess der Konvergenz der Aushandlungsverfahren für *funcionarios* und *laborales*.

Gegen Ende des Jahres 2009 wurde dann, wiederum im Rahmen des sogenannten sozialen Dialogs, eine weitere allgemeine Vereinbarung für den öffentlichen Sektor für die Jahre 2010-2012 erzielt (Ministerio de la Presidencia 2009). Allerdings wurden die meisten der zu diesem Zeitpunkt vereinbarten Regelungen nie in die Praxis umgesetzt, da der im Mai 2010 aufkommende, von der Europäischen Zentralbank und den internationalen Finanzmärkten ausgehende Druck zu einem radikalen Wandel der Wirtschafts- und Arbeitspolitik führte. Bereits die Regierung der sozialistischen Partei ergriff erste Sparmaßnahmen, darunter Entgeltkürzungen von 5% für alle Beschäftigten des öffentlichen Sektors. Als Antwort auf diese Maßnahmen riefen die Gewerkschaften zu einem eintägigen Generalstreik auf.

Über die tarifvertragliche Deckungsrate Spaniens gehen die Angaben in der Literatur mitunter etwas auseinander. Demnach lag die *coverage rate* im Jahr 1997 bei 81% (Visser 2006: 46f.), im Jahr 2009 bei 71% (Otaegui 2012) und im Jahr 2011 laut Sanz de Miguel (2013) überraschenderweise bei 49%. Müller/Platzer (2016: 27, Tab. 4) berichten von einer nach der Krise relativ stabilen Zahl an Beschäftigten, die von Tarifvereinbarungen abgedeckt seien, um dann im Jahr 2013 einen merklichen Einbruch zu verzeichnen. Im Bericht „Industrial Relations in Europe 2014" der European Commission (2015: 81, Tab. 3.2) wird ein ausgeprägter Rückgang hingegen bereits für die Jahre 2010 und 2011 konstatiert. Offensichtlich handelt es sich beim deutlichen Rückgang der Angaben immer wieder im letzten Jahr bzw. in den letzten beiden Jahren der herangezogenen Daten, um die verfrühte Übernahme noch nicht vollständiger Daten für die jeweils jüngste Vergangenheit, kurz: ein Artefakt. Die Daten des spanischen Arbeitsministeriums sprechen gegen einen massiven Rückgang der Tarifbindung, wenn wir die Vorbehalte des Ministeriums hinsichtlich der Daten für die Jahre 2014 und insbesondere 2015 ernst nehmen (vgl. Tab. 9).

Auf Basis dieser Daten lässt sich konstatieren, dass seit der Krise statistisch ein Rückgang der Anzahl der Tarifverträge und auch der Anzahl der Beschäftigten stattfand, deren Arbeitsbedingungen durch Tarifverträge reguliert sind. Wahrscheinlich ist jedoch, dass sich die Zahl der Beschäftigten, deren Arbeitsbedingungen (jedenfalls formal) durch Tarifverträge geregelt sind, inzwischen wieder auf einem etwas niedrigeren Niveau stabilisiert hat. Der Anteil der Beschäftigten, deren Arbeitsbedingungen durch Flächentarifverträge reguliert sind, an allen Beschäftigten, für die Tarifverträge überhaupt gelten (Firmentarifverträge inklusive), darf inzwischen ebenfalls als restabilisiert bis leicht zunehmend bezeichnet werden (Tab. 9). Berücksichtigen wir den Rückgang der spanischen Erwerbstätigenquote, 2014 beträgt die Erwerbstätigenquote nur noch 85,1% von 2007 (vgl. Tab. 10), dann kann von einer massiven Krise der Tarifbindung in Spanien in einem quantitativ-statistischen Sinne nicht die Rede sein.[23]

Die ICTWSS-Datenbank gibt für 2013 eine Deckungsrate für alle Kollektivregelungen von 79,8% an, 2007 habe diese demnach bei 78,7% gelegen, ein merklicher Rückgang wird demnach auch hier nicht diagnostiziert. Köhler/Calleja Jiménez sprechen ebenfalls von einer Tarifbindung von ca. 80% und führen diese darauf zurück, dass Tarifverträge in der Regel für allgemeinverbindlich erklärt werden: „Die Tarifdeckung ist in Spanien generell hoch (bei ca. 80 Prozent aller Beschäftigten) aufgrund der automatischen Allgemeinverbindlichkeitsregel (*erga omnes*), nach der alle Betriebe unabhängig von der Mitgliedschaft unter die Regel des gültigen Branchen-Tarifvertrages fallen.“ (Köhler/Calleja Jiménez 2013: 7).

23 Bemerkenswert ist dabei, dass sich die Entwicklung der Beschäftigtenquote in Spanien deutlich von den drei anderen Untersuchungsländern abhebt, in denen sich diese 2014 gegenüber 2007 (=100) positiv entwickelt hat und in Deutschland mit gemessen daran 106,96 merklich, in Schweden mit 100,9 und Großbritannien mit 100,6 leicht angestiegen ist.

Tab. 9: Entwicklung der Kollektivvereinbarungen in Spanien 2000 – 2015

Jahr	Alle Kollektivverträge			Haustarifverträge		Flächentarifverträge		Anteil
	(1) Verträge	(2) Unternehmen (in 1000)	(3) Beschäftigte (in 1000)	(4) Verträge	(5) Beschäftigte (in 1000)	(6) Verträge	(7) Beschäftigte (in 1000)	(7) an (3)
2000	5.252	1.198,3	9.230,4	3.849	1.083,3	1.403	8.147,1	88,3
2001	5.421	1.293,2	9.496,0	4.021	1.039,5	1.400	8.456,5	89,1
2002	5.462	1.302,3	9.696,5	4.086	1.025,9	1.376	8.670,6	89,4
2003	5.522	1.281,4	9.995,0	4.147	1.074,2	1.375	8.920,9	89,3
2004	5.474	1.282,4	10.193,5	4.093	1.014,7	1.381	9.178,9	90,0
2005	5.776	1.314,0	10.755,7	4.353	1.159,7	1.423	9.596,0	89,2
2006	5.887	1.457,0	11.119,3	4.459	1.224,4	1.428	9.894,9	89,0
2007	6.016	1.413,7	11.606,5	4.598	1.261,1	1.418	10.345,4	89,1
2008	5.987	1.605,2	11.968,1	4.539	1.215,3	1.448	10.752,9	89,8
2009	5.689	1.520,5	11.557,8	4.323	1.114,6	1.366	10.443,2	90,4
2010	5.067	1.481,1	10.794,3	3.802	923,2	1.265	9.871,1	91,4
2011	4.585	1.170,9	10.662,8	3.422	929,0	1.163	9.733,8	91,3
2012	4.376	1.162,0	10.099,0	3.234	925,7	1.142	9.173,3	90,8
2013	4.589	1.312,9	10.265,4	3.395	932,7	1.194	9.332,7	90,9
*(2014)**	*5.048*	*1.410,0*	*10.191,4*	*3.888*	*850,1*	*1.160*	*9.341,4*	91,7
*(2015)**	*3.085*	*977,5*	*7.044,1*	*2.396*	*474,6*	*689*	*6.569,5*	93,3

*Quelle: Ministerio de Empleo y Seguridad Social (2016a): Estadìstica de convenios colectivos de trabajo. Avance Mensual 2016, basierend auf Tabelle CCT-2.1. * = Die Daten sind auf dem Stand vom Februar 2016 und beruhen auf der Auswertung von Meldebogen, für 2014 und 2015 sind die Angaben noch vorläufig. Wir nehmen an, dass insbesondere die Zahlen für 2015 sich noch merklich erhöhen werden. Insbesondere für 2015 sind die Daten deshalb noch nicht aussagekräftig.*

Tab. 10: Erwerbstätigenquote nach Staatsangehörigkeit (Alter 15-64 Jahre; in %)

	1995	1996	1997	1998	1999	2000	2001	2002	2003	2004
Deutschland	64,7	64,1	63,6	63,7	64,8	65,3	65,7	65,4	64,9	64,3
Spanien	46,8	47,6	49,2	51,0	53,7	56,1	57,7	59,0	60,1	61,1
Schweden	70,7	69,7	68,3	68,6	70,6	71,1	74,4	74,0	73,6	72,4
Großbritannien	68,1	68,7	69,7	70,2	70,4	71,0	71,3	71,2	71,4	71,6
	2005	2006	2007	2008	2009	2010	2011	2012	2013	2014
Deutschland	65,5	67,2	69,0	70,1	70,3	71,3	72,7	73,0	73,5	73,8
Spanien	63,6	65,0	65,8	64,5	60,0	58,8	58,0	55,8	54,8	56,0
Schweden	72,5	73,1	74,2	74,3	72,2	72,1	73,6	73,8	74,4	74,9
Großbritannien	71,8	71,6	71,5	71,5	69,9	69,4	69,3	69,9	70,5	71,9

Quelle: Eurostat (2016a).

Für den öffentlichen Sektor Spaniens wird die tarifvertragliche Deckungsrate in der ICTWSS-Datenbank bis einschließlich 2008 mit 100% angegeben, danach fehlen Angaben. Da die Tarifabschlüsse allerdings für alle Beschäftigten des öffentlichen Sektors (auf die Unterscheidung zwischen den Regelungen für Tarifbeschäftigte und Beamte haben wir bereits hingewiesen) gelten, darf angenommen werden, dass sich an dieser vollständigen Deckung durch kollektive Regelungen wenig geändert hat. Daraus zu schließen, die Arbeitsbeziehungen des öffentlichen Sektors in Spanien wären keinen Änderungen unterworfen, käme jedoch einem Trugschluss gleich, denn der spanische Staat setzte in Reaktion auf die Krise als Arbeitgeber nicht darauf, sich formell von Tarifverträgen zu verabschieden, vielmehr wurde deren Bedeutung sowie der Einfluss der Gewerkschaften auf die Verdienstentwicklung und die Gestaltung der Arbeitsbedingungen *de facto* eingeschränkt. Mit der Arbeitsmarktreform von 2010 wurde geregelt, dass Flächentarifverträge durch Haustarifverträge modifiziert werden dürfen, 2012 wurde dann bestimmt, dass Firmentarifverträge gegenüber Tarifverträgen auf höherer Ebene absolute Priorität haben und Firmen das Recht haben, auch ohne Zustimmung beider Seiten aus wirtschaftlichen, technischen, produktionsbezogenen oder organisatorischen Gründen aus der Regulierung durch Kollektivverträge auszusteigen und unilaterale Änderungen bei den Arbeitsbedingungen vorzunehmen, etwa bei Entgelt und Arbeitszeit (vgl. Horwitz/Myant 2015: 6). Die Gewerkschaften, so wurde seitens linker sozialer Bewegungen kritisiert, hätten, um die formelle Sicherung ihrer Beteiligung am Dialog mit der Regierung nicht zu gefährden, substanziell zu große Zugeständnisse gemacht.

■ 3.3 Arbeitsbedingungen im öffentlichen Sektor

Insbesondere ab Mitte der 2000er Jahre wurde in zunehmendem Maße eine flexiblere Arbeitszeitgestaltung gefördert. Als Konsequenz aus den Vereinbarungen zwischen der Regierung und den Spitzen der Mehrheitsgewerkschaften wurde 2005 vom Staatssekretariat für öffentliche Verwaltung eine Wochenarbeitszeit von 37,5 Stunden für die Zentralverwaltung als Obergrenze betrachtet. Da die Wochenarbeitszeit jedoch vor allem auf der regionalen Ebene weiter Gegenstand von Tarifverhandlungen war, wurde in der Praxis mitunter eine schrittweise Reduzierung der Wochenarbeitszeit auf 35 Stunden vereinbart und in verschiedenen Dienststellen umgesetzt. Unter bestimmten Voraussetzungen konnte die Arbeitswoche aber noch immer 40 Stunden erreichen.

Die jüngste Wirtschaftskrise und die mit der Troika getroffenen Vereinbarungen verstärkten dann den Druck auf die Arbeitsbedingungen. Im spanischen öffentlichen Dienst gab es bis 2008/09 noch Tarifverhandlungen, von 2010 bis 2013 jedoch wurden Entgeltkürzungen per Gesetzgebung vorgenommen, in gravierenden Fällen um mindestens 10%, im Jahr 2010 um 5% für die Beschäftigten des gesamten öffentlichen Dienstes (Eurofound 2014). 2011 und 2012 wurden außerdem Gehälter eingefroren. Die Abschaffung des 14. Monatsgehalts (Weihnachtsgeld) im Jahr 2012 reduzierte die Verdienste um weitere 7%. Diese Kürzungen fanden bei allen Beschäftigten Anwendung, unabhängig von der Art der Arbeit oder der Einkommenshöhe. Auch bei der Arbeitszeit kam es nach der Krise zu Verschlechterungen. 2012 wurde die Wochenarbeitszeit ohne Entgeltanpassung von 35 auf 37,5 Stunden verlängert und die Arbeitszeit von LehrerInnen unbezahlt ausgeweitet. Im Dezember 2011 wurden Pensionsansprüche reduziert (Beiträge an Fonds für ergänzende Rentenleistungen im öffentlichen Dienst in der Höhe von 0,3% aller Entgelte). Auch bei anderen Sozialleistungen gab es Verschlechterungen, etwa bei den Regelungen im Krankheitsfall oder bei den „zusätzlichen Urlaubstagen" der Beschäftigten. [24]

Der Anteil befristeter Arbeitsverhältnisse im öffentlichen Sektor Spaniens liegt mit etwa einem Viertel höher als im europäischen Durchschnitt, wobei der Anteil von 2009 25,1% auf 2011 24,3% leicht gesunken ist (European Commission 2013: 102, Tab. 3.6). Bezogen auf die ge-

24 Anfang der 1980er Jahre wollte die Regierung aufgrund steigender Inflation keiner Entgeltsteigerung im öffentlichen Dienst zustimmen, weshalb Gewerkschaften und Arbeitgeber vereinbarten, dass Beschäftigte des öffentlichen Dienstes stattdessen ein paar zusätzliche Urlaubstage erhalten.

samte spanische Wirtschaft ist der Anteil der befristet Beschäftigten von mehr als 30% in den 1990er Jahren auf 24% im Jahr 2014 gesunken (Eurostat 2016a).[25] Hier kommt zum Ausdruck, dass befristet beschäftigte ArbeitnehmerInnen in Krisenzeiten einfacher und rascher freigesetzt werden können.

Verglichen mit dem privaten Sektor sind die Anteile von älteren Arbeitnehmern (über 55 Jahre) und von Frauen (60% weibliche Beschäftigung) unter den Beschäftigten des öffentlichen Sektors höher. Wie in den anderen untersuchten Ländern, ist der Anteil der Frauen auch in der allgemeinen Verwaltung höher als der Anteil der erwerbstätigen Frauen insgesamt und nahm in der Vergangenheit weiter zu (INAP-OCDE 2014). Auch die Gender Pay Lücke fällt im öffentlichen Sektor geringer aus als in der Privatwirtschaft, „the incidence of a *glass-ceiling* effect is much more blurring than among private employees" (Antón/Muñoz de Bustillo 2013: 36). Da 21% der weiblichen Beschäftigung im öffentlichen Sektor erfolgt, während der Anteil bei Männern lediglich 15% beträgt, treffen Verschlechterungen im öffentlichen Dienst, etwa die Nichtverlängerung befristeter Verträge und Personalabbau, Frauen mehr als Männer. Im gesamtgesellschaftlichen statistischen Mittel wird auch einer Reduktion des Gender Pay Gap entgegengewirkt (Muñoz de Bustillo/Antón 2013). Vor der Krise hatten in Spanien die Arbeitsbedingungen des öffentlichen Sektors (etwa Work-Life-Balance, Kranken- und Rentenversicherung) eine positive Referenz auch für den Privatsektor dargestellt.

Entgelt und Eingruppierung

Das gegenwärtige Vergütungssystem für Beamte wurde im Grundsatz erstmals mit dem Gesetz 30/1984 etabliert (es unterscheidet nach den Beamtenkategorien A bis E). Artikel 76 des EBEP (2007) differenziert die Eingruppierungsstufen der Beamtinnen und Beamten nach den Gruppen A, B und C (mit den Untergruppen A1 und A2 sowie C1 und C2). Die Kategorien unterscheiden nach Aufnahmeanforderungen, Einstellungsverfahren sowie eingenommenen Positionen. Das EBEP unterscheidet zwischen Beamten und Angestellten des öffentlichen Dienstes. Die genannten Regeln gelten uneingeschränkt für die nationale Beamtenschaft und für die zivilen Mitarbeiter der Militäradministration, ein wichtiger Teil dieses Gesetzes (die Grundregeln) gilt auch für die Beamtenschaft der au-

25 Der Anteil stieg zu Beginn der 1990er Jahre bis 1996 auf nahezu 34% an, um dann im Jahr 2008 erstmals wieder unter die 30%-Marke zu fallen, dann 2013 auf ca. 23% zu sinken und sich 2014 bei 24% zu finden.

tonomen Regionen und Kommunen. Alle Berufskategorien sind in 30 Levels aufgeteilt, die Anzahl und die Art der Stellen jeder Verwaltungseinheit sollen mit denen übereinstimmen, die im Stellenplan nach Art. 15 auftauchen. Allerdings ist dies in der Praxis nicht mehr durchgehend der Fall.

Das Besoldungssystem unterscheidet zwischen Grundentgelt und einer Reihe von Zuschlägen. Der Darstellung von Sanchez-Moto (2007: 3f.) folgend, lassen sich folgende Entgeltkomponenten ausmachen:

Das Grundentgelt besteht aus drei Komponenten, die allen Beamten zustehen, unabhängig davon, ob diese auf nationaler, regionaler oder lokaler Ebene arbeiten: Erstens die Besoldung (*sueldo*), differenziert nach den Kategorien A bis C (bzw. den früheren A bis E, wobei das Gesetz 30/84 regelte, dass der *sueldo* der Gruppe A das der Gruppe E nicht um mehr als das Dreifache überschreiten darf), zweitens eine wiederkehrende Steigerung der Besoldung basierend auf Seniorität, sowie drittens zwei zusätzliche Zahlungen im Jahr in der Höhe der monatlichen Besoldung im Juni und Dezember, d.h. eine Art Urlaubs- und Weihnachtsgratifikation. Darüber hinaus gibt es Zuschläge, die sich je nach Tätigkeitsniveau (formal die erwähnten 30 Ebenen, wobei die unteren 10 laut Sanchez-Motos 2007: 4 nicht besetzt sind), Stelle (etwa bei besonderen Anforderungen, Belastungen etc.), Leistungsverhalten und Mehrarbeit unterscheiden (Sanchez-Motos 2007: 3f.). Die beruflichen Positionen und die Entwicklung der nicht-verbeamteten Beschäftigten ist im Grundsatz auf der Basis des Arbeitsrechts, von Tarifverträgen und individueller Arbeitsverträge geregelt (Ministry of the Presidency 2010).

Die wiederkehrende Entgeltsteigerung, die alle Beschäftigten des öffentlichen Dienstes erhalten, wird im Rahmen des allgemeinen Haushaltsrechts festgelegt. Die Entgeltfindung wird also zentral gesteuert, dabei besteht jedoch zugleich eine langjährige Tradition von Tarifverhandlungen. Die Tarifverhandlungen wurden in den letzten beiden Jahrzehnten jedoch mehrfach ausgesetzt. Mit unilateral festgelegten Lohnstopps in den Jahren 1994 und 1997, die, wie argumentiert wurde, unumgänglich für die von der EU verlangte Reduktion des Haushaltsdefizits gewesen waren, setzte ein Wandel in der Entgeltpolitik ein. Zwischen 1994 und 2011 waren die Steigerungsrate der Nominallöhne im öffentlichen Dienst geringer als in der Privatwirtschaft (Antón/Muñoz de Bustillo 2013). Müller/Schulten (2015: 20, Tab. 3) konstatieren im Anschluss an den Eurostat Labour Cost Survey jedoch, dass in Spanien im Jahr 2012 die Stundenverdienste im öffentlichen Sektor noch immer 109,4% des Privatsektors betrugen (während die Jahresverdienste bei 99% des Privatsektors liegen).[26] Wobei dieser Befund jedoch durchaus unterschiedlich bewertet werden kann: Während aus der gängigen Perspektive der Erwartung von Privilegien im öffentlichen Dienst, verbunden mit der gleichzeitigen Annahme, der Privatwirtschaft würden auf der Basis höherer Produktivität naturgemäß höhere Einkommen zustehen, konstatiert werden kann, dass jeder Vorteil für die Staatsbeschäftigten negativ zu bewerten ist, kann der Umstand, dass „in some cases, the pay and working conditions of public employees can be favourably compared to those in the private sector" aus einer etwas anderen Perspektive auch positiv bewertet werden: „At this point, it is convenient to remind that this feature, which is often considered a privilege of these workers, can also be interpreted as the result of a policy of fair wages and decent working conditions in the public sector" (Muñoz de Bustillo/Antón 2013: 533). Darüber hinaus ist zu konstatieren, dass die Entgeltspreizung im öffentlichen Sektor geringer als im Privatsektor ist. Vor allem die Verdienste der unteren Einkommensgruppen unterscheiden sich im öffentlichen Sektor positiv von denen des Privatsektors, während der Entgeltvorteil bei höheren Verdienstgruppen schwächer ausfällt und sich sogar umkehrt (Ramos/Sanromá/Simón 2014: 7). Eine Untersuchung von Hospido/Moral-Benito (2015) zeigt jedoch vor allem, dass sich ein erheblicher Teil des Verdienstvorteils im öffentlichen Sektor auf real bestehende Unterschiede der Tätigkeiten zurückführen lässt.[27] Allerdings haben die Beschäftigten des öffentlichen Sektors in Spanien seither gleichwohl erhebliche Einkommenseinbußen erlitten. Die Veränderungen in der Lohnpolitik im öffentlichen Sektor begannen mit den einseitigen Lohnstopps der Jahre 1994 und 1997.

Seit 1984 gibt es in Spanien ein Verfahren zur Vergabe von Leistungsentgelt im öffentlichen Sektor, genannt *Complemento de Productividad.* Als Ziel gilt es „to reward the special performance, the extraordinary activity and the interest or initiative with which a civil servant performs his duties. (…) The performance pay component is variable in nature and aims to be a tool which the Director can use to financially reward the in-

26 Der Anteil der Stunden- bzw. Jahresverdienste des öffentlichen Sektors am privaten Sektor beträgt 2012 laut Müller/Schulten (2015: 20, Tab. 3) in Großbritannien 101,5% bzw. 98,4% und in Deutschland 91,9% bzw. 92,3%.

27 „We find a positive public wage premium for men and women even after accounting for characteristics and endogenous selection; the observed average gaps in hourly wages, of around 35%, is reduced to 20% when accounting for observed characteristics, and to 10% once endogenous selection is also taken into consideration. We also find substantial variation in the public premium along the wage distribution once observed characteristics are accounted for" (Hospido/Moral-Benito 2014: 35).

dividual performance of those civil servants who deserve it due to good productivity, extraordinary activity or initiative. The principle of transparency regarding the individual amounts must be highlighted. (...) However, it is not illegal – and is regularly done – to give this component following criteria adopted by consensus inside each General Directorate or even linearly" (Sanchez-Motos 2007: 4). Berichtet wird jedoch, dass häufig keine systematische Leistungsbewertung erfolge, es vielmehr, wie in einem Interview erläutert, bisweilen Praxis sei, dass der Bürgermeister mit dem staatlich festgelegten Budget für leistungsorientierte Bezahlung bestimmte Tätigkeiten um 10%, 30% oder auch 50% besser bezahlt oder auch alle Verdienste pauschal gleichmäßig erhöht, ganz unabhängig von der jeweiligen Leistung, um die Zumutungen des *pay freeze* im Kontext der Austeritätspolitik abzumildern. Eine Praxis, die wir auch aus deutschen Kommunen kennen, ohne dass diese dort der besonderen Legitimation durch einen Entgeltstopp bedurft hätte (Schmidt/Müller 2013).

Gewerkschaftliche GesprächspartnerInnen kritisieren im Interview in öffentlichen Verwaltungen ein Problem zu langer Anwesenheit am Arbeitsplatz (Präsentismus), was auch auf eine Fehlanwendung des Leistungsentgelts zurückzuführen sei, da Mehrarbeitsstunden honoriert würden. Demnach habe sich der Leistungszuschlag häufig zu einer Kompensation für eine Verlängerung der Wochenarbeitszeit auf 40 Stunden entwickelt, der aus diesem Grunde gleichmäßig innerhalb der Verwaltungseinheiten verteilt werde. Auch diese Stimmen verorten dies im Kontext der Krise und sehen darin einen gewissen Ausgleich für erlittene Verdiensteinbußen und gestiegene Leistungsanforderungen.

Das 2012 geschaffene Komitee für die Reform der öffentlichen Verwaltungen (CORA) erläutert zur Leistungsbeurteilung, diese sei „ohne Zweifel eine der wichtigsten Säulen der Reform der allgemeinen staatlichen Verwaltung", insbesondere da diese in Verbindung mit dem Ansatz des *Management by Objectives* gesehen werden müsse. Konstatiert wird aber auch, dass Leistungsbewertung nicht überall praktiziert werde. Mitunter werden allerdings in den Interviews hinter solchen Reformbemühungen nur weitere Versuche zur Kostensenkung vermutet. Insgesamt scheint es um Ansätze zur leistungsorientierten Bezahlung zumindest in den spanischen Kommunen nicht wesentlich anders zu stehen als in Deutschland und Großbritannien. In den von uns besuchten spanischen Kommunen gibt es keine konkreten Verfahren zur Leistungsbewertung. Insgesamt darf allerdings konstatiert werden, dass die Arbeitsbedingungen im öffentlichen Sektor wohl noch immer im Vergleich zu manchen Bereichen der Privatwirtschaft als angenehmer wahrgenommen werden –

nicht zuletzt wegen der vergleichsweise hohen Sicherheit des Arbeitsplatzes.

3.4 Arbeitskonflikte

In Spanien gibt es – wie bereits erwähnt – auch im öffentlichen Dienst ein grundsätzliches Streikrecht. Neben den Tarifbeschäftigten des öffentlichen Sektors sind auch Beamte streikberechtigt und haben das Recht, Mitglied einer Gewerkschaft zu sein. Davon ausgenommen sind die Streitkräfte, die Guardia Civil und Richter sowie Staatsanwälte. Die Mitgliedschaft in Berufsverbänden ist hingegen auch für sie zulässig (Ministry of the Presidency 2010: 80).

Das Recht auf Streik wurde für Angestellte erstmals durch das Real Decreto-Ley 17/1977 geregelt. Beamte werden weder in diesem Zusammenhang noch in der Verfassung von 1978 genannt, die Arbeitern das Streikrecht gibt (Art. 28.2). Eine Entscheidung des Verfassungsgerichts im Jahre 1981 stellte fest, dass Beamten das Streikrecht rechtlich weder ausdrücklich gewährt, noch vorenthalten sei. In der Praxis wurde für die Beamten das für sonstige Arbeitnehmer geltende Gesetz angewandt. 1983 plante die sozialistische Regierung eine besondere Regelung für Beamte (El País 1983), doch erst mit der Einführung des EBEP (Art. 15) wurde das Streikrecht für Beamte endgültig anerkannt, allerdings verbunden mit der Verpflichtung, grundlegende Dienstleistungen für die Gemeinschaft aufrechtzuerhalten. Diese Dienstleistungen sind jedoch im Gesetz nicht konkret genannt. Nach einer Entscheidung des Verfassungsgerichtes sind Dienstleistungen gemeint, ohne die eine Gefährdung von Leben und Gesundheit oder der öffentlichen Sicherheit bestehen würde. Auch die Versorgung mit Informationen ist demnach eingeschlossen (Alonso Olea/Rodríguez-Sañudo 2010: 147). Gewerkschaften klagen mitunter, dass etwa Regionalregierungen die Bestimmungen nutzen würden, um das Streikrecht in missbräuchlicher Weise einzudämmen, um die Wirkungen von Streiks zu untergraben. Zwar würden ihnen Gerichte meist Recht geben, doch dies geschehe oft erst Jahre später, wenn dies für die jeweilige Auseinandersetzung viel zu spät sei. Außerdem sind politische Streiks, soweit diese über die Durchsetzung genereller wirtschaftlicher und sozialer Arbeitnehmerrechte hinausgehen, gesetzlich strikt untersagt (Alonso Olea/Rodríguez-Sañudo 2010: 146).

Spanien ist im europäischen Vergleich ein durchaus streikfreudiges Land, obgleich auch in Spanien die Streikhäufigkeit (gemessen an ausgefallenen Arbeitstagen) in den 1990er Jahren ausgeprägter war als in der

Zeit bis zur Krise. Doch während in der Privatwirtschaft die Streiks seit Mitte der 2000er Jahre deutlich abgenommen haben, blieben diese im öffentlichen Sektor auf eher geringem Niveau relativ stabil. Zwei Drittel der Streiks des öffentlichen Sektors (2000-2013) fanden bei öffentlichen Unternehmen statt. Allerdings haben in dieser Zeit die Proteste und politischen Streiks gegen die Politik der Austerität und u.a. auch zur Verteidigung öffentlicher Dienstleistungen zugenommen. Dies spiegelt sich jedoch nicht in den Daten der ökonomischen Streiks (vgl. González Begega/Luque Balbona 2014: 88, Tab. 1),[28] insb. die Zahl der Ausfallstage, die dem öffentlichen Sektor zugeschrieben werden können, hat sich demnach lediglich im Jahr 2008 vorübergehend erhöht (vgl. Abb. 3).

In Folge der Finanzmarkt- und Wirtschaftskrise gerät dann die politische Landschaft Spaniens in Bewegung, unter anderem findet eine Reihe von Demonstrationen statt, die sich gegen den Abbau öffentlicher Dienstleistungen richten. Diese Demonstrationen und die politische Mobilisierung erwachsen nicht unmittelbar auf dem Terrain der Arbeitsbeziehungen und sie werden auch keineswegs nur von den Gewerkschaften getragen, vielmehr entwickelt sich eine stark politisierte soziale Bewegung, deren primärer Adressat weniger der Staat als Arbeitgeber, sondern seine Funktion als Staat, als Gesetzgeber und als Regierung darstellt. Gleichwohl sind die entstehenden Bewegungen, die sich gegen die Austeritätspolitik der Regierung wenden, nicht von den Gewerkschaften und gewerkschaftlichen Konfliktformen gänzlich abgekoppelt: „These rallies, national and regional started with the public employees' strike on 8 June 2010, and include a general strike against the labour market reforms and the reduction of public expenditure on 29 September 2011. In 2012 the campaign continued culminating in a general strike on 29 March" (Muñoz de Bustillo/Antón 2013: 526).

28 Eine Übersicht über die Entwicklung der Generalstreiks in Westeuropa vor der Krise (bis 2006) liefern Hamann/Johnston/Kelly (2012). Eine Auflistung der Generalstreiks in Spanien (1981-2012) findet sich in Wikipedia (2016).

Abb. 3: Streikbedingt ausgefallene Arbeitstage öffentlicher und privater Sektor in Spanien 1994–2013 in absoluten Zahlen

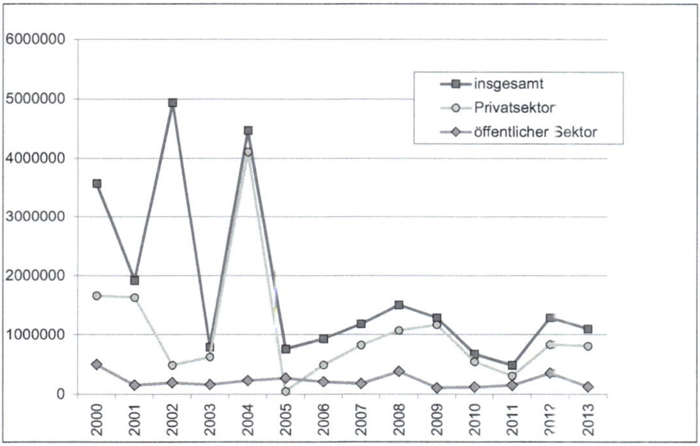

Quelle: Ministerio de Empleo y Seguridad Social (2014). Während die Daten für 2002 Generalstreiks einschließen, sind die Generalstreiks 2010 vom 3. Juni und vom 29. September 2010 (öffentlicher Sektor) sowie vom 29. März und vom 14. November 2012 (sektorenübergreifend) und vom 22. Mai 2012 nicht enthalten, vgl. González Begega/Luque Balbona (2014: 88, Tab. 1).

Im Jahr 2010 riefen die Gewerkschaften zu einem Generalstreik aller Beschäftigten des öffentlichen Sektors auf, der sich gegen die Verschlechterung von deren Arbeitsbedingungen richtete. 2011 fanden in verschiedenen Kommunen Streiks gegen Kürzungen im Bildungswesen statt, die zu einem Anstieg des Lehrstundenbudgets geführt hatten. „The greatest unrest arose in the Autonomous Community of Madrid, where eight strikes were called from September onwards by the regional federations of different unions. In 2012, this trend continued and in February and May 2013 a general strike was called in the education sector", auch im Gesundheitswesen fanden solche Streiks statt (Sanz de Miguel 2014). Inzwischen ist das Streikvolumen (Streikbeteiligte wie ausgefallene Arbeitstage) wieder eher rückläufig (vgl. Ministerio de Empleo y Seguridad Social 2014 und 2016b), auch wenn die sozialen und politischen Konflikte in der Folge von Krise und Austeritätspolitik noch keineswegs abgeschlossen sind. Allerdings haben sich diese Auseinandersetzungen, wie in gewisser Weise bereits zu Beginn angelegt war, weiter in die politische Sphäre verschoben und bestehen als kommunale Aktionen, lokale oder regionale Bündnisse und in Form der neuen politischen Partei *Podemos* fort.

3.5 Krise und Arbeitsbeziehungen im öffentlichen Sektor

Tarifverträge und trilaterale Vereinbarungen wurden wie dargelegt im Kontext der Krise und der Austeritätspolitik durch die Regierung formell ausgesetzt oder *de facto* nicht mehr eingehalten. In dieser Situation legten die Gewerkschaften Beschwerde bei der Internationalen Arbeitsorganisation (ILO) ein, die daraufhin der spanischen Regierung eine unilaterale Aussetzung oder sogar Aufhebung von tarifvertraglichen Regelungen bescheinigte, ohne diesbezüglich der gesetzlich verankerten Pflicht zur Konsultation mit den Gewerkschaften nachgekommen zu sein. Es wurde eine faktische Abschaffung von Tarifverhandlungen im öffentlichen Sektor konstatiert.[29]

Nach Anrufung durch die Gewerkschaften billigte der spanische Oberste Gerichtshof unter Hinweis auf den Grundsatz der Normenhierarchie allerdings diese Vorgehensweise. Ferner wurde die Reichweite von Tarifverhandlungen durch die Einführung neuer gesetzlicher Normen begrenzt, die nicht mehr (durch Tarifverträge) reversibel sind. Des Weiteren kann nun der Inhalt von Tarifverträgen in Ausnahmefällen zur Wahrung des Gemeinwohls in Zeiten ökonomischer Umbrüche modifiziert werden. Das EBEP 2007 sah bereits eine solche Regelung für die *Acuerdos/Pactos* der BeamtInnen vor, die 2012 von der Regierung auf Tarifverträge ausgedehnt wurde (Cruz Villalón 2012). Das Unterlaufen etablierter Verhandlungsverfahren mittels unilateraler Regierungsbeschlüsse könnte dazu beitragen, dass sich Befürchtungen bewahrheiten, die in Folge einer De-Institutionalisierung der Arbeitsbeziehungen auch längerfristig negative

29 Festgestellt wurde, dass „according to the complainants, by repealing provisions of all previous collective agreements, pacts and conventions between, on the one hand, the various public administrations (central, autonomous and local) and the rest of the public sector, and, on the other, all public servant unions that are members of the relevant general negotiating committees, the Government's unilateral decision amounts to elimination of the right to bargain collectively". „This severely limits negotiations and makes them subject to the unilateral will of the Administration while ignoring the role of unions and attacking the very heart of collective bargaining" (ILO 2014: 89, 120). „Through Royal Legislative Decree No. 20/2012 of 13 July 2012, the Government decided unilaterally to take steps to ensure budgetary stability and promote competition and to establish a series of measures reorganizing and rationalizing the public administrations, thereby affecting the statutory and contractual status of all public sector employees, or of State public sector employees alone". Legislative Decree No. 20/2012 „directly suspended the collective agreements contrary to it or repealed their provisions in the following areas: the Christmas bonus, holidays, benefits for temporary inability to work and public sector union leave and time credits" (ILO 2014: 88, 121).

Folgen für die Tarifstandards erwarten (Glassner 2010). Ein Niedergang der institutionalisierten Arbeitsbeziehungen des öffentlichen Sektors ließe überdies einen langfristigen negativen Effekt auf die Qualität der öffentlichen Dienstleistungen wie auch im Hinblick auf soziale Gerechtigkeit befürchten. [30] Nicht zuletzt ist durch die hohe Jugendarbeitslosigkeit zu erwarten, dass Spanien langfristig Schaden bei der beruflichen Bildung von Fachkräften nimmt.

Während in den letzten Jahren vor der Krise die Arbeitsbeziehungen des öffentlichen Sektors durch fest etablierte Tarifverhandlungen und Arbeitnehmerpartizipation sowie die Abwesenheit größerer Arbeitskämpfe (Caprile/Sanz de Miguel 2011) gekennzeichnet waren, zeigte sich danach eine andere Entwicklung, die sich nach 2011 deutlich verstärkte und mit der Übernahme der Regierung durch die Mitte-Rechts-Regierung in Zusammenhang steht. Mit Blick auf Spanien kann somit durchaus davon gesprochen werden, dass die Finanzmarkt- und Wirtschaftskrise eine verändernde Wirkung auf die institutionalisierten Arbeitsbeziehungen hatte, allerdings erfolgte diese in vermittelter Weise, da sie erst durch den Regierungswechsel voll zum Tragen kam. Auch in Spanien ergibt sich die Politik der *austerity* nicht direkt aus der Existenz von Krisenproblemen, sondern muss als das Resultat einer im nationalen und im europäischen Kontext stattfindenden spezifischen Interpretation der Krisenursachen sowie von Annahmen über mögliche Wege zu deren Überwindung verstanden werden. Auch wenn die Finanzmarkt- und Wirtschaftskrise in Spanien größere Schwierigkeiten auslöste und offenbarte als in etlichen anderen Ländern, insbesondere in Schweden und Deutschland, so gilt doch auch in allen Fällen, dass Austeritätspolitik keine zwingende politische Reaktion ist, vielmehr als ein politisches Projekt verstanden werden muss.

In dieser Krisensituation haben die spanischen Gewerkschaften gerade im öffentlichen Sektor nicht nur die jeweiligen Kürzungsmaßnahmen bekämpft, sondern auch versucht, den Gesprächsleitfaden nicht abreißen zu lassen, um eine Grundlage für zukünftige Vereinbarungen zu erhalten. Bei den Gewerkschaften zeigte sich eine Mischung aus Widerstand, Resignation und skeptischem Abwarten. Allerdings hatten sie, nachdem

30 Dem Global Wage Report 2014/15 der ILO zufolge sind Spanien und die USA die beiden Länder, in denen die Ungleichheit zwischen den oberen und unteren 10% der Bevölkerung in den letzten zwei Jahren am deutlichsten zugenommen hat, sowohl aufgrund von Entgeltstagnation als auch von Arbeitslosigkeit. Diese beiden Faktoren sind in Spanien zu 90% für die wachsende Ungleichheit verantwortlich. Spanien ist außerdem an vorderer Stelle, was die wachsende soziale Kluft innerhalb der Mittelklasse anbelangt (ILO 2015).

Tarifverträge und trilaterale Vereinbarungen faktisch ausgesetzt bzw. umgangen wurden, praktisch keinen Einfluss auf die Haushaltsanpassungen und Kürzungen der Staatsausgaben.

In Interviews mit manchen GesprächspartnerInnen aus den Gewerkschaften sowie unabhängigen ExpertInnen werden die unilateralen Maßnahmen dann auch nicht nur als Instrumente zur Durchsetzung von Sparmaßnahmen beschrieben, sondern auch als absichtsvollen Versuch, die Gewerkschaften selbst zu schwächen. Ein relativ klares Beispiel hierfür stellt der Fall der *liberado sindical* dar, der Zeiten für freigestellte Gewerkschaftsarbeit, die die konservative Regierung 2012 kürzte und mit einer Kampagne gegen diese verbunden hatte, in der diese als Verschwendung öffentlicher Gelder präsentiert worden waren. Die Gewerkschaft CGT hat sich vor dem Hintergrund der öffentlichen Kampagne dann auch von den beiden Traditionsgewerkschaften distanziert und die Kürzung der Freistellungen akzeptiert.

Eine gewerkschaftliche Strategie, die vornehmlich auf Streiks und Demonstrationen setzen würde, so legten manche gewerkschaftlichen Gesprächspartner dar, könne wegen der damit verbundenen Kosten für die Beschäftigten nicht durchgehalten werden, außerdem träten Ermüdungseffekte auf. Eine konfrontative Strategie dürfe nicht überstrapaziert werden. Andere Faktoren, die zu einer begrenzten Bereitschaft zur Beteiligung an Aktionen beitragen, seien die unklaren Erfolgsaussichten hinsichtlich einer Wiederverbesserung der Arbeitskonditionen sowie ein hohes Maß an Unsicherheit, vornehmlich bei der großen Zahl an befristet Beschäftigten.

Allerdings hat die negative Haltung der Regierung gegenüber den Rechten und dem öffentlichen Ansehen der Beschäftigten im öffentlichen Sektor die Gewerkschaften nicht durchgehend geschwächt, sondern auch die Mobilisierung und die gesellschaftliche Unterstützung zur Verteidigung des öffentlichen Sektors partiell gestärkt. Neben einem Interessenkonflikt um die Austeritätspolitik und deren Auswirkungen auf die Arbeitsbedingungen, geht es somit auch um einen Konflikt um Anerkennung: erstens, um die der gesellschaftlichen und staatlichen Respektierung von kollektiver Interessenvertretung, und zweitens, um den der Wertschätzung der Arbeit der Beschäftigten des öffentlichen Sektors (Ramió 2007). Da die Gewerkschaften von vielen Bürgern und auch Beschäftigten jedoch als Teil des politischen Systems betrachtet werden und in den letzten Jahren mit diesem an Ansehen verloren hatten, werden die Gewerkschaften von den sozialen Bewegungen auch selbst kritisiert

(Köhler/Calleja Jiménez 2013).[31] Korruptionsfälle, in die auch CC.OO und UGT verwickelt waren, wie auch die soziale Unzufriedenheit über die hohe Arbeitslosenquote und die Verschlechterung der Lebensbedingungen werden teilweise auch den Gewerkschaften mit angelastet und befördern die Unzufriedenheit mit diesen.[32] Nicht gänzlich auszuschließen ist, dass sich die Gewerkschaftslandschaft in Spanien in Folge der Krise in den nächsten Jahren noch stärker verändern wird, da es kleineren Gewerkschaften gelingen könnte, mehr Stimmen bei den Delegiertenwahlen zu erzielen und die Anteile von CC.OO und UGT zurückzudrängen.[33]

Zwischen den sozialen Bewegungen, der institutionellen Anerkennung der Gewerkschaften und der gesellschaftlichen Anerkennung öffentlicher Dienstleistungsarbeit bestehen somit durchaus Spannungen, wodurch die zukünftige Entwicklung hinsichtlich gewerkschaftlicher Konflikt- und Kooperationsstrategien auf jeden Fall durch eine gewisse Kontingenz gekennzeichnet ist. Köhler und Calleja Jiménez konstatieren, dass „die spanischen Gewerkschaften vor einer extrem problembeladenen, schwierigen Zukunft“ stehen. „Die tiefgreifende Wirtschaftskrise hat nicht nur ihre soziale Basis geschwächt. Zudem hat die neoliberale, antisoziale Politik ihre Beteiligungsrechte und Verhandlungspositionen untergraben. Die traditionellen Kampfinstrumente wie Massendemonstrationen und Generalstreik, die zu anderen Zeiten wie 1988 oder 2002 durchaus Wirkung zeigten, verpuffen derzeit gegenüber einer Mauer aus internationalem Druck der Troika und vulgärem neoliberalen Dogmatismus. Die spanischen Gewerkschaften stehen somit vor einer grundlegenden Herausforderung der Erneuerung ihrer Rolle als wirksame soziale Kraft und Opposition gegen einen deregulierten, finanzmarktgetriebenen, sozial ungerechten Kapitalismus“ (Köhler/Calleja Jiménez 2013: 17f). Die Ge-

31 2014 wurde auch eine neue, alternative Gewerkschaft gegründet, die den Namen *Somos* trägt ("Wir sind"), die aus der Bewegung 15M entstanden ist und der Partei *Podemos* nahesteht. Bis jetzt ist diese Gewerkschaft, die nach eigenen Angaben 2015 ca. 1.000 Mitglieder haben soll, jedoch noch ohne größere Bedeutung, auch wenn sie, wie berichtet wird, beispielsweise im Wirtschaftsministerium erste Erfolge bei Delegiertenwahlen erzielen konnte (The Spain Report 2015). Die Gewerkschaft ist in der Öffentlichkeit wenig bekannt und spielt keine relevante Rolle für die spanischen Arbeitsbeziehungen.

32 Private Arbeitgeber und manche Interviewpartner aus staatlichen Einrichtungen lobten hingegen die verantwortliche Politik der Gewerkschaften während der Krise

33 Der Anteil der Delegiertenstimmen für kleinere Gewerkschaften stieg von 20,5% im Jahre 2010 auf 28,1% im Jahr 2012, während der Anteil der Delegierten von CC.OO und UGT zurückging (eldiario.es 2014). Bei den Delegiertenwahlen 2015 erzielten CC.OO und UGT mit zusammen 69,5% zwar noch eine deutliche Mehrheit auf nationaler Ebene, doch 2011 hatte ihr Anteil noch 73,7% betragen (abc.es 2015).

werkschaften gerieten somit von zwei Seiten unter Druck: einerseits verhinderten Sparpolitik und gewerkschafts- und arbeitnehmerfeindliche Eingriffe, dass sie weiter wie gewohnt ihre Aufgabe erfüllen konnten, andererseits trugen auch die sozialen Bewegungen dazu bei, die etablierte Gewerkschaftspolitik zu delegitimieren.

Ob es den spanischen Gewerkschaften trotz dieser schwierigen Situation gelingen wird, „alte Machtressourcen zu erneuern und neue zu erschließen, hängt sicherlich nicht nur von ihnen selbst ab, sondern auch von sozialen Kontextbedingungen, insbesondere vom Erstarken einer Opposition gegen die neoliberale Hegemonie und auch von der Wiederbelebung des sozialen Europaprojekts“ (Köhler/Calleja Jiménez 2014: 377). Von uns interviewte Gewerkschafter erwarteten Ende 2015 angesichts der bevorstehenden Wahlen zwar in einzelnen Punkten Erleichterungen, doch keinen grundlegenden Wandel der Regierungspolitik. Damit sollten sie bisher Recht behalten. Mit Blick auf die Arbeitsbeziehungen scheint auch weiterhin weder eine wachsende und sich stabilisierende Konfliktorientierung noch ein Wiedererstarken des spanischen Vorkrisenmodells dialogorientierter, in einen Wettbewerbskorporatismus eingebetteter Arbeitsbeziehungen ausgeschlossen zu sein (González Begega/Luque Balbona 2014).

Köhler/Calleja Jiménez (2015) sehen für die spanischen Gewerkschaften eine Chance zur Revitalisierung in einer stärkeren Abkehr davon, in starkem Maße auf institutionelle Macht und die Kooperation mit Arbeitgebern und Staat zu setzen, und stattdessen einer engeren Zusammenarbeit mit den in der Krise neu entstandenen oder gestärkten sozialen Bewegungen (Bewegung 15 M bzw. *Indignados*) sowie in einer Annäherung an einen *Social Movement Unionism*. Auch wenn zweifelsfrei eine gewisse Öffnung und auch praktische Zusammenarbeit der großen Gewerkschaften CC.OO und UGT mit sozialen Bewegungen bereits stattgefunden hat, so konstatieren die Autoren doch auch eine Reihe von Faktoren, die sowohl auf Seiten der sozialen Bewegungen wie der Gewerkschaften zu finden sind, und die einer weiteren Annäherung entgegenstehen (Köhler/Calleja Jiménez 2015: 255). Da die sozialen Bewegungen sich inzwischen selbst stärker institutionalisiert haben und vor dem Hintergrund der politischen Folgen der Austeritätspolitik, u.a. des Aufkommens von *Podemos*, sowie der Rückkehr eines moderaten Wirtschaftswachstums, die politischen Angriffe auf die Arbeitnehmerrechte nicht mehr in allzu drastischer Weise erfolgen dürften und das Sinken der Reallöhne gestoppt wurde (ETUI 2016: 41, Abb. 3.2), dürfte der Druck auf die Gewerkschaften zum einen weniger massiv sein, während zum anderen eine allmähliche Öffnung für Aktivisten der sozialen Bewegungen sowie jüngere Gewerkschafter (Köhler/Calleja Jiménez 2015: 253) eine moderate Erneuerung wahrscheinlich machen dürfte. Die Zeichen scheinen uns weder für einen grundlegenden Umbau der großen Gewerkschaften in einen *Social Movement Unionism* zu stehen, noch für deren Kollabieren infolge des Legitimationsverlustes, sondern einen graduellen Wandel im Sinne einer moderaten inhaltlichen und personellen Erneuerung, zu der auch eine partielle Übernahme von Bewegungselementen gehören könnte.

Im öffentlichen Sektor sind die Gewerkschaften somit einerseits damit konfrontiert, dass der Staat seine Rolle als Gesetzgeber und Exekutive nutzt, um Veränderungen unilateral zu verordnen und den öffentlichen Sektor unmittelbar staatlicher Sparpolitik auszusetzen, andererseits bietet jedoch gerade die Verteidigung öffentlicher Dienstleistungen Chancen für eine Zusammenarbeit mit sozialen Bewegungen und politische Bündnisse. „Not without tensions, the *Mareas Ciudadanas* (Civic Tides) movement, started in 2012, has been a space shared by unions and movements. The Civic Tides are a horizontal, inclusive and open movement to defend public services and they are against the cutbacks in social expenditure. In this case, we identify a coalition with aspects of a deep coalition but which lacks some elements of organizational change. (. . .) Unions have an important membership base among public employees, and the defense of the quality of public services is shared with social movements. In their innovative forms of protest (flashmob, theatre, human chains surrounding public equipment, etc.) and demonstrations, common identity is not expressed by organizations but by the color of the Tide“ (Köhler/Calleja Jiménez 2015: 252f.).

In der Folge des Doppelcharakters des Staates als Staat und Arbeitgeber gilt für den öffentlichen Sektor zum einen, dass ein nicht-kooperativer Kurs der Gewerkschaften immer auch mit gesetzlich legitimierten, unilateralen Maßnahmen rechnen muss, zum anderen kann jedoch eine soziale Bewegung in einem demokratischen Staat auch in der politischen Sphäre selbst ihren Widerhall finden. Auch wenn in Spanien nach einer schwierigen Phase der Regierungsbildung Rajoy als Chef einer Minderheitsregierung weiter regiert, so darf doch konstatiert werden, dass die Gewerkschaften auf kommunaler und regionaler Ebene mitunter (ehemaligen) Repräsentanten sozialer Bewegung begegnen, die inzwischen den Staat als Arbeitgeber vertreten. Eine kooperative und institutionalisierte Gewerkschaftspolitik kann aus diesem Grunde durchaus mit einer moderaten gewerkschaftlichen Erneuerung verbunden werden. Solange sich auf Arbeitgeberseite keine grundlegenden Veränderungen ergeben, besteht die Gefahr, dass sich die Schwäche der spanischen Gewerkschaften, sich primär auf institutionelle Macht zu stützen und damit nur begrenzt konfliktfähig zu sein, im Grundsatz reproduziert.

Die meisten der Befragten sehen im spanischen Staat zumindest im Grundsatz noch immer eine Art Modellarbeitgeber, äußern jedoch auch einige Zweifel und Einschränkungen. Hoch bewertet werden positive Merkmale, etwa das Fehlen willkürlicher Diskriminierung und gleiche und standardisierte Anforderungen im Prozess der Personalrekrutierung, wobei die detaillierte Regulierung der Arbeitsbedingungen im öffentlichen Dienst als Schutz vor Diskriminierung und Arbeitgeberwillkür gesehen wird. Allerdings werden die Einschränkungen freier Verhandlungsprozesse durch staatliche Vorgaben und die Doppelrolle des Staates als Arbeitgeber und Gesetzgeber sowie der Einfluss der verschiedenen politischen Interessen und Akteure auf das Arbeitgeberhandeln als eher negativ beschrieben.

Die Gewerkschaftsvertreter beklagten im Gespräch insbesondere, dass im öffentlichen Sektor während der prosperierenden Phase der spanischen Wirtschaft die Verdienste nicht angemessen gestiegen seien, während die Staatsbeschäftigten die ersten waren, die die Konsequenzen der Krise zu spüren bekamen.[34] Obwohl die Beschäftigten des öffentlichen Sektors nicht Verursacher sind, seien sie doch zu Opfern der Sparpolitik geworden. Mitunter wird argumentiert, die Einschnitte bei den Staatsbeschäftigten sollten dazu dienen, um exemplarisch zu verdeutlichen, welche Maßnahmen auch im Privatsektor ergriffen werden sollten. Auch sollte demnach gegenüber der Europäischen Union Reformwille signalisiert werden. Gewissermaßen hatte der Staat im Kontext der Austeritätspolitik wiederum die Rolle eines Modellarbeitgebers einzunehmen, wenngleich unter gänzlich geänderten Vorzeichen: Nicht mehr als Vorreiter guter Arbeitsbedingungen, sondern als Vorreiter von Kostensenkungen und Einschnitten bei den Arbeitnehmerrechten.

34 Eine Aussage, die sich vor dem Hintergrund, dass in Spanien, anders als in den anderen Untersuchungsländern, die Beschäftigten im öffentlichen Dienst eher besser verdienen als in der Privatwirtschaft, allerdings etwas relativiert.

4. Großbritannien

4.1 Grundzüge der Arbeitsbeziehungen im öffentlichen Sektor sowie Unterschiede zum Privatsektor

Im Unterschied zu einigen anderen europäischen Ländern wird in Großbritannien (UK) arbeitsrechtlich nicht zwischen Beschäftigungsverhältnissen der Privatwirtschaft und des öffentlichen Dienstes unterschieden – abgesehen von einigen traditionellen Privilegien, die Beschäftigte im öffentlichen Dienst bislang innehatten und gewissen Einschränkungen des „de facto Streikrechts“[35] für Polizei und Streitkräfte. Ebenso gelten für die sogenannten *civil servants* weitgehend dieselben Regelungen (EPSU 2008). Ein wichtiger Unterschied zwischen privat und öffentlich besteht allerdings in dem mehr (*Civil Service*) oder weniger (kommunale Arbeitgeber) unvermittelten Einfluss, den die Politik auf die öffentlichen Beschäftigungsverhältnisse und die Arbeitsbeziehungen nimmt (Corby 2003: 4f).

Darüber hinaus bestehen auch quantitativ deutliche Unterschiede zwischen den Arbeitsbeziehungen von Privatwirtschaft und öffentlichem Dienst. Etwa 31,4 Mio. Menschen gehen Ende des Jahres 2015 in Großbritannien einer bezahlten Beschäftigung nach, davon arbeiten ca. 17%, d.h. rund 5,3 Mio. im öffentlichen Sektor. Im März 1999 betrug das Verhältnis von öffentlicher Beschäftigung zur Gesamtbeschäftigung noch 19,7%, im September 2006 20,7% (vgl. ONS 2015b). Abbildung 4 zeigt deutlich, dass nach einem Zuwachs bis Mitte der 2000er Jahre die Zahl der Beschäftigten im öffentlichen Sektor zunächst stagnierte, dann im Kontext der Bankenverstaatlichung sprunghaft anstieg, um dann deutlich abzunehmen. Der größte Personalabbau fand auf kommunaler Ebene statt, während beim Personal der Zentralregierung keine ausgeprägten Personaleinsparungen erfolgten.

Ein Viertel (25%; vgl. ONS 2015a) aller Beschäftigten war 2014 gewerkschaftlich organisiert (vgl. Tab. 11). Der Organisationsgrad liegt im öffentlichen Dienst mit 54,3% deutlich höher als in privatwirtschaftlichen Unternehmen (14,2%) (2,6 Mio. Mitglieder). Mehr Frauen (27,7%) als Männer (22,3%) sind Mitglied einer Gewerkschaft, was hauptsächlich

35 Weder für die Privatwirtschaft noch für den öffentlichen Dienst gibt es ein explizites Streikrecht. Ist ein Streik gesetzmäßig, besteht allerdings für Gewerkschaften gesetzliche Immunität („statutory immunities“), d.h. sie können nicht für den im Zuge eines Arbeitskampfes entstandenen wirtschaftlichen Schaden haftbar gemacht werden (EIRO 2009: 4; BIS 2010).

durch den hohen Frauenanteil von rund zwei Dritteln im gut organisierten öffentlichen Sektor zu erklären ist (Certification Office 2014). Wenig überraschend gilt lediglich für ein Sechstel (16,6%) der Beschäftigten in der Privatwirtschaft ein Tarifvertrag, gegenüber fast zwei Dritteln (63,8%) bei den öffentlich Bediensteten (BIS 2014: 44). Während in der Privatwirtschaft Tarifverträge zudem in der Regel auf Unternehmens- oder Betriebsebene gelten, sind für den öffentlichen Dienst bislang Flächentarifverträge charakteristisch, die durch betriebliche Vereinbarungen ergänzt werden. Auch als betriebliche Interessenvertretung sind im öffentlichen Sektor noch immer die Gewerkschaften zentral: 2013 arbeiten 85,4% der öffentlich Beschäftigten und 28,7% der Beschäftigten in der Privatwirtschaft in einer Dienststelle bzw. einem Betrieb mit Gewerkschaftsanerkennung (BIS 2014: 30). In 8% der Betriebe bzw. für 37% der Beschäftigten – überwiegend bei öffentlichen Arbeitgebern und in größeren Betrieben – gab es *Joint Consultative Committees* (JCCs)[36], teilweise auch *works councils* oder *representative forums* genannt. Da allerdings auch im öffentlichen Dienst Arbeitgeber zunehmend eine Auseinandersetzung mit Beschäftigten auf individueller Ebene favorisieren, verlieren JCCs – obwohl traditionell schon seit langem im öffentlichen Dienst verankert – zunehmend an Bedeutung (vgl. Bach/Stroleny 2012: 4). In 39% der privatwirtschaftlichen Betriebe und 18% der Dienststellen haben Beschäftigte eigenen Angaben zufolge keine Möglichkeit, ihre Interessen direkt oder über Vertretungen gegenüber dem Management geltend zu machen (van Wanrooy et al. 2011: 66). Arbeitnehmervertretungen in den Aufsichtsräten gibt es in Großbritannien bis auf wenige Einzelfälle nicht (vgl. Fulton 2007: 92).

36 *Joint Consultative Committees* dienen in erster Linie als ein Forum für Beratung und Austausch zwischen Management und ArbeitnehmerInnen, weniger jedoch der Aushandlung konkreter Interessensfragen (mehr *consultation* als *negotiation*).

Tab. 11: Gewerkschaftlicher Organisationsgrad in Großbritannien nach Sektor und Geschlecht 1995 – 2014

	Insgesamt			Privater Sektor			Öffentlicher Sektor		
	Alle	Männer	Frauen	Alle	Männer	Frauen	Alle	Männer	Frauen
1995	32,4	35,0	29,7	21,4	26,3	15,3	61,3	68,0	57,0
1996	31,4	33,3	29,5	20,5	24,8	15,1	60,7	67,7	56,6
1997	30,7	32,1	29,3	19,8	23,8	14,5	61,2	68,0	57,3
1998	29,9	31,2	28,6	19,5	23,2	14,7	60,4	66,6	56,8
1999	29,7	30,9	28,4	19,0	22,9	13,9	59,9	66,3	56,3
2000	29,8	30,4	29,1	18,8	22,3	14,1	60,3	65,7	57,3
2001	29,3	29,9	28,6	18,4	21,9	13,9	59,7	66,3	56,2
2002	28,8	28,7	29,0	17,8	21,0	13,4	59,8	63,7	57,7
2003	29,3	29,1	29,6	18,2	21,1	14,4	59,4	64,5	56,7
2004	28,8	28,5	29,2	17,3	20,7	12,8	58,8	62,0	57,1
2005	28,6	27,7	29,6	16,9	19,6	13,4	58,2	60,6	56,9
2006	28,3	27,1	29,6	16,6	19,2	13,1	58,7	61,1	57,5
2007	28,0	26,5	29,6	16,1	18,6	12,9	59,0	61,4	57,8
2008	27,5	25,7	29,3	15,6	17,7	12,7	57,2	58,9	56,3
2009	27,4	25,3	29,6	15,1	17,3	12,4	56,7	56,3	56,9
2010	26,6	23,9	29,4	14,2	16,0	11,9	56,4	55,0	57,1
2011	26,0	23,4	28,6	14,2	16,0	11,7	56,6	55,5	57,2
2012	26,1	23,5	28,7	14,4	16,0	12,4	56,4	56,1	56,5
2013	25,6	23,0	28,3	14,4	16,1	12,2	55,5	54,8	55,9
2014	25,0	22,3	27,7	14,2	15,6	12,4	54,3	52,7	55,1

Quelle: ONS (2015a); Prozentwerte, nicht saisonal angepasst.

Abb. 4: Beschäftigte im öffentlichen Sektor Großbritanniens 1999 – 2015 (in Tausend)

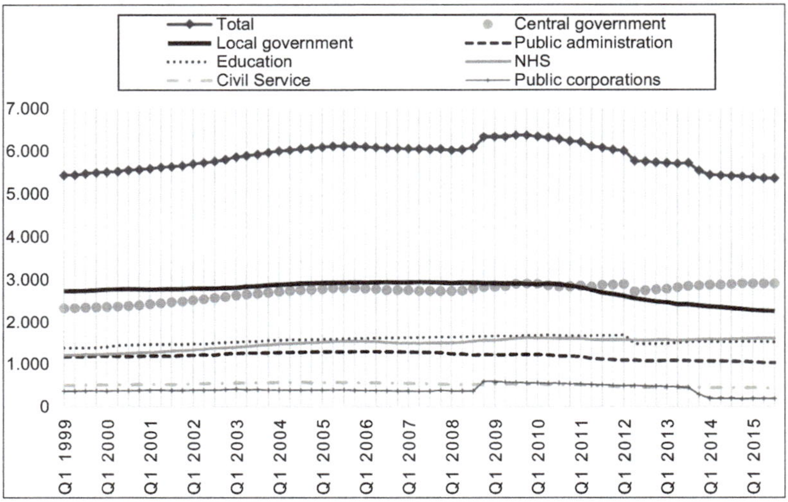

Quelle: ONS (2015b): verschiedene Tabellen. Am 1.12.2008 kamen Lloyds Banking Group und Royal Bank of Scotland zum öffentlichen Sektor, am 2.3.2012 kamen die English Colleges zum öffentlichen Sektor, am 3.12.2013 kam Royal Mail zum Privatsektor und am 4.3.2014 gehört die Lloyds Banking Group wieder zum privaten Sektor.

Gewerkschaften und Arbeitnehmerpartizipation waren nicht schon immer in einer schwachen Position. Im Kontext des britischen Pluralismus und des sogenannten Nachkriegskonsenses war den industriellen Beziehungen eine wichtige Rolle beigemessen worden. In den späten 1970er Jahren standen die Gewerkschaften mit über 13 Mio. Mitgliedern im Zenit ihrer Macht, die sich im „Winter of Discontent“ (1978-1979) in ausgedehnten Arbeitskämpfen im öffentlichen Sektor wie auch der Privatwirtschaft manifestierte. Die konservative Partei unter Margaret Thatcher wusste jedoch die (vermeintliche) Schwäche der Labour-Regierung und die zum Teil unpopulären Streiks (Müllabfuhr, Totengräber) bei den Unterhauswahlen 1979 für sich zu nutzen. An die Regierung gekommen, kündigte sie den Nachkriegskonsens auf, beschnitt die Streikfähigkeit der Gewerkschaften und läutete deren kontinuierlichen Niedergang ein. Brown (2011) zufolge waren allerdings nicht allein die gesetzlichen Attacken auf die Gewerkschaften (Verbot von Solidaritäts- und politischen Streiks, Begrenzung von Streikposten, Verpflichtung zu Mitgliederentscheiden vor Arbeitskämpfen[37]) für die Schwächung der Gewerkschaften verantwortlich, vielmehr stellten die Privatisierung, Globalisierung und Deregulierungspolitik weitere wichtige Einflussfaktoren dar. Im Zeitverlauf trugen auch Outsourcing, atypische Beschäftigung sowie arbeitgeberinitiierte Formen von Partizipation zum Bedeutungsverlust kollektiver Arbeitsbeziehungen bei (vgl. Brown 2011: 403f.; Wright 2011: 3). Nicht zuletzt dürfte jedoch gerade in Großbritannien der Strukturwandel zum Dienstleistungssektor bedeutsam sein – auch wenn dieser Wandel den Rückgang des gewerkschaftlichen Organisationsgrades nicht hinreichend erklärt, denn der öffentliche Sektor zeigt, dass Dienstleistungsarbeit *per se* nicht gewerkschaftsunverträglich ist.

Die Konsequenzen dieser Entwicklungen waren nicht zu übersehen. Die Mitgliederzahl der Gewerkschaften schrumpfte um fast die Hälfte auf 7,1 Mio. im Jahr 1995 und weiter auf knapp 6,5 Mio. 2013 (BIS 2014: 26). 1980 waren noch mehr als die Hälfte der Beschäftigten gewerkschaftlich organisiert, 2013 sind es nur noch rund ein Viertel (BIS 2014). Bemerkenswerterweise zeigt sich im ersten Jahrzehnt der Thatcher-Regierung im öffentlichen Sektor kein Rückgang des hohen Organisationsgrades von rund 82%, bis 1995 geht er dann allerdings um mehr als 20% auf 61,3% zurück, danach langsam, aber stetig um weitere rund 5%.

Die Gewerkschaften suchen dem Mitgliederschwund und der schwächer werdenden Durchsetzungskraft mit Organizing-Kampagnen, Bündnissen mit Nutzern öffentlicher Dienstleistungen, zivilgesellschaftlichen und internationalen Organisationen sowie einer Stärkung sozialpartnerschaftlicher Beziehungen mit Arbeitgebern und Regierung, auch einem verstärkten Einsatz juristischer Mittel sowie der Erschließung neuer Betätigungsfelder (z.B. betriebliche Weiterbildung) zu begegnen. Überdies erfolgten etliche Zusammenschlüsse von Gewerkschaften: 1990 gab es insgesamt noch 306, 2000 nur noch 226 und 2014 lediglich 162 Gewerkschaften, davon nur rund 10% in einer Größe von 25.000 und mehr Mitgliedern (Certification office 2014: 9 und 24). Da durch die Privatisierung viele Gewerkschaftsmitglieder in privaten Unternehmen landen, verfolgen einige Gewerkschaften des öffentlichen Sektors die Strategie, ihren Mit-

37 Dies mag unter demokratischen Gesichtspunkten durchaus positiv gesehen werden, da auf diese Weise Mitglieder mehr Mitsprache erhalten. Da bei der Abstimmung strikte Regeln eingehalten werden müssen, ist die Vorbereitung eines Arbeitskampfes für Gewerkschaften jetzt mit hohen Kosten und Aufwand sowie Risiken verbunden (vgl. Brown 2011: 403f.).

gliedern „zu folgen", d.h. intersektoral zu organisieren und ggf. auch mit Gewerkschaften des Privatsektors zu fusionieren.

Im Jahr 2014 gehörten insgesamt 54 Gewerkschaften dem einzigen Spitzenverband der Gewerkschaften in England und Wales, dem *Trades Union Congress* (TUC) an. Die größten Mitgliedsgewerkschaften sind *Unite* (rund 1,32 Mio. Mitglieder; mind. 200.000 davon im öffentlichen Dienst) und *Unison*, die größte Gewerkschaft im öffentlichen Dienst (rund 1,3 Mio. Mitglieder), die wie Unite auch Beschäftigte von privaten Anbietern öffentlicher Dienstleistungen vertritt. Beide Gewerkschaften wie auch der GMB gingen aus Fusionen hervor. Letzterer hat über 613.000 Mitglieder, davon sind rund die Hälfte im öffentlichen Dienst beschäftigt, vor allem in Schulen. Insbesondere *General Unions* wie Unite, Unison oder GMB, d.h. Gewerkschaften mit einer heterogenen, nicht-berufsspezifischen Mitgliedschaft, wie die *Public and Commercial Services Union* (PCS), die hauptsächlich im *Civil Service* organisiert, haben noch immer mit Mitgliederverlusten zu kämpfen (im Zeitraum von 2014/2015 bis 2015/2016 bei Unite: -1,69%; Unison: -1,15%; PCS: -1,66%), während Berufsgewerkschaften, wie die British Medical Association (+9,90%), die Assocaition of Reachers and Lectureres (+5,89%) sowie das Royal College of Nursing (+3,43%) Mitglieder hinzugewinnen (Certification Office 2017: 27).

Die größte Gewerkschaft im Bereich des *Central Government* bzw. für den *Civil Service* ist PCS, inzwischen weniger als 200.000 Mitglieder (Certification Office 2017), daneben spielen Unite und kleinere Gewerkschaften wie die FDA für höhere Civil Servants („We believe in engaging with employers – not working against them."), *Prospect* für Beschäftigte in akademischen Berufen, die Berufsgewerkschaften NAPO für Bewährungshelfer und MitarbeiterInnen von Familiengerichten und die POA für Gefängnispersonal eine gewisse Rolle. Für Letzteres und die höheren Civil Servants bestehen *Pay Review Bodies*, für die anderen Beschäftigten des Central Government werden Tarifverhandlungen geführt. Bis 1996 hatten das *Council of Civil Service Unions* (CCSU) und das Finanzministerium Abschlüsse für den gesamten *Civil Service* getätigt, danach delegierte das Finanzministerium seine Verhandlungskompetenzen an untergeordnete Einheiten (*departments*, *agencies*), die nun – innerhalb eines vom Finanzministerium vorgegebenen finanziellen Rahmens – eigene Entgeltsysteme festlegen und Tarifverhandlungen führen können. Es gibt jetzt etwa 200 separate Bargaining-Einheiten. Letztendlich bleiben jedoch das Cabinet Office und das Finanzministerium für Entgelt und Leistungsmanagement im Civil Service verantwortlich.

Das CCSU wurde 2010 durch das *National Trade Union Committee* ersetzt, ein Forum, in dem Gewerkschaften, Finanzministerium und Cabinet Office die Politik der Regierung diskutieren. Darüber hinaus bietet das *Public Services Forum* eine Plattform für den Austausch zwischen Gewerkschaften, Arbeitgebern, der Regierung und anderen relevanten Akteuren, allerdings ohne Verhandlungsbefugnisse zu haben. „Although in general formal institutional structures have remained in place, trade unions have much less influence over the formulation and implementation of policy (…)" (Bach/Stroleny 2012: 9).

Im kommunalen Bereich existiert auf Arbeitgeberseite die als Nachfolgerin dreier kommunaler Arbeitgebervereinigungen 1997 gegründete *Local Government Association* für England und Wales (LGA und Welsh LGA). In Schottland und Nordirland bestehen mit der *Convention of Scottish Local Authorities* (COSLA) und *Northern Ireland Local Government Association* (NILGA) jeweils eigenständige Vereinigungen. Die LGA vertritt die Interessen ihrer Mitglieder auf nationaler Ebene als Tarifpartei.[38] Wichtigste Gewerkschaft im kommunalen Bereich ist Unison, die Beschäftigte sowohl des Angestellten- als auch des Arbeiterbereichs vertritt, während Unite und GMB überwiegend gewerbliche MitarbeiterInnen (jedoch auch manche Büro- und Verwaltungsangestellten) repräsentieren. Die Berufsgewerkschaft der Feuerwehrleute auf kommunaler Ebene ist die *Fire Brigades Union* (FBU). Im Rahmen des National *Joint Council of Local Government Services* werden von LGA sowie Unison, GMB und

38 Nahezu alle britischen Kommunen sind Mitglied in den LGA. Von den 373 englischen councils sind bis auf zwei alle LGA-Mitglieder. In den Gremien der LGA spiegeln sich die politischen Mehrheiten auf kommunaler Ebene. Nach zehn Jahren konservativem Vorsitz wechselte im Sommer 2014 der Vorsitz zu einem Vertreter der Labour Party, im Juni 2015 wurde der Vorsitz dann wieder von einem Vertreter der Konservativen übernommen. Alle relevanten Parteien sind vertreten, wobei die LGA trotz dieser parteipolitischen Ausrichtung in hohem Maße konsensorientiert arbeitet. Die LGA hat primär drei Aufgaben: Sie führt Tarifverhandlungen für die Kommunalbeschäftigten, die Feuerwehr und bis zur jüngst erfolgten Einführung des Pay Review Body auch für die Polizei. Außerdem werden dem Pay Review Body für die Lehrer Argumente vorgetragen (nicht jedoch für die nationalen Einrichtungen NHS und den Civil Service). Zweitens verwaltet sie die Pensionskasse der Kommunen und drittens werden Konzepte zur Weiterentwicklung der Kommunen entwickelt, auch zur Bewältigung der massiven Einsparungen der Budgets der Kommunen als Folge der Austeritätspolitik der Regierung. Unter anderem fordert der Verband von der Regierung die Weiterförderung wichtiger Aufgaben (bisher erhielten die Kommunen etwa die Hälfte ihrer Finanzen von der Zentralregierung), teilweise bestehen hinsichtlich der Erfüllung bestimmter Aufgaben auch gesetzliche Verpflichtungen. Als Ausgleich zu den Kürzungen fordert die LGA ein höheres Maß an kommunaler Selbständigkeit.

Unite Entgelt und sonstige Arbeitsbedingungen („*terms and conditions*") verhandelt. Das Entgelt von Polizisten wird hingegen neuerdings mittels des *Police Remuneration Review Body* PRRB bestimmt (die letzten 30 Jahre davor war das *Police Negotiating Board* PNB zuständig[39]). Im Juli 2015 wurde der erste Bericht des PRRB vorgelegt.

Der *National Health Service* (NHS) deckt nach wie vor den Großteil des Gesundheitsbereichs ab. Entgelt und Arbeitsbedingungen der NHS-Beschäftigten – mit Ausnahme von ÄrztInnen und ZahnärztInnen, deren Entgeltsteigerungen ebenfalls in *Pay Review Bodies* ermittelt werden – sind durch das „NHS terms and conditions of service handbook" geregelt, auch „*Agenda for Change*" (AfC) genannt. Dieser Flächentarifvertrag wurde durch das NHS Staff Council, einer sogenannten „Partnerschaftsorganisation" (*partnership organisation*) bestehend aus Arbeitgebern (Gesundheitsministerien und verschiedene NHS-Organisationen) sowie VertreterInnen des NHS Arbeitgeberverbandes und der Gewerkschaften auf nationaler Ebene ausgehandelt und wird bei Bedarf (z.B. bei Gesetzesänderungen) ergänzt.

Entgeltverhandlungen im eigentlichen Sinne finden im Bereich des NHS nicht statt, vielmehr besteht ein NHS Pay Review Body, in dessen Rahmen vom zuständigen Ministerium ernannte ExpertInnen eine Empfehlung für die Regierung erarbeiten. Gewerkschaften und Arbeitgeberseite, also der Staat in seiner Funktion als Arbeitgeber, können ihre Argumente gegenüber dem Expertengremium zum Ausdruck bringen. Beschäftigte privater Gesundheitsdienstleister sind kaum gewerkschaftlich organisiert und unterliegen in der Regel keinem Tarifvertrag (vgl. EPSU 2008).

Dachverband der privatwirtschaftlichen Arbeitgeber ist der CBI, der hauptsächlich als Lobbyist auf nationaler und internationaler Ebene auftritt, Kampagnen durchführt sowie seine Mitglieder informiert und berät. Wie der TUC ist er nicht befugt, Tarifverhandlungen zu führen. Der CBI

---

39 „This change has its roots in a 2007 review of police pay arrangements conducted by Sir Clive Booth for the then Government. Its recommendation to establish a pay review body for the police was accepted but not implemented. Following the 2010 general election, the incoming Government appointed Sir Tom Winsor to undertake a comprehensive review of police pay and conditions to ensure that they reflected the needs of a more modern police service and the economic reality of the country and an ageing population" (PRRB 2015: 1). Polizisten ist es durch das Polizeigesetz von 1996 verboten, Mitglied einer Gewerkschaft zu sein und an Arbeitskämpfen teilzunehmen; im Jahr 2007 sprach sich eine große Mehrheit der Polizisten (86% bei einer Beteiligung von 43%) für volle Arbeitskampfrechte aus, nachdem das Ergebnis der Schlichtung nicht von der Regierung anerkannt worden war (BBC 2008).

repräsentiert Unternehmen des Privatsektors und rund 150 Wirtschaftsverbände („trade associations“), spielt aber für den öffentlichen Dienst insofern eine Rolle, als er die Interessen privater Anbieter öffentlicher Dienstleistungen vertritt und auf die Regierung einwirkt, „effective public services markets – from education and healthcare, to policing and welfare“ zu schaffen und öffentliche Auftragsvergabe sowie Wettbewerb zwischen öffentlichen, privaten und Anbietern des Freiwilligensektors zu fördern (CBI 2014).

Ähnlich wie die Gewerkschaften sind auch die Arbeitgeberverbände von der Verschiebung weg vom *multi employer bargaining* hin zum *single employer bargaining* betroffen. Gab es 1983 noch 375 Verbände, sank diese Zahl auf 178 im Jahr 2003 und um weitere 25% bis 2009 (134) (Eurofound 2010). 2014 waren es nur noch 97 Arbeitgeberverbände (Certification Office 2014: 9). Die rückläufigen Zahlen sind bedingt durch Auflösungen, Fusionen oder durch die Tatsache, dass der *Certification Officer* Arbeitgeberverbände nicht mehr als solche listet, da manche keine Tarifverhandlungen mehr führen, sondern nur noch Serviceleistungen für ihre Mitglieder anbieten. Manche Arbeitgeberverbände zeigen eine gewisse Beständigkeit trotz des Um- und Rückbaus der Arbeitsbeziehungen, wie der NHS zeigt, dessen Einzelorganisationen der Dezentralisierung von Tarifverhandlungen entgegenwirkten, oder das Beispiel der LGA, die bei ihren Mitgliedern für den Flächentarifvertrag wirbt (vgl. LGA 2013). Der Organisationsgrad bei den Arbeitgebern insgesamt wird auf 30 bis 40% geschätzt (European Commission 2013: Abb. 2.12). Im öffentlichen Sektor ist der Organisationsgrad der Arbeitgeber hingegen noch immer hoch.

4.2 Verhandlungsprozesse im öffentlichen Sektor

Gemäß der voluntaristischen Tradition Großbritanniens sind Tarifverträge „binding in honour only“ und rechtlich nicht einklagbar. Allerdings werden tarifvertragliche Regelungen gewöhnlich in die individuellen Arbeitsverträge übernommen und können so bei Nichteinhaltung juristisch erstritten werden. Die Verankerung von Tarifverträgen in der Fläche wird erschwert, weil weder eine gesetzliche Allgemeinverbindlicherklärung, noch „freiwillig“ eingerichtete Mechanismen zur Ausweitung von Tarifverträgen auf unorganisierte Arbeitgeber existieren. Ferner bestehen keine formellen Wege zur Koordinierung von Lohnverhandlungen, wenn auch „in practice, trade unions in different companies and sectors often share information with one another, and agreements in certain companies and sectors often act as informal ‚benchmarks‘ for negotiators in other areas“ (Eiro 2012: 5). Auch die Arbeitgeber des Privatsektors orientieren sich bei der Aushandlung oder einseitigen Bestimmung der Löhne aneinander und tauschen sich häufig systematisch aus (*pay clubs*) (Schmidt/ Dworschak 2006).

Im Civil Service nahm zwischen 1994 und 2008 die Zahl der „bargaining units“ von einer auf fast 230 zu, da die verschiedenen Ministerien und neu eingerichtete *Civil Service Agencies* nun selbst für die Entgeltbestimmung – innerhalb eines vom Finanzministerium vorgegebenen Budgets – zuständig wurden (Wright 2011). Außerdem führte die Übertragung von Kompetenzen an Schottland, Wales und Nordirland (*„devolution“*), die nun zum Teil länderspezifische Tarifverträge für bestimmte Bereiche des öffentlichen Dienstes abschließen, zu einer weiteren Diversifizierung öffentlicher Arbeitgeber. Allerdings regelt der von der Nationalregierung unter Konsultation der anerkannten Gewerkschaften festgelegte *Civil Service Management Code* das Prozedere und macht Rahmenvorgaben für die Inhalte, die von den einzelnen Arbeitgebern bei den Tarifverhandlungen einzuhalten sind, so dass in diesem Sinne von einer „organisierten Dezentralisierung“ gesprochen werden kann.

Auch durch die Umstrukturierung des NHS in sogenannte Trusts, die den Status öffentlicher Unternehmen innehaben und in einer Konzernstruktur integriert sind, wurde der üblicherweise propagierten Praxis entsprechend eine Verbetrieblichung von Tarifregelungen erwartet. Letztere blieb allerdings weitgehend aus, „because newly created trusts grouped together informally at local, regional and inter regional level to avoid competing for a finite resource“ (Bach 2011: 12). Das seit Ende 2004 geltende "NHS terms and conditions of service handbook" (*Agenda for Change*), das ähnlich dem „Civil Service Management Code“ eine Art Rahmentarifvertrag darstellt, beinhaltet ein vereinheitlichtes Entgeltsystem für über eine Million NHS-Beschäftigte (Ausnahmen wurden erwähnt). Entgeltänderungen werden allerdings nicht auf diese Weise geregelt, sondern von *Pay Review Bodies* vorgeschlagen. Schließlich trugen die Abschaffung des sogenannten "Two Tier Code" im Jahr 2010, demzufolge neue (auch private) Vertragspartner dem jeweiligen Tarifvertrag des öffentlichen Dienstes unterliegen, die Schaffung von Academy Schools[40] sowie die weitreichende Flexibilität, die der Tarifvertrag einzelnen kom-

40 *Academies* werden anders als die auf kommunaler Ebene angesiedelten Regelschulen von der Regierung direkt, teilweise auch von diversen Sponsoren (Unternehmen, Universitäten, Religionsgemeinschaften etc.) betrieben (vgl. GOV.UK 2016). In jüngster Zeit wurde auch darüber diskutiert, ob nicht alle Schulen in Akademien umgewandelt werden sollten. Damit würden sie dem lokalen Zugriff entzogen.

munalen Arbeitgebern einräumt, zur Begrenzung und Schwächung der Regulationskraft sektoraler Tarifverträge bei (vgl. Bach 2011).

Obwohl er, wie erwähnt, noch immer deutlich höher liegt als in der Privatwirtschaft, gehen diese Entwicklungen mit einem Rückgang des tarifvertraglichen Deckungsgrades auch im öffentlichen Sektor einher. Trotz Dezentralisierung bestehen im Civil Service allerdings noch immer Tarifverträge für zum Teil mitarbeiterreiche Ministerien und im kommunalen Bereich Flächentarifverträge für Schottland („*Red Book*") sowie für England, Wales und Nordirland („*Green Book*"). Das „*Green Book*" ersetzte 1997 die bis dahin geltenden Flächentarifverträge für Angestellte respektive Arbeiter (APT&C – „Administrative, Professional, Technical and Clerical" bzw. Manual Workers' Conditions of Service), wurde mehrfach aktualisiert und gilt bis heute für alle Beschäftigten (nun *employees* genannt) der Gebietskörperschaften in den drei Ländern, soweit diese nicht bereits einem anderen Flächentarifvertrag unterliegen (vgl. NJC 2005). Das *Green Book* beinhaltet im Wesentlichen die Vereinheitlichung des Beschäftigungsstatus (*single status*) und eine Tarifreform vor dem Hintergrund der Equal Pay-Gesetzgebung. Es unterscheidet zwischen grundlegenden Regelungen, die für alle Gebietskörperschaften gleichermaßen gelten und solchen, die auf lokaler Ebene angepasst werden sollen, wie etwa die Erstellung eines neuen lokalen Entgeltsystems und die Durchführung von Stellenbewertungen (s.u. zur Entgeltbestimmung).[41]

Neben den Tarifparteien sind die aus Experten bestehenden *Pay Review Bodies* wichtig, die die Regierung bei Entgeltentscheidungen beraten und eine Empfehlung aussprechen. Diese Empfehlung wird (offenbar auch im Selbstverständnis der Gewerkschaften) nicht auf der Basis von Macht und Gegenmacht, sondern argumentativ ausgehandelt. Derzeit gibt es in Großbritannien insgesamt acht dieser durch die Regierung ernannten Expertenräte, die für 2,5 Mio. bzw. 45% der im öffentlichen Sektor Beschäftigten unter Berücksichtigung evidenzbasierter Stellungnahmen der Arbeitgeber und Gewerkschaften sowie eigener Recherchen für bestimmte Berufsgruppen[42] zu anstehenden Veränderungen des Entgelts und unter Umständen weiterer Arbeitsbedingungen Empfehlungen an die Regierung abgeben. Letztere folgt in der Regel diesen Empfehlungen, ist aber nicht

41 Die Stellen(neu)bewertung soll möglichst unter Berücksichtigung des vom *National Joint Council* entwickelten *Local Government Single Status Job Evaluation Scheme* erfolgen (vgl. NJC 2005: Part 4.1), verbindlich ist dies jedoch nicht.

42 *Pay Review Bodies* bestehen für die Streitkräfte, Ärzte und Zahnärzte, für den NHS, Gefängnispersonal, für Lehrkräfte an Schulen, Führungskräfte und die 20 0 eingerichtete *National Crime Agency* zur Bekämpfung organisierten Verbrechens.

dazu verpflichtet (OME 2013; EPSU 2008). Bach zufolge können *Pay Review Bodies* als ein Forum genutzt werden, das es Gewerkschaften und Arbeitgebern zwar nicht erlaubt, selbst zu verhandeln, wohl aber die Entgeltentwicklung durch ihre Stellungnahmen indirekt, sozusagen durch „arm's length bargaining" zu beeinflussen (Bach 2011: 13).

Unilaterale Eingriffe erfolgen durch Gesetzgebung (z.B. *Employment Relations Act*; Einführung *National Minimum Wage*), existieren aber auch insofern, als der Staat als Arbeitgeber das Budget des Civil Service und zum Teil auch das der Kommunen vorgibt. Dies kommt vor allem dann zum Tragen, wenn Einsparungen für notwendig erachtet und durch Einfrieren oder Deckelung der Gehälter der öffentlich Beschäftigten Tarifverhandlungen *de facto* ausgesetzt oder Pay Review Bodies ignoriert werden, wie in den Jahren vor der Streikwelle 1978-79 und jüngst in Folge der Finanzmarkt- und Wirtschaftskrise 2008 geschehen. Den Gewerkschaften bleiben Streiks und öffentliche Proteste.

Bis in die 1970er Jahre hinein kann im öffentlichen Sektor von durchaus kooperativen Arbeitsbeziehungen gesprochen werden (Ausnahmen im Kohlebergbau) – noch 1975 hatte der TUC mit der Regierung angesichts strikter Sparauflagen durch den Internationalen Währungsfond (IWF) zur Bekämpfung der Inflation einen „*social contract*" abgeschlossen, wonach die Regierung ohne Verhandlungen Lohnsteigerungen begrenzen konnte. Auch die Einrichtung unabhängiger Kommissionen zur Beratung und Schlichtung von Arbeitskonflikten fiel in diese Zeit und kann als Investition in kooperative Arbeitsbeziehungen gesehen werden (vgl. Corby 2003: 8). Im „Winter of Discontent" von 1978/79 mit beinahe 30 Mio. durch Streik entfallenen Arbeitstagen brach sich jedoch die Unzufriedenheit der Beschäftigten Bahn. Der Korporatismus von Verbänden und Regierung galt als gescheitert und die Arbeitsbeziehungen nahmen einen konfrontativen Charakter an (vgl. Brown 2011).

Starke Gewerkschaften und umfangreiche Arbeitskämpfe gehören jedoch spätestens nach der symbolträchtigen Niederlage der Bergarbeitergewerkschaft NUM im Verlauf der Streiks von 1984/85 der Vergangenheit an. Die Weichen dafür wurden, vom Einfluss makroökonomischer Entwicklungen abgesehen, durch die konservativen Regierungen (1979-1997) gestellt, die zwar wirtschaftlich eine Politik der Liberalisierung und Deregulierung verfolgten, zugleich jedoch das Instrument der Gesetzgebung nutzten, um die Macht der Gewerkschaften zu beschneiden, anstatt der Tradition des Voluntarismus Rechnung zu tragen.

Anders als von den Gewerkschaften zunächst erhofft, brachte der Amtsantritt durch *New Labour* 1997 keine grundlegende Revision der Anti-Gewerkschaftsgesetze der Tories. New Labour war daran gelegen, als „business friendly“ zu gelten und sich nicht mehr so eng mit den Gewerkschaften zu assoziieren. Die Hürden für Arbeitskämpfe wurden beibehalten, doch es gab, neben Errungenschaften wie der Einführung eines gesetzlichen Mindestlohns, auch Verbesserungen für die Gewerkschaften, etwa die gesetzliche Verankerung eines Prozederes zu deren Anerkennung durch den Arbeitgeber, ein neues Anrecht von ArbeitnehmerInnen auf Interessensvertretung bei Qualifizierungsfragen, und die Einrichtung des *Union Modernisation Fund*, der für die Qualifizierung von GewerkschafterInnen, verbesserte Nutzung von IT usw. finanzielle Mittel bereitstellte. Im Sinne ihrer Politik des dritten Weges unterstrich New Labour die Bedeutung unabhängiger, beratender Organe wie ACAS oder der tripartistischen *Low Pay Commission*, die für die Ermittlung der Mindestlohnsteigerungen zuständig ist, und propagierte insgesamt eine Stärkung der „Sozialpartnerschaft“. Allerdings verlief die Hinwendung zu Sozialpartnerschaft und Kooperation nicht ohne Kontroversen innerhalb der Gewerkschaften.

Die Beziehung zwischen Regierung und Gewerkschaften wurde wieder kooperativ, allerdings wurde die Zusammenarbeit zwischen Labour und den Gewerkschaften bei weitem nicht mehr so eng wie in den 1960er und 1970er Jahren (Brown 2011: 411). Obwohl die Labour-Regierungen einige, die Gewerkschaftsarbeit unterstützende Gesetze auf den Weg brachten, ließ sich der Rückgang des Organisationsgrades und der tarifvertraglichen Deckungsrate nicht aufhalten, sondern lediglich verlangsamen.

Die Austeritätspolitik der Koalitionsregierung unter Cameron und May, unilaterale Lohnpolitik und Rückbau des öffentlichen Sektors drohen nun auch noch den vergleichsweise starken Rückhalt der Gewerkschaften im öffentlichen Dienst zu unterminieren. Dieses Vorgehen wird von manchen Beobachtern als absichtsvolle Strategie der Regierung zur Schwächung der Gewerkschaften kritisiert (Grimshaw 2013). Gewerkschaften und Beschäftigte antworteten einerseits mit Streiks, deren Ausmaß aber in Anbetracht der einschneidenden Sparmaßnahmen – abgesehen vom Ausnahmejahr 2011 mit 1,4 Mio. durch Arbeitskämpfe verlorenen Arbeitstagen – für frühere britische Verhältnisse als eher gering zu bezeichnen ist (ONS 2013). Während sich jedoch auf nationaler Ebene in der jüngeren Vergangenheit bei manchen Gewerkschaften vor dem Hintergrund der Kürzungen wieder ein zumindest verbal stärker konfrontativer Kurs durchzusetzen schien, scheint auf lokaler Ebene hingegen das Bemühen zu dominieren, gemeinsam und möglichst kooperativ die Herausforderungen zu meistern, die durch das Spardiktat auferlegt wurden.

Entgelt- und Tarifreformen

Obwohl in Großbritannien eine grundsätzliche arbeitsrechtliche Unterscheidung zwischen Beschäftigten des Privatsektors und des öffentlichen Sektors fehlt, so unterscheiden sich doch die Mechanismen, mittels derer Interessen artikuliert und abgeglichen werden, auch in Großbritannien ganz erheblich zwischen den beiden Sektoren.

Während im Privatsektor, wie beschrieben, praktisch keine Flächentarifverträge mehr existieren, der gewerkschaftliche Organisationsgrad überwiegend gering ist und in vielen Fällen allein die Arbeitgeber bzw. der Arbeitsmarkt über Entgelt und Arbeitsbedingungen entscheiden, existiert im öffentlichen Bereich ein hohes Maß an Koordination bei der Entgeltbestimmung und partiell auch hinsichtlich anderer Arbeitsbedingungen. Der gewerkschaftliche Organisationsgrad ist zwar ebenfalls rückläufig, doch wie dargelegt noch immer deutlich höher als im Privatsektor. Homogen ist die Situation im öffentlichen Sektor jedoch keineswegs.

Der öffentliche Sektor ist vielmehr dreifach geteilt: Erstens gelten in weiten Teilen Flächentarifverträge (etwa für die meisten Kommunen), deren Regelungswirksamkeit sich allerdings zwischen verschiedenen Anwendungsfeldern unterscheidet, zweitens werden Entgeltsteigerungen für große Bereiche auf Basis von Empfehlungen der genannten *Pay Review Bodies* vom Staat als Arbeitgeber einseitig festgelegt, teilweise basierend auf Kollektivverträgen und vorhandenem Streikrecht (NHS), teilweise ohne Streikreicht (Polizei) und schließlich gibt es auch im öffentlichen Sektor kleinere Bereiche, in denen weder Kollektivverträge gelten noch *Pay Review Bodies* beraten. Erosionserscheinungen treten auch im öffentlichen Sektor auf. Der Schluss, der öffentliche Sektor sei gegenüber der Privatwirtschaft lediglich eine Art Nachzügler, dürfte jedoch zumindest keine hinreichende Erklärung finden. Es gibt Gründe, die es selbst aus der Sicht konservativer Regierungen nicht besonders rational erscheinen lassen dürften, durchgängig auf eine weitreichende und ungeregelte Dezentralisierung zu setzen:

Im öffentlichen Sektor existieren einerseits mit Privatisierung und Outsourcing neben der Dezentralisierung der Entgeltbestimmung noch weitere Möglichkeiten, wie arbeitgeberseitig im Falle als zu hoch empfundener Personalkosten verfahren werden kann, und diesbezüglich hat sich seit der Krise in Großbritannien inzwischen auch einiges getan, wie die Personalentwicklung in den Kommunen verdeutlicht (vgl. Abb. 4), andererseits ist es im britischen öffentlichen Sektor bereits während der Regierungen Blair und Brown gelungen, die Entgeltregulierung in erheblichem Maße zu reformieren. Es handelt sich deshalb bei den nationalen

Regelungen seit längerem keineswegs mehr um die Relikte einer einstmals von mächtigen britischen Gewerkschaften durchgesetzten Überregulierung, sondern um deutlich modernisierte Regelungen, wie sie sich etwa im *Green Book* für die Kommunen oder in der *Agenda for Change* des NHS finden. Ein wichtiger Punkt bei der Erneuerung der Entgeltbestimmung war die Etablierung diskriminierungsfreier Entgeltsysteme. Dies gilt sowohl für Tarifverträge als auch für den Bereich der *Pay Review Bodies*.

Eine Abkehr von koordinierter bis zentralisierter Entgeltsetzung hat im rein tarifvertraglich regulierten Bereich allerdings andere machtpolitische Implikationen als dort, wo über Entgeltsteigerungen gestützt auf Gutachten unilateral entschieden wird. Es darf wenig überraschen, wenn im Bereich der *Pay Review Bodies* auch bei den Cameron-Regierungen wenig Interesse bestand, einen massiven Abbau einheitlicher Regulierungen zu betreiben, solange – wie etwa beim NHS – nicht der Weg weitgehender Privatisierung eingeschlagen werden soll oder kann.

Aus einer Perspektive, die die ideologische Orientierung neoliberal ausgerichteter Politik in den Mittelpunkt rückt, mag der Verzicht der Regierungen Cameron auf weitgehend dezentrale Entgeltdetermination im NHS überraschen, aus machtpolitischer Perspektive liegt eine Abgabe von Entscheidungskompetenz an Teilorganisationen oder an untere Ebenen unter den gegebenen Voraussetzungen jedoch weniger nahe, zumal nicht nur mit höheren Transaktionskosten, sondern partiell auch mit größerem Einfluss der Gewerkschaften sowie der Labour Party gerechnet werde müsste. Die Verfügung von Nullrunden beim Entgelt, wie sie, im Gegensatz zu der bis dahin üblichen Übernahme der Empfehlungen des NHS *Pay Review Body*, nach der Krise durch die Regierung einseitig erfolgte, dürfte im Kontext von zersplitterten bilateralen Entgeltverhandlungen jedenfalls weniger einfach durchsetzbar sein.

In den Jahren 2011 und 2012 wurden die Verdienste der NHS-Beschäftigten prozentual nicht erhöht, lediglich Beschäftigte mit einem Verdienst von weniger als 21.000 GBP erhielten Einmalzahlungen von 250 GBP. Darauffolgend gab es wieder eine 1%ige Steigerung, die jedoch erst ab 2015 aufgrund der geringen Inflationsrate (Consumer Price Index – CPI unterschreitet im November/Dezember 2014 die 1%-Marke, ONS 2016) wieder einen realen Entgeltzuwachs bedeutet. Da gerade in den Jahren des *pay freeze* der CPI sich zwischen 3% und 5% bewegte, ergaben sich für die Beschäftigten deutliche Reallohnverluste. Die Gewerkschaft *Unite* schätzt, dass zwischen 2010 und 2014 Zugehörige zum „*Agenda for Change staff*" bei Berücksichtigung gestiegener Rentenbeiträge zwischen 12% und 15% ihrer Kaufkraft verloren haben (Unite

2014). Auch im öffentlichen Sektor insgesamt waren die vereinbarten Entgeltsteigerungen in der Entgeltrunde 2014-2015 noch immer deutlich geringer als in der Privatwirtschaft (1,3% gegen 2,1% laut Labour Research (2015): Tab. 6) und die 1%-Steigerung für den NHS somit kein Anlass zum Systemwechsel. Es wäre wenig naheliegend, würde die Regierung auf dem Höhepunkt der Austerity auf das Recht der zentralen Bestimmung von Entgeltveränderungen verzichten, auch wenn hier ein gewisser Widerspruch zu neoliberalen Ideen vorliegen mag. Eine Verringerung der Staatsausgaben scheinen die konservativ dominierten Regierungen im Zweifelsfall einer Dezentralisierung der Entgeltkoordination vorzuziehen, zumal Dezentralisierung ohnehin primär als Instrument verstanden werden muss, um Verdienstabstriche durchzusetzen.

Vor dem Hintergrund, dass Dezentralisierungsprozesse von Organisations- und Verantwortungsstrukturen auch im NHS ansonsten keineswegs ausbleiben (die Bildung der erwähnten Trusts, aber auch die Übertragung eines NHS-Budgets von etwa 6,5 Mrd. GBP an Greater Manchester und einer generellen Orientierung und teilweise bereits praktizierten Lokalisierung des Gesundheitswesens) und nach dem Prinzip der „Kundenwahl" auch private Krankenhausträger zunehmend zugelassen werden, auch wenn sich diese eingedenk der hohen Wertschätzung der Briten für den NHS nur allmählich durchsetzen, darf es allerdings keineswegs als gesichert gelten, dass auch zukünftig an der zentralen Entgeltbestimmung festgehalten wird. Ohnehin sind für den NHS zwar neben den Entgeltsteigerungen, auch die Entgeltstrukturen sowie ein System der (analytischen) Arbeitsbewertung und auch die Arbeitszeit von 37,5 Wochenstunden zentral geregelt[43], keineswegs betrifft dies jedoch alle Aspekte der Arbeitsbedingungen.

---

43 Die NHS-Entgeltgruppenstruktur besteht aus elf Entgeltbändern (1, 2, 3, 4, 5, 6, 7, 8a, 8b, 8c, 8d und 9), denen jeweils eine Bandbreite von Arbeitswerten zugeordnet sind (z.B. dem Pay Band 1 die Arbeitswerte 0-160, dem Pay Band 9 die Werte 721-765) (NHS 2015a), die sich in 53 verschiedene Entgeltbeträge differenzieren lassen (eigentlich 54, doch der unterste ist aufgehoben), die von 15.100 GBP bis 98.543 GBP Jahresverdienst reichen (höher bezahlte Beschäftigte sind nicht in diesem System erfasst); Stand 1.4.2015. Die Arbeitswerte werden auf der Basis von den 16 Bewertungsmerkmalen *communication and relationship skills, knowledge, training and experience, analytical and judgmental skills, planning and organisational skills, physical skills, responsibilities for patient/client care, responsibilities for policy and service development implementation, responsibilities for financial and physical resources, responsibilities for human resources, responsibilities for information resources, responsibilities for research and developments, freedom to act, physical effort, mental effort, emotional effort, working conditions* gebildet, denen jeweils zwischen 3 und 8 Levels zugeordnet

Bereits vor der Jahrtausendwende waren Arbeitgeber in Großbritannien immer wieder mit Klagen wegen Entgeltdiskriminierung konfrontiert und in der Folge begannen Arbeitsbewertungssysteme sich als gerichtsfester Schutz vor diesen Klagen zu etablieren. Der *Equal Pay Act* 1970 und nachfolgende Antidiskriminierungsgesetze haben dazu beigetragen, dass sich in Großbritannien ein Interesse an Arbeitsbewertungssystemen etablierte (IDS 1996). Vor dem Hintergrund, dass sich auch der Staat als Arbeitgeber vor Klagen schützen wollte, diskriminierungsfreie Bezahlung auf die politische Agenda gesetzt wurde und einer Labour Regierung, die ausgeprägt modernisierungsorientiert war und zwischen Modernisierung und Gewerkschaften keinen unüberbrückbaren Gegensatz sah, konnten die Gewerkschaften, wie sich im Gespräch ein Vertreter von Unison erinnert, vor allem zwischen 2000 und 2005 neue, auf Diskriminierungsfreiheit zielende Entgeltsysteme durchsetzen. Anders als im NHS, in dem die *Agenda for change* erst in dieser Zeit eingeführt wurde, sei für die kommunale Ebene bereits Ende der 1990er Jahre ein *agreement on equal pay* abgeschlossen worden, doch die Umsetzung habe „a decade or more" in Anspruch genommen und sei noch immer nicht gänzlich abgeschlossen. Anders als mit Blick auf den von der Zentralregierung regulierten NHS war das Interesse an einer Dezentralisierung der Entgeltregulierung bei den (auch politisch) unterschiedlich orientierten Lokalbehörden naheliegenderweise stärker ausgeprägt.

Obgleich sowohl die Empörung der Gewerkschaften über den Bruch der Regierung mit der Praxis der Übernahme der Entgelt-Empfehlungen des *Pay Review Body* als auch das Ziel der Gewerkschaften, nach der Phase des unilateralen *pay freeze* wieder zum geregelten Verfahren von *pay review bodies* zurückzukehren, unmittelbar einleuchten, so scheint es doch weniger selbstverständlich, dass die Gewerkschaften auch langfristig keine Umstellung auf Tarifverhandlungen anzustreben scheinen und das Verfahren der Entgeltempfehlung mittels Beratungsgremium und staatlicher Letztentscheidung weiterhin positiv bewerten. Obwohl, wie Glassner, Pernicka und Dittmar konstatieren, das „Verhandlungsklima im öffentlichen Dienst (…) in den Jahren des Sparkurses der Regierung deutlich konfliktreicher" wurde (Glassner/Pernicka/Dittmar 2015: 59), bestehen die Ziele der Gewerkschaften nicht darin, im NHS direkte Entgeltverhandlungen zu etablieren. Dafür sind primär zwei Gründe maßgeblich:

sind. Je nach Level können bei einem Merkmal zwischen 3 (z.B unterstes Level 1 von *physical effort*) oder 240 Punkte (z.B. höchstes Level 8 von *knowledge, training and experience*) erreicht werden (NHS 2015b).

Erstens wurde im Zuge der Tarifreform 2004 die Entgeltbestimmung erheblich zentralisiert. Nach der Gründung des NHS 1948 hatten etwa zwölf verschiedene Beschäftigtengruppen separat verhandelt. Anfang der 1980er Jahre wurden unter Margaret Thatcher dann vor dem Hintergrund von Streiks im Gesundheitswesen für manche Gruppen *Pay Review Bodies* eingeführt, es kam zu einem vergleichsweise fragmentierten System. Unter der Regierung Blair wurde dann, wie erwähnt, der NHS grundlegend restrukturiert und auch die Entgeltfindung weitgehend zusammengeführt (*single status*). Unter anderem konnten dadurch Entgeltgruppenunterschiede zwischen männlich und weiblich dominierten Beschäftigtengruppen verringert werden. Verbunden mit dieser Harmonisierung der Entgeltbestimmung waren erhebliche Kosten, da eine ganz große Mehrheit der Beschäftigten durch die Reform bessergestellt wurde, insbesondere Beschäftigte mit geringeren Verdiensten. Die Einführung der einheitlichen Entgeltdetermination via Zusammenführung zu einem *Pay Review Body* (für die allermeisten Beschäftigten des NHS) und die Schaffung eines diskriminierungsarmen einheitlichen Entgeltsystems werden von den Gewerkschaften als erfolgreiche Reformerrungenschaft gesehen, in die eigene Vorstellungen eingeflossen sind und die es zu verteidigen gilt.

Zweitens zeigte die Erfahrung vor 2004, als für manche Gruppen verhandelt wurde und für andere *Pay Review Bodies* bestanden, dass Letztere im Arbeitnehmerinteresse bessere Resultate erbracht hatten. Hinzu kommt, dass aus gewerkschaftlicher Sicht im NHS die Streikbereitschaft der Mitglieder nicht sehr hoch ist und man zudem gute Chancen habe, im Rahmen der Anhörung den Experten des *Pay Review Body* die eigenen Argumente darzulegen. Auch gibt es offenbar keine Anzeichen dafür, dass sich diese Praxis der Entgeltbestimmung negativ auf den gewerkschaftlichen Organisationsgrad auswirkt, der laut *Unite* – alle 16 im NHS vertretene Gewerkschaften zusammengenommen – bei ca. 70% liege, die offizielle Statistik gibt für 2014 für die Misch-Kategorie „*Public administration and defence; compulsory social security*" einen Organisationsgrad von 39,9% an, 1995 betrug der Organisationsgrad demnach noch 48,3%, für „*Human health and social work activities*" 39,9%. Am höchsten ist der Organisationsgrad demnach mit 50,3% im Erziehungswesen (ONS 2014c). Der Organisationsgrad im öffentlichen Dienst beträgt 2014 wie erwähnt 54,3% (vgl. Tab. 11). Thatchers Kalkül einer Schwächung der Gewerkschaften durch die Einführung von *Pay Review Bodies* scheint demnach im öffentlichen Dienst selbst während der damaligen konservativen Regierungszeit nicht aufgegangen zu sein.

Die Situation der Arbeitsbeziehungen und der Entgeltbestimmung im NHS entspricht selbst heute noch wenig dem Bild weitgehend liberalisierter, unkoordinierter Verhältnisse (vgl. auch Glassner/Pernicka/Dittmar 2015), wie sie mit Blick auf die Privatwirtschaft in Großbritannien nicht zu Unrecht wahrgenommen werden. Vor allem jedoch zeigt die Reform in den 2000er Jahren, dass in Großbritannien insbesondere mit Blick auf das Gesundheitswesen kein kontinuierlicher Prozess der Liberalisierung und Privatisierung stattfand, auch wenn die Orientierung der Gewerkschaften an der gängigen Praxis institutionalisierter (und gleichwohl in letzter Instanz unilateraler) Entgeltbestimmung nicht gänzlich unproblematisch sein dürfte, wenn wir an die Verfügung über eigenständige gewerkschaftliche Machtressourcen denken. Allerdings spielt der NHS, als eine britische Institution an deren Umbau sich auch die Konservativen nur zurückhaltend heranwagen, eine vergleichsweise stabile Sonderrolle in der von erheblichen Sparmaßnahmen geprägten Politik der Regierungen Cameron. Auf anderen Feldern sind die Eingriffe der Regierung weniger zurückhaltend, nicht zuletzt dem Bereich der Kommunen. Allerdings heben sich die Arbeitsbeziehungen des öffentlichen Sektors auch dort deutlich vom Privatsektor ab, da der gewerkschaftliche Organisationsgrad höher und die Gültigkeit von Tarifverträgen weitaus verbreiteter ist. Rückläufig sind beide jedoch auch im öffentlichen Sektor. Mit Blick auf die britischen Kommunen stellen sich Arbeitsbeziehungen und Entgeltdetermination zwar weniger zentral reguliert dar, doch gleichwohl sind diese in einem erheblich geringeren Maße erodiert, als dies im Privatsektor der Fall ist. Die nationalen Tarifverträge der Feuerwehr regeln ähnlich wie die *Agenda for Change* des NHS nahezu alles zentral und sind den deutschen Tarifverträgen des öffentlichen Dienstes ähnlich. Benannt werden verschiedene Tätigkeiten, z.B. *fire fighter* oder *area manager*, denen jeweils Entgeltbeträge zugeordnet sind. Alle Feuerwehrbehörden müssen sich daran halten und ihre Beschäftigten entsprechend bezahlen.

Für die Kommunen gilt der bereits erwähnte, als *Green Book* bezeichnete Tarifvertrag. Dieser Vertrag regelt allerdings lediglich einige Aspekte der Arbeitsbedingungen verbindlich und unterbreitet in vielerlei Hinsicht lediglich Vorschläge, an denen sich die Kommunen orientieren können. Wobei sie dies allerdings – ebenso wie manche nicht dem Tarifvertag unterliegende private Arbeitgeber, die kommunennahe Dienstleistungen anbieten – nicht selten auch tun. Verbindlich geregelt ist im *Green Book* etwa, dass gleiche Bedingungen für alle Beschäftigten unabhängig von Behinderung, Geschlecht, Rasse, Religion, Alter, sexueller Orientierung, Ehe- und Elternstatus, Pflegeverantwortung und Arbeitszeit zu gelten haben, Diskriminierung untersagt ist und die wöchentliche Normalarbeitszeit 37 Stunden beträgt (36 Stunden in London). Hinsichtlich der Bezahlung wird betont, dass diese gerecht, nicht diskriminierend zu sein habe, und dass sich das Grundentgelt aus einem oder mehreren Punkten der auf nationaler Ebene vereinbarten Entgelttabelle (*local government pay spine*) zusammensetzen muss. Diese Entgelttabelle besteht aus 44 mit einem Geldbetrag versehenen Punkten (nummeriert von Punkt 6 bis Punkt 49; die Punkte 1 – 5 wurden im Laufe der Zeit gestrichen; Punkt 5 erst zum 1.10.2015). Über den Wert dieser zugordneten Geldbeträge wird auf nationaler Ebene verhandelt, zum 1.1.2015 liegt beispielsweise der Wert des inzwischen untersten Punktes 6 bei 13.614 GBP und des Punktes 49 bei 42.957 GBP. Im Falle einer 1%igen Entgelterhöhung steigen alle diese Beträge um 1% an. Doch während diese Festlegung für die einzelnen Kommunen verbindlich ist, sind sie vollkommen frei darin, diesen Entgeltpunkten Eingruppierungsstrukturen und damit konkrete Tätigkeiten zuzuordnen. Eine LGA-Vertreterin erläutert:

> „For example, if you took a librarian, in Sunderland they might decide that through job evaluation that their librarians were on a scale that runs from 24,000 to 28,000. Whereas in Liverpool they might decide that their librarians are on a scale that runs from 26,000 to 30,000. So, how they use the spine is entirely for them to decide at local level but the value of each of the points within the spine is decided nationally." (Vertreterin LGA)

Zwar existiert ein ausgearbeitetes (analytisches) Arbeitsbewertungssystem, das zum Anhang des *Green Book* gehört, doch ob eine Kommune dieses anwendet oder nicht, ist ihr selbst überlassen. Die Merkmale der Arbeitsbewertung nach dem *Green Book* unterscheiden sich im Grundsatz nicht von denen des NHS. Merkmale wie *knowledge*, *mental skills* etc. sind mit jeweils 5 bis 8 Levels ausgestattet, denen wiederum Arbeitswerte zugeordnet sind. Allerdings ist dieses System nicht verbindlich. Selbst Kommunen die das nationale Arbeitsbewertungssystem anwenden und für eine bestimmte Tätigkeit auch die entsprechenden Arbeitswerte vergeben, können diese mit unterschiedlichen Eingruppierungen und Verdiensten verknüpfen. Die letztlich bestehende Entscheidungsfreiheit über das Entgeltniveau auf kommunaler Ebene erlaubt es den Arbeitgebern, sich an den jeweiligen Arbeitsmarkt anzupassen, d.h. in Regionen mit geringer Arbeitslosigkeit mehr und in Regionen mit hoher Arbeitslosigkeit weniger zu bezahlen. Darüber hinaus werden mitunter auch spezielle Arbeitsmarktzulagen bezahlt. Da Entgeltdiskriminierung (zwischen den Beschäftigten eines *einzelnen* Arbeitgebers) jedoch zu vermeiden ist und Arbeitsbewertung als Schutz vor Diskriminierungsklagen gilt, wird gleichwohl in der Regel ein Arbeitsbewertungssystem angewandt – offenbar nicht selten auch das im *Green Book* vorgeschlagene. Zwar müssen auch Kommunen zumindest auf einem regionalen Arbeitsmarkt als Nachfrager konkurrieren, doch der Wert einer Tätigkeit kann sich zwischen Kommunen (vor allem aus verschiedenen Regionen) auch bei einer weitgehenden Anlehnung an das *job evaluation scheme* des *Green Book* erheblich unterscheiden. Diese Abweichungen zwischen den Kommunen („some local variations", so ein Vertreter von Unison) scheinen auch aus der Sicht der Gewerkschaften ein geringeres Problem zu sein, als die für die Beschäftigten mit Privatisierungs- und Outsourcing-Prozessen verbundenen Verschlechterungen, weshalb sie darauf orientieren, im Falle von Privatisierungsprozessen die Mitglieder weiter zu betreuen und die bestehenden Regeln fortzuschreiben. Dabei kann partiell auch an die bestehenden individuellen Arbeitsverträge angeknüpft werden. Zumindest bei den unteren Entgeltgruppen und mit einer Orientierung am Niveau des sogenannten „Living Wage" scheinen die Gewerkschaften hier auch gewisse Erfolge erzielt zu haben. Allerdings gibt es offenbar einen keineswegs unbedeutenden Anteil an Beschäftigten der Kommunen, die mehr als den vereinbarten Entgeltpunkt 49 verdienen und durch das Punktesystem gar nicht abgedeckt werden.

Leistungsvariable Bezahlung spielt in den britischen Kommunen keine große Rolle. Theoretisch sei diese zwar eine gute Idee, so wird etwa arbeitgeberseitig argumentiert, doch es wird von den bei dieser Thematik bekannten Schwierigkeiten der Leistungsbewertung und der Überforderung der Vorgesetzten berichtet. Vor etlichen Jahren habe zwar eine kleine Gruppe von Kommunen *performance related pay* eingeführt, doch kurz darauf wieder abgeschafft, weil die Kosten den Nutzen überstiegen hätten. Etwas häufiger scheint es leistungsorientierte Bezahlung jedoch bei höheren Vorgesetzten zu geben. Der nach der Krise etablierte Kürzungsdruck, durch den ganze Funktionsbereiche in Frage gestellt werden oder nur noch in Kooperation mit anderen Kommunen zu erledigen sind, hat offenbar andere Fragen als die der leistungsvariablen Bezahlung in den Mittelpunkt gerückt. In gewisser Weise scheint Leistungsentgelt in der Sicht britischer Kommunen kein Instrument zu sein, von dem man sich einen merklichen Beitrag zur Leistungserbringung bei verringerten Ressourcen verspricht, sondern eher als eine Art Schönwetter-Instrument zu gelten.

Auch jenseits von *pay freeze* bzw. geringen Entgeltsteigerungen suchen manche Kommunen nach Wegen, um ihre Entgeltkosten zu senken. Da Entgeltsteigerungen nur für Gewerkschaftsmitglieder zwingend gelten, werden mit Beschäftigten vermehrt individuelle Verträge abgeschlossen, die keinen Bezug zum Flächentarifvertrag haben. Vor dem Hintergrund der Austeritätspolitik und dem umfangreichen Stellenabbau besteht arbeitgeberseitig kein Anreiz mehr, leistungsschwache Beschäftigte durch geringes Entgelt zu sanktionieren, sondern, in den Worten eines Gesprächspartners „just getting rid of them through redundancies." Bisher kamen allerdings auch Abweichungen von den Regeln des *Green Book* zugunsten der Beschäftigten vor, etwa erhielten Beschäftige einiger Kommunen einen längeren Jahresurlaub oder höhere Mehrarbeitszuschläge als auf nationaler Ebene vereinbart. Solche örtlichen Verbesserungen wurden inzwischen mitunter zurückgenommen. In der Fläche fand jenseits der beschriebenen Reallohnsenkungen jedoch keine Verschlechterung der *terms and conditions* statt. Angesichts der starken Regelungsautonomie der kommunalen Ebene käme auf nationaler Ebene als relevanter Beitrag zu einer Personalkostensenkung hauptsächlich eine Verlängerung der Wochenarbeitszeit in Betracht, um mehr Personal abbauen zu können. Eine solche Maßnahme dürfte gerade im Kontext von Personalabbau jedoch kaum vermittelbar sein.

4.3 Arbeitsbedingungen im öffentlichen Sektor

Vor der jüngsten Finanzmarkt- und Wirtschaftskrise war die wirtschaftliche Situation in Großbritannien vergleichsweise günstig, die Arbeitslosenquote lag seit mehreren Jahren unter 6% und seit Mitte der 1990er Jahre wuchsen die durchschnittlichen Reallöhne. Der Zunahme sozialer Ungleichheit wurde am unteren Ende des Verdienstspektrums durch den gesetzlichen Mindestlohn entgegengewirkt, auch der *Gender Pay Gap* verringerte sich (van Wanrooy et al. 2011: 2; Bovill 2014: 12). Spätestens 2008 fanden diese positiven Entwicklungen jedoch (zumindest vorübergehend) ein Ende. Das Bruttoinlandsprodukt schrumpfte zunächst um 6,3% und blieb auch in den Folgejahren auf einem relativ niedrigen Niveau, was sich jedoch weniger negativ auf den Arbeitsmarkt auswirkte als erwartet, so dass die Arbeitslosenquote von über 8% im Jahr 2011 bereits 2014 fast wieder das Vorkrisenniveau erreicht hatte (6,6%) (ONS 2014a), anschließend weiter gesunken ist und im August 2017 mit 4,3% kaum höher als in Deutschland (3,6%) und deutlich geringer als in Spanien (17,1%) und auch in Schweden (6,7%) ist (Eurostat 2018a).

Von 2008 auf 2009 war die Beschäftigtenzahl in der Privatwirtschaft um eine Million von rund 23,7 Mio. auf 22,7 Mio. eingebrochen, woran allerdings die Verstaatlichung krisengebeutelter Banken einen nicht unerheblichen Anteil hatte. Im gleichen Zeitraum wuchs der öffentliche Sektor um rund 300.000 Beschäftigte auf 6,3 Mio. (2009) an, schrumpfte dann aber bis 2014 um rund 900.000 Beschäftigte auf 5,4 Mio., was dem Personalstand von 1999 entspricht (ONS 2014a). Auch hier schlagen Re-Privatisierungen (Lloyds Banking Group) und Privatisierungen (Royal Mail, verschiedene Bildungseinrichtungen) zu Buche, doch auch die Sparpolitik der seit 2010 amtierenden Koalitionsregierung zog mit Ausnahme der Schulen und des NHS tiefe Einschnitte im öffentlichen Sektor nach sich. Statistisch um Verstaatlichungen bzw. Privatisierungen bereinigt, zeigt sich seit 2010 ein kontinuierlicher Beschäftigungsrückgang im öffentlichen Dienst, begleitet von einem erheblichen Zuwachs in der Privatwirtschaft (ONS 2014a; 2017 beträgt der Anteil des öffentlichen Sektors an der Gesamtbeschäftigung noch 17%, 2007 waren es 20,5%, ONS 2018a).[44]

Allerdings sind einer Studie des ONS zufolge zwei Drittel des Beschäftigungsanstiegs auf selbständige Tätigkeit zurückzuführen. 2014 gingen somit 4,6 Mio. Personen bzw. 15% aller Erwerbstätigen hauptberuflich einer selbständigen Erwerbstätigkeit nach, das ist der höchste Wert seit vier Jahrzehnten. Wie uns ein Interviewpartner (TUC) mitteilte, wird Selbständigkeit nicht selten als Alternative zu Arbeitslosigkeit gewählt. Unter den Selbständigen arbeiten viele als TaxifahrerInnen, BauhandwerkerInnen und SchreinerInnen, als der landläufig so genannte „man with a van". Das durchschnittliche Einkommen, das mit selbständiger Erwerbstätigkeit erzielt wurde, ist seit 2008/09 allerdings um 22% gesunken (ONS 2014b). Darüber hinaus zeigt sich eine nahezu kontinuierliche Zunahme atypischer Beschäftigung, etwa von Teilzeittätigkeiten (ONS 2018b). Als Krisenfolge nahmen auch Befristungen und die sogenannte Unterbeschäftigung zu (Patterson 2012: 17-26). Eine weitere Form atypischer Beschäftigung sind die sogenannten „zero-hours contracts" oder „non-guaranteed hours contracts". Laut *Labour Force Survey* nutzen derzeit 11% der befragten Arbeitgeber solche Arbeitsverträge, mindestens 1,5 Mio. Beschäftigte, darunter 54% Frauen (ONS 2015c). Laut ONS *Business Survey* entfallen im Januar 2015 ca. 1,5% dieser Verträge auf die öffentliche Verwaltung, 3,4% auf den Bereich der Erziehung und 16,6% auf den Bereich Gesundheit und Sozialarbeit, laut *Labour Force Survey* betragen die Anteile hingegen 0%, 8,2% und 20% (April bis Juni 2015) (ONS 2015c: Abb. 4).

Zwar ist es nicht das erste Mal, dass Sparmaßnahmen ergriffen werden, aber Kürzungen dieses Ausmaßes innerhalb so kurzer Zeit seien, so

44 Die Beschäftigtenzahlen in öffentlichen Unternehmen sind besonders stark von 465.000 auf 192.000 gesunken, in erster Linie bedingt durch Privatisierungen. Im Bereich des *Local Government* wurden innerhalb von vier Jahren über eine halbe Million Stellen abgebaut, im *Civil Service* 90.000. Im kommunalen Bereich arbeiteten 2014 noch rund 2,4 Mio. Beschäftigte, im *Civil Service* 439.000 (ONS 2014a), weitere Kürzungen sind angekündigt.

Bach und Stroleny (2012: 8), für Großbritannien beispiellos. Neben der Beschäftigung selbst sind, wie dargelegt, Verdienste und Pensionen von der Austeritätspolitik der Regierung in Mitleidenschaft gezogen. Zunächst schlug dies im öffentlichen Dienst jedoch nicht zu Buche, weil für einen großen Teil der Beschäftigten noch Tarifregelungen mit einer längeren Laufzeit gültig waren, „public sector workers in health, local government and some parts of the civil service are covered by progression arrangements – annual pay increments" (Bach/Stroleny 2012: 6). Die Nominallöhne stiegen im Durchschnitt der Jahre 2008 bis 2010 um 4,5% und setzten damit die positive Lohnentwicklung im öffentlichen Sektor während der 2000er Jahre fort. Dann jedoch fror die Koalitionsregierung das Entgelt aller im öffentlichen Dienst Beschäftigten vorübergehend ein (2011-2013). Es folgte dann die Deckelung der Entgeltsteigerungen auf max. 1% für die folgenden zwei Jahre, die zu einer Stagnation der Reallöhne führte, auch wenn nominal noch ein Anstieg zu verzeichnen war. Die Deckelung wurde seither verlängert, 2017 konnte die Labour Party jedoch eine (unverbindliche) Resolution im Unterhaus gegen eine Fortführung des „*pay cap*" durchsetzen.

Schließlich werden Einsparungen bei der staatlichen Rente vorgenommen, unter anderem indem die Beitragssätze für Beschäftigte steigen und das Renteneintrittsalter von Frauen und Männern angeglichen und zugleich erhöht wird (vgl. Bach/Stroleny 2012). Letzteres wirkt sich zunächst insbesondere auf Frauen aus, deren Rentenalter einmal bei 60 Jahren lag (Männer 65 Jahre) und inzwischen bei 63 Jahren angekommen ist. Ab 2018 soll das Rentenalter dann für beide Geschlechter steigen und 2020 66 Jahre und später 67 Jahre erreichen. Wahrscheinlich ist, dass die Einschnitte im öffentlichen Sektor nicht nur die soziale Ungleichheit erhöhen, sondern auch negative Gender-Effekte haben (Rubery/Rafferty 2014).

■ 4.4 Arbeitskonflikte

In Großbritannien kann wie erwähnt von einem „de facto" Streikrecht gesprochen werden, da es zwar kein offizielles Streikrecht gibt, jedoch die sogenannten „*statutory immunities*". Ruft eine Gewerkschaft zum Streik, fordert sie die Beschäftigten aus der Perspektive des *Common Law* dazu auf, (arbeits-)vertragsbrüchig zu werden. Gewerkschaften wie Beschäftigte könnten deshalb rechtlich belangt werden. Um dies zu vermeiden, wurden die *statutory immunities* gesetzlich verankert, die Gewerkschaften davor schützen, im Falle eines Streikaufrufs bzw. Streiks verklagt zu werden. Dieser Schutz besteht jedoch nicht für Individuen (unter bestimmten Voraussetzungen sind sie jedoch davor geschützt, aufgrund ihrer Teilnahme am Streik entlassen zu werden), d.h. Arbeitgeber können gegen streikende Beschäftigte rechtlich vorgehen. In den 1980er und 1990er Jahren wurde es den Gewerkschaften auf gesetzlichem Wege erschwert, die Immunität zu erlangen bzw. zu behalten. Bestimmte Voraussetzungen müssen seither erfüllt werden, z.B. eine geheime Abstimmung der Mitglieder über Streiks und eine fristgerechte Vorankündigung des Streiks gegenüber dem Arbeitgeber. Sympathiearbeitskämpfe (*secondary action*) und *secondary picketing*, d.h. ein Bestreiken etwa von Zulieferbetrieben durch mit Personen besetzte Streikposten, die nicht Beschäftigte des vom Streik betroffenen Betriebes sind, wurden untersagt, wodurch zusätzliche Hürden geschaffen werden, die einem Streik entgegenstehen.

Die massiven Kürzungen der Regierungen Cameron seit der Finanzmarkt- und Wirtschaftskrise hatten einerseits eine Zunahme politischer Proteste und gewerkschaftlicher Streiks zur Folge, wodurch in der Zeit nach der Krise mitunter der Eindruck entstanden sein dürfte, dass die Regierung sich in einer Konfrontation mit einem großen Teil des Volkes befinde, andererseits jedoch wurde David Cameron bei der Parlamentswahl 2015 in seinem Amt bestätigt. Zudem konnte in manchen Gesprächen, auch mit Gewerkschaftsvertretern und Labour-nahen Arbeitgebervertretern, der Eindruck gewonnen werden, dass bei aller Kritik an der Sparpolitik, doch die Überzeugung weit verbreitet ist, dass es keine wirkliche Alternative zur Austeritätspolitik gibt und eine Rückkehr etwa zu einer besseren Ausstattung der Kommunen ausgesprochen unrealistisch sei. Die Wiederwahl Camerons und die Bestätigung von May als Premierministerin 2017 zeigen, dass von einer durchgehenden Abkehr der Bevölkerung von dieser Politik nicht die Rede sein kann, allerdings zeigt der parallele Aufstieg von Corbyn zum Vorsitzenden der Labour Party, dass sich die britische Gesellschaft stärker polarisiert hat.

Der Eindruck einer ausgeprägten Unzufriedenheit mit der Politik der konservativen Regierungen bei einem erheblichen Teil der Bevölkerung und deren Wiederwahl müssen sich dank des britischen Mehrheitswahlsystems keineswegs entgegenstehen, von einer klassischen Links-Rechts-Konfrontation kann allerdings eher nicht die Rede sein, wie der (temporäre) Stimmenzuwachs für die UKIP und das Brexit-Votum zeigen. Allerdings scheint die Labour Party mit der wiederholten Wahl von Jeremy Corbyn ihre Strategie eines gemäßigten Neoliberalismus mit arbeitnehmerfreundlichem Antlitz inzwischen aufgegeben zu haben, wodurch eine Vitalisierung eines linken Blocks aus Gewerkschaften, zivilgesellschaftlichen Initiativen und Labour Party nicht mehr gänzlich ausgeschlossen scheint, die auch die Wahrnehmung einer Re-Demokratisierung durch enttäuschte ehemalige Anhänger der Labour Party begünstigen könnte, die zwischenzeitlich UKIP gewählt haben. Labour Party und Tories liegen 2017 bei Umfragen nahezu gleichauf, wobei Labour leicht im Vorteil zu sein scheint (Wikipedia 2018).

Streiks im öffentlichen Sektor sind mit der Schwierigkeit konfrontiert, dass sie ihre Ziele nicht primär durch eine Beeinträchtigung der Gewinnerwartung des Arbeitgebers erzwingen können, sie mitunter sogar zur Kostensenkung beitragen, da beispielsweise Löhne im Falle eines Streiks nicht aus dem öffentlichen Haushalt bezahlt werden müssen. Streiks im öffentlichen Sektor müssen ihre Durchsetzungskraft primär daraus ziehen, dass es gelingt, gesellschaftlich vermittelten Druck auf politische Entscheidungsträger ausüben. Ist die gesellschaftliche Unterstützung nicht stark genug, um die verantwortlichen Politiker zu beeindrucken, dann besteht nicht nur das Risiko, dass Streiks ihre Ziele nicht erreichen, sondern auch, dass sie durch ihre Erfolglosigkeit dazu beitragen, die gesellschaftliche Unterstützung für die Gewerkschaften weiter zu schwächen. Erfolglose Streiks im öffentlichen Sektor verursachen Belastungen für die Bürger und haben vor allem dann eine Chance auf Zielerreichung, wenn die Streikziele als im Gemeinwohl liegend wahrgenommen werden.

Ausgelöst durch die Kürzungsmaßnahmen mobilisierten NGOs, politische Gruppen und auch die Gewerkschaften zu etlichen Demonstrationen. Im November 2011 spitzte sich auch die Streikhäufigkeit deutlich zu. Ein erheblicher Teil des öffentlichen Sektors (NHS, Erziehung, Kommunen etc.) beteiligte sich, doch Regierungschef Cameron konnte es sich erlauben, den Streik als „Schlag ins Wasser“ zu bezeichnen (vgl. Abb. 5). Vor allem ließ die Streikbereitschaft seither wieder deutlich nach. Die Kommunen, so wird seitens des Arbeitgeberverbandes betont, würden Streikdrohungen nicht mehr besonders fürchten, jedenfalls erheblich weniger als noch vor fünfzehn oder zwanzig Jahren, denn in der Regel könne stets eine ausreichende Arbeitsbereitschaft aufrechterhalten werden.

Abb. 5: Streiks im öffentlichen Sektor in Großbritannien: verlorene Arbeitstage (monatlich 1/1996-1/2016)

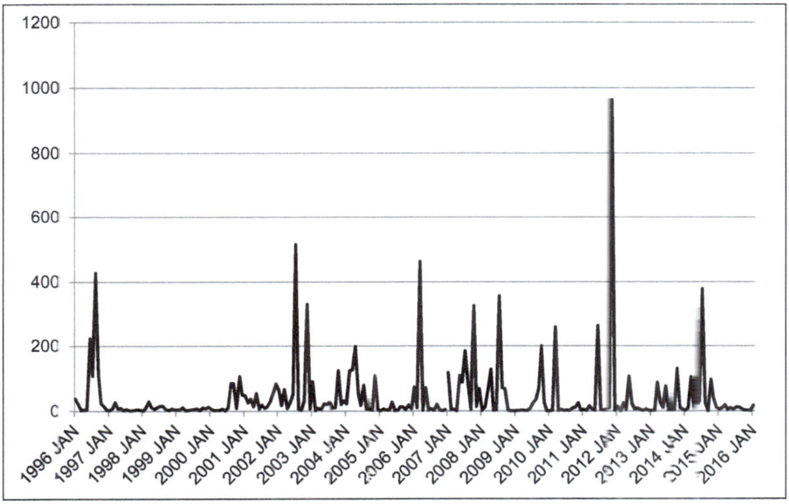

Quelle: ONS (2016): Working Days Lost due to strike action in the public sector – monthly

Zwar erfuhren die Streiks im öffentlichen Dienst durchaus eine gewisse Unterstützung in Teilen der Bevölkerung, doch ein hinreichender Umschwung in der öffentlichen Meinung, der die konservativ-liberale Regierung hätte gefährden können, unterblieb. Nach einer YouGov-Umfrage sank kurz nach der größten Streikaktivität im November 2011 der Anteil der Befragten, die der Auffassung sind, dass die Kürzungen „*too deep*" seien von etwa 50% im Februar auf 42% bis 43% im Dezember 2011, der Anteil der Befragten, die der Überzeugung waren, dass die Einschnitte „*too fast*" erfolgt seien, sank im selben Zeitraum von 58% auf 48%. Außerdem machten die Befragten im Jahr 2011 für die Kürzungen etwas häufiger Labour als die im Mai 2010 neu gewählte konservativ-liberale Regierung verantwortlich (UK-Pollingreport 2016). Für das Jahr 2013 berichtet YouGov, dass dem Statement, die Kürzungen seien „zu tief", nur noch ca. 40% zustimmen und noch 40% bis 46% der Auffassung sind, diese erfolgten „zu schnell" (YouGov 2013).[45] Auch in Interviews wurde

45 Im Jahr 2015 fragte YouGov, ob die Austerity-Politik fortgeführt werden solle. 22% sprachen sich für einen Kurswechsel aus. 30% traten für eine Lockerung der Austeri-

uns berichtet, dass große Teile der britischen Öffentlichkeit noch immer der Auffassung seien, dass im öffentlichen Sektor Geld verschwendet werde und man „all the silly jobs“ loswerden sollte. Hoch anerkannt hingegen sei der NHS und – wie auch in anderen Ländern – Berufe wie Feuerwehrleute, Krankenschwestern und Lehrer. Das Anerkennungsproblem des öffentlichen Sektors ist vor allem konnotiert mit Verwaltung und Bürokratie, nicht mit Dienstleistungen in einem engeren Sinne.

Trotz der auch im NHS vorübergehend praktizierten *pay freezes* und anschließenden 1%igen Steigerungen hat sich die Zufriedenheit der Beschäftigten mit ihrem Entgelt seit der Krise im Mittel nicht verschlechtert (vgl. Tab. 12).[46]

≡ *Tab. 12: Entgeltzufriedenheit der Beschäftigten im britischen National Health Service (in %)*

Jahr	Sehr unzufrieden	Unzufrieden	Weder … noch	Zufrieden	Sehr zufrieden	Respondents
2007	11	28	25	32	4	156.786
2008	11	28	25	32	4	156.786
2009	11	25	25	34	4	155.044
2010	10	23	25	37	5	162.564
2011	10	24	25	36	5	133.181
2012	11	25	25	34	5	100.193
2013	12	25	26	32	5	129.914
2014	16	28	24	28	4	167.407
2015	12	25	26	32	5	290.212
2016	12	25	26	32	5	408.852

Quellen: NHS (divers): NHS Staff Surveys 2007, 2008, 2009, 2010, 2011, 2012, 2013, 2014, 2015 und 2016 (Angaben für „all trusts“).

tätspolitik ein, 36% äußerten die Meinung, es sollte damit wie geplant fortgefahren werden und 7% plädierten für tiefere Einschnitte. 54% der Befragten äußerten darüber hinaus die Auffassung, dass sie persönlich nicht von Sparmaßnahmen betroffen seien, lediglich 40% sahen sich davon betroffen (YouGov 2015).

46 Der negative Ausreißer im Jahr 2014 wurde von einem gewerkschaftlichen Gesprächspartner als Anzeichen wachsender Unzufriedenheit mit der Entgeltentwicklung gedeutet, eine Erklärung, die nach den inzwischen vorliegenden Daten für 2015 und 2016 nicht mehr stichhaltig erscheint.

Ohne eine hinreichende gesellschaftliche Unterstützung, die herzustellen schon allein deshalb schwerfällt, weil Organisationsgrad und Einfluss der Gewerkschaften im Privatsektor gering sind, sich der Einfluss von Labour zum Teil auf die ökonomisch schwächeren Regionen konzentriert, und ohne einen Regierungswechsel zugunsten von Labour wird es den britischen Gewerkschaften kaum gelingen, einen Kurswechsel herbeizuführen. Zumindest in den beiden von uns exemplarisch untersuchten Kommunen schienen nicht Widerstand, sondern pragmatische Anpassung an die Veränderungen oder faktischer Bedeutungsverlust die realen Alternativen gewerkschaftlicher Entwicklung darzustellen.
In der Labour-dominierten Kommune im Nordosten Englands (GB-1 City Council) greifen die lokalen Gewerkschaftsvertreter die u.a. von Unison propagierte Strategie auf, im Falle von Privatisierungen den Mitgliedern zu folgen, d.h. sich auch außerhalb des öffentlichen Sektors weiter um diese zu kümmern und für eine Sicherung der Arbeitsbedingungen einzutreten. Sie deuten diese Strategie jedoch nicht als Erweiterung des Handlungsrepertoires, sondern als neue und alternative Strategie gegenüber dem gescheiterten Versuch, Kürzungen und Privatisierungen zu verhindern. Auch auf Arbeitgeberseite konnte man sich in dieser Kommune – die mit ganz erheblichen Kürzungen konfrontiert ist – dem Eindruck nicht entziehen, dass die Sparpolitik der Regierung zwar keineswegs beliebt ist, aber doch in gewisser Weise als eine neue Normalität empfunden wird, mit der es eben umzugehen gelte. In der konservativ dominierten Kommune im Süden Englands (GB-2 Borough Council) scheint ein sogenanntes *Staff Forum*, ein Gremium, das auch für Nicht-Gewerkschaftsmitglieder offensteht, sich vor allem um wenig konflikthaltige Themen kümmert und dessen Vorsitz als Karrieresprungbrett gilt, eher größere Wahrnehmung auf Arbeitgeberseite zu erfahren als die Gewerkschaftsvertreter, die eine eher marginale Rolle zu spielen scheinen. Bemerkenswerterweise ist der Vorsitzende des *Staff Forum* zugleich auch für Outsourcing zuständig.

Denken wir den Rückgang der Streikhäufigkeit trotz Austeritätspolitik und Entgelteinbußen, die Wahlsiege von David Cameron und Theresa May, die Meinungsumfragen sowie die Eindrücke vor Ort zusammen, dann spricht wenig dafür, dass die Finanzmarkt- und Wirtschaftskrise in Großbritannien zu einer Revitalisierung oder auch Radikalisierung der Gewerkschaften und der Arbeitsbeziehungen geführt hat. Allerdings gibt es erste Anzeichen dafür, dass die Einspar- und Abbaupolitik allmählich an Grenzen stößt, etwa musste Finanzminister Osborne im Jahre 2016 angekündigte Kürzungen bei der Unterstützung von Behinderten zurücknehmen (The Guardian, 22.3.2016). Zwar scheint der beliebte NHS, der erklärtermaßen von Kürzungen verschont bleiben sollte und dies zunächst auch blieb, zunehmend ebenfalls zum Objekt von Kürzungen zu werden, so kündigte Osborne im Frühjahr 2016 Kürzungen von 1,1 Mrd. GBP im NHS Haushalt für Instandhaltung und Investitionen an (The Guardian, 20.3.2016). Um nicht irgendwann doch zu sehr an Unterstützung zu verlieren und einen politischen Umschwung zu provozieren, wird die Austeritätspolitik allmählich abgebremst werden müssen.

Bekanntlich können selbst historische Veränderungen mitunter rasch und überraschend auftreten, man denke nur an die Brexit-Entscheidung, und insofern ist nicht zu prognostizieren, bis wann sich eine konservative Regierung mit Austeritätspolitik halten kann. Für eine zumindest vordergründige Stabilität spricht zum einen, dass das britische Wahlsystem auch eine stabile Regierung gegen große Teile der Bevölkerung erlaubt, und zum anderen, dass die britische Gesellschaft in verschiedener Weise gespalten ist. Zum einen kumulieren aufgrund einer überlagerten Spaltung von sozialer Lage und Region die Folgen der Kürzungen bei einem Teil der Bevölkerung, während andere Teile davon kaum betroffen sind. Zum anderen, so wurde uns verschiedentlich berichtet, sei die Austeritätspolitik der Regierung auch gezielt daran ausgerichtet, Labour-dominierte Regionen stärker zu belasten als andere. Das britische *Austerity Regime* ist auch deshalb als reines Sparregime nicht zureichend beschrieben. Obgleich im öffentlichen Sektor zweifellos erhebliche Einsparungen erfolgen, geht es nicht nur um das Sparen, sondern darüber hinaus auch um gesamtgesellschaftliche Umverteilung. Allerdings hat sich der Gini-Koeffizient Großbritanniens seit der Krise und dem Beginn der Austeritätspolitik der Krise nicht erhöht (ein hoher Wert entspricht einer hohen Einkommens- und Vermögensungleichheit). Er betrug laut Angaben von Eurostat im Jahr 2006 32,5 und im Jahr 2014 31,6. Ein Anstieg dieses Ungleichheitsmaßes lässt sich langfristig offenbar eher in Schweden und Deutschland ausmachen, wobei der schwedische Wert bisher noch unter dem der anderen Länder und auch dem Durchschnitt der europäischen Union liegt (Letzteres gilt auch für den deutschen Wert). In Spanien entsteht der Eindruck, dass Krise und Austeritätspolitik eine zwischenzeitliche Absenkung des Gini-Koeffizienten wieder revidiert haben (vgl. Tab. 13).

Tab. 13: Gini-Koeffizient des verfügbaren Äquivalenzeinkommens vor und nach der Krise

	1997	2001	2006	2007	2008	2009	2010	2011	2012	2013	2014	2015	2016
Deutschland	25	25	26,8	30,4	30,2	29,1	29,3	29,0	28,3	29,7	30,7	30,1	29,5
Spanien	35	33	31,9	31,9	32,4	32,9	33,5	34,0	34,2	33,7	34,7	34,6	34,5
Schweden	21	24	24,0	23,4	24,0	24,8	24,1	24,4	24,8	24,9	25,4	25,2	27,6
Großbritannien	30	35	32,5	32,6	33,9	32,4	32,9	33,0	31,3	30,2	31,6	31,6	31,5
EU 27	-	-	30,3	30,6	31,0	30,6	30,5	30,8	30,4	30,5	30,9	32,4	30,8

Quelle: Eurostat (2018b); Werte skaliert von 0 bis 100.

4.5 Krise und Arbeitsbeziehungen im öffentlichen Sektor

In Großbritannien wurde der öffentliche Sektor im Anschluss an die Finanzmarkt- und Wirtschaftskrise drastischen Sparmaßnahmen ausgesetzt, die sich jedoch keineswegs unvermittelt und zwingend aus der Krise ergaben, vielmehr wurde erst mit der Regierungsübernahme durch die konservativ-liberale Regierung von David Cameron ein deutlicher Richtungswechsel hin zu einer umfassenden Austeritätspolitik vollzogen. Bis zum Regierungswechsel im Mai 2010 hatte die Labour-Regierung unter Gordon Brown versucht, mit einer eher keynesianischen Politik auf die Krise zu reagieren. Die erste Regierung Cameron rückte dann drastische Sparmaßnahmen in den Mittelpunkt ihrer Krisenbewältigungspolitik. Mit Blick auf die regierungseigenen Behörden und den NHS wurde wie ausgeführt zunächst ein *pay freeze* und dann eine meist unterhalb der Inflationsrate liegende 1%ige Entgeltsteigerung verfügt, wobei die Empfehlungen der *Pay Review Bodies* ignoriert wurden. Die Kommunen wurden durch auferlegte Kürzungen mittelbar zu Personalabbau und Lohnzurückhaltung gezwungen.

Vor dem Hintergrund der seit Margaret Thatcher weitgehend ungebrochenen neoliberalen Orientierung der britischen Konservativen, deren Überzeugung einer grundsätzlichen Überlegenheit der Privatwirtschaft und einer nötigen Privatisierung, spricht wenig dafür, dass es sich bei *Austerity* in Großbritannien um einen bloßen Versuch der Krisenbewältigung handelt, vielmehr sollten drei Fliegen mit einer Klappe geschlagen werden:

Erstens sollte durch die Ausgabenkürzungen ein Beitrag zur Reduzierung der im Krisenkontext gestiegenen Staatsverschuldung geleistet werden. Man kann den Sinn prozyklischer Sparmaßnahmen aus guten Gründen bezweifeln, doch eine Krisenbewältigung mittels Austeritätsmaßnahmen ist an die neoliberalen Überzeugungen der Regierung anschlussfähig. Darüber hinaus spricht die gewachsene Abhängigkeit der Staaten vom internationalen Finanzkapital auch tatsächlich dafür, eine hohe Staatsverschuldung kritischer zu sehen als früher (auch wenn reine Sparpolitik kaum ein adäquates Mittel ist, um staatliche Verschuldung tatsächlich abzubauen).

Zweitens zielt die Austeritätspolitik darüber hinaus aber auch auf eine drastische Beschneidung des öffentlichen Sektors, wobei primär nicht mehr das Ziel verfolgt wird, den öffentlichen Sektor zu modernisieren und durch den Einsatz neuer, aus der Privatwirtschaft entlehnter Managementmethoden dessen Effektivität und Effizienz zu steigern (NPM), sondern durch drastische Mittelkürzungen weite Bereiche kommunaler Dienstleistungen abzubauen und privaten Dienstleistungsanbietern neue Aktivitätsfelder zu offerieren – eine politisch geförderte Art der „Landnahme" oder Kommodifizierung, die der Kapitalverwertung neue Quellen von Wachstum und Gewinn eröffnen soll.

Drittens schließlich nehmen Sparmaßnahmen, soweit es gelingt diese durchzusetzen, den im britischen öffentlichen Sektor noch immer relativ gut organisierten Gewerkschaften ihre Erfolge und ihr Terrain. Die Übernahme ehemals öffentlich erbrachter Dienstleistungen durch private Anbieter, bei denen sich häufig keine Gewerkschaften finden, schmälert gewerkschaftlichen Einfluss in der britischen Arbeitswelt insgesamt. Dabei handelt es sich nicht nur um eine nicht-intendierte Nebenfolge der Sparpolitik. Gewerkschaftsvertreter, insbesondere der als politisch eher links geltenden, im *Civil Service* aktiven Gewerkschaft PCS, berichten im Interview davon, dass die Regierung bewusst gegen sie arbeite.

Eine weitere Schwächung der Gewerkschaften könnte sich als Konsequenz des im Mai 2016 verabschiedeten *Trade Union Act* ergeben. Dieses Gesetzesvorhaben zielte darauf, den Gewerkschaften die Durchführung von Streiks zu erschweren, vor allem im öffentlichen Sektor, aber auch auf eine restriktive Verregelung und Erschwernis gewerkschaftlicher Arbeit allgemein. Der staatliche *Certification Officer* sollte erweiterte Kontrollrechte über die Gewerkschaften erhalten, etwa die anlasslose Kontrolle der Mitgliederlisten. Auch sollten demnach öffentliche Arbeitgeber verpflichtet werden, Angaben über die Anzahl der Gewerkschaftsvertreter, über die Zeiten und die konkrete Nutzung von Freistellungen durch Gewerkschaftsvertreter zu veröffentlichen. Dadurch könnten in einer Phase von Personalabbau nicht nur Gewerkschaftsvertreter, sondern auch gewerkschaftsfreundliche öffentliche Arbeitgeber in Legitimationsprobleme geraten. Beiträge von Mitgliedern in sog. *political funds* der Gewerkschaften, d.h. die Unterstützung einer politischen Partei, sollten im ursprünglichen Entwurf nicht mehr zulässig sein, ohne eine jeweils individuelle Zustimmung des Mitglieds, womit die kollektive Unterstützung der Gewerkschaften für die Labour Party zweifellos erheblich erschwert würde. Diese Regelung wurde letztlich abgeschwächt und gilt jetzt nur für neue Mitglieder. Bei einer Urabstimmung vor einem Streik wird eine mindestens 50%ige Beteiligung der Mitglieder verlangt und im Falle von „*important public services*" eine mindestens 40%ige Zustimmung aller Mitglieder, wobei eine Nichtteilnahme an der Abstimmung als nein gilt. Bei einer 50%igen Beteiligung ist deshalb, so rechnet der TUC vor, eine 80%ige Zustimmung bei der Urabstimmung verlangt.[47] Darüber hinaus muss ein Streik 14 Tage (bisher sieben Tage) vorher angekündigt werden. Auch die Regeln für Streikposten wurden verschärft.

Die Gewerkschaften befürchten durch dieses Gesetz nicht nur eine Einschränkung ihrer Handlungsfreiheit, sondern auch einen starken Anstieg an Verwaltungskosten und von Strafen im Falle von Verstößen gegen diese Regeln (Labour Research 2016: 23). Insgesamt soll mit dem *Trade Union Act* die Schwelle erhöht werden, die Gewerkschaften nehmen müssen, um die erwähnte Immunität vor Strafverfolgung zu erlangen. Besteht keine Immunität, kann der betreffende Arbeitgeber eine Unterlassungsklage anstrengen oder Schadenersatz fordern (die Höhe des Schadenersatzes hängt von der Mitgliederzahl der Gewerkschaft ab, vgl. BIS 2010: 8). Obwohl es den Gewerkschaften im Vorfeld durch eine Kampagne und mittels der Unterstützung von Bündnispartnern gelang, das Gesetz etwas abzumildern, auch, so wird vermutet, weil die Regierung vor der Brexit-Abstimmung einen größeren Konflikt zu vermeiden suchte, doch gleichwohl wurde das Gesetz im Kern verabschiedet (Gall 2016). Sicherlich ist es sehr wahrscheinlich, dass die neuen Regelungen gewerkschaftliche Kampfmaßnahmen erschweren. Wie sich das Gesetz jedoch letztlich auswirken wird, können wir empirisch noch nicht beurteilen.

Eine Trendwende der Entwicklung der Arbeitsbeziehungen im britischen öffentlichen Sektor unterblieb bis Ende 2017. Noch im Frühjahr 2016 wurde bei den Kommunen eine Vereinbarung einer zweijährigen Laufzeit und einer Tarifsteigerung von jährlich jeweils 1% abgeschlossen (Unison 2016). Angesichts eines deutlich höheren Anstiegs der Lebenshaltungskosten (jährlicher Anstieg des Retail Price Index – RPI um 3,9%

47 Man mag als positiven Nebeneffekt dieser Quoren sehen, dass Gewerkschaften dadurch einen gewissen Schutz vor dem Risiko unterstützungsschwacher Streiks erfahren.

im November 2017) fordert Unison jetzt zwar einen höheren Zuwachs, doch offensiv klingt die Forderung angesichts jahrelanger Reallohnverluste noch immer nicht: „It's time that all public service workers received a decent pay rise that at least matches the rate of inflation“ (Unison 2017).

Auch ob der Rückgang der gewerkschaftlichen Mitgliederzahlen im öffentlichen Sektor anhalten wird, wie er unmittelbar nach der Krise zu konstatieren war, ist keineswegs sicher: „Public sector membership declined sharply between 2010 and 2011, levelled off between 2011 and 2012, and fell again in 2013 and 2014 before rising slightly in 2015. There was a 302,000 fall in the public sector membership level between 2010 and 2015. The private sector union membership level increased by 206,000 from 2010 to 2015.“ Der gewerkschaftliche Organisationsgrad im öffentlichen Sektor fiel von 59% im Jahr 2007 auf 54,8% 2015, er lag 2014 jedoch wie ausgeführt bei 54,3% – ein Anstieg, der allerdings noch nicht als signifikant gilt (Department for Business, Innovation and Skills 2016: 12 und 39). Zudem gibt es vorsichtige Anzeichen dafür, dass die Regierung von Theresa May etwas schonender mit den Gewerkschaften umgeht, etwa brachte sie die Aufnahme von Arbeitnehmervertretern in Unternehmensaufsichtsräte in die Diskussion. Anlässlich des Eisenbahnerstreiks der Gewerkschaft RMT gegen Jahresende 2016 verzichtete May jedenfalls vorerst auf die Androhung weiterer Anti-Streik-Gesetze, wie sie aus ihrer Partei gefordert wurden (The Telegraph, 17.12.2016).

Unklar ist die weitere Entwicklung der britischen *public sector industrial relations* nicht zuletzt vor dem Hintergrund des wahrscheinlichen Austritts Großbritanniens aus der Europäischen Union. Der Brexit könnte materielle wie politische Negativeffekte auslösen, die dazu beitragen könnten, dass sich veränderte politische Konfliktlinien zeigen, die dazu führen, dass die Regierung gegenüber den Gewerkschaften einen weniger konfliktreichen Kurs einschlägt. Aber auch eine Verschärfung sozialer Konflikte ist im Falle eines wirtschaftlichen Einbruches, wie er nicht nur von den Brexit-Gegnern befürchtet wird, nicht auszuschließen. Was der Brexit für die Arbeitsbeziehungen des öffentlichen Sektors in Schottland bedeuten würde, ist dabei selbstverständlich noch von weiteren vollkommen unsicheren Entscheidungen abhängig.

Sollte in absehbarer Zeit tatsächlich ein grundlegender gesellschaftlicher Richtungswechsel in Großbritannien erfolgen und eine Regierungsübernahme durch Labour stattfinden, dann sind allerdings mehr als nur graduelle Veränderungen zu erwarten. Die Rücknahme des Trade Union Act hat Labour für einen solchen Fall bereits angekündigt. Zweifellos unterscheidet sich Labour unter einem Vorsitzenden Corbyn deutlich gegenüber den Konservativen, doch gerade mit Blick auf den öffentlichen Sektor zeigte sich bereits unter Blair, dass trotz aller Annäherung an neoliberales Gedankengut ein moderater Ausbau des öffentlichen Sektors erfolgte und eine vergleichsweise gewerkschaftsfreundliche Politik betrieben wurde, während die Konservativen im öffentlichen Sektor und den Gewerkschaften ihre Hauptgegner sehen. Anders als das Deutschland der letzten Jahre folgte Großbritannien keinem kontinuierlichen Pfad der Austeritätspolitik, vielmehr lässt sich für die Vergangenheit eine an Polanyi (1997) erinnernde Pendelbewegung feststellen: Auf eine Phase der Liberalisierung und Kommodifizierung folgt eine Phase, in der der öffentliche Sektor wieder mehr an Gewicht gewinnt. Eine Phase, in der zwar nicht immer eine partielle Dekommodifizierung erfolgt, so doch eine Ausweitung staatlicher Funktionen etwa im Bereich der Erziehung und des Gesundheitswesens stattfindet. Vor diesem Hintergrund zeigte sich ein Vertreter des TUC (vor der Unterhauswahl 2015) im Interview ausgesprochen optimistisch, dass auch die Politik der konservativ-liberalen Regierung wieder revidiert werden könne. Nachdem Labour die Politik von Thatcher und Major habe verändern können, sei dies auch diesmal wieder möglich: „But, again, you know, it is possible to turn things around, as the current government is showing!“ Dabei setzte er zum damaligen Zeitpunkt allerdings auf einen, dann nicht erfolgten Regierungswechsel.

Doch selbst wenn in absehbarer Zeit eine Rückkehr der Labour Party an die Regierung erfolgen sollte, dann stellt sich die Frage, ob mit gesetzlichen Regelungen auch gesellschaftliche Veränderungen mit Erfolg revidiert werden können, etwa ein Mitgliederschwund der Gewerkschaften.

5. Deutschland

5.1 Grundzüge der Arbeitsbeziehungen im öffentlichen Sektor sowie Unterschiede zum Privatsektor ■

Der öffentliche Dienst in Deutschland ist durch ein zweiteiliges Beschäftigungssystem gekennzeichnet, in dem zwischen Beamten und anderen (Tarif-)Beschäftigten unterschieden wird (Keller 2010a, 2013a; Schmidt/Müller 2018). Beide Gruppen unterscheiden sich grundlegend hinsichtlich Interessenartikulation und Interessendurchsetzung: Während die Tarifbeschäftigten im Wesentlichen dieselben Rechte und Pflichten haben wie ihre Kollegen in der Privatwirtschaft, ist dies bei den Beamten anders. Beamte unterliegen dem Dienstrecht. Erwartet wird gegenüber dem Dienstherr Staat ein hohes Maß an Loyalität. Beamte verfügen über kein Recht auf Streik, erfreuen sich aber einer Reihe von Privilegien, von denen insbesondere zwei durchaus bedeutsam sind: Erstens genießen Beamte, sind sie einmal unbefristet „verbeamtet", einen Kündigungsschutz, der nur bei ausgeprägtem Fehlverhalten aufgehoben wird und der in der Praxis meist lebenslang gilt, und zweitens dürfen sich Beamte höherer Pensionen erfreuen als andere Beschäftigte sowohl des öffentlichen wie des privaten Sektors. Mit dem zweigeteilten Beschäftigungssystem korrespondiert somit ein Nebeneinander von zwei Arten von Arbeitsbeziehungen. Ein formal weitgehend unilaterales Verfahren im Falle der Beamten, bei dem Besoldung, Arbeitszeiten und sonstige Arbeitsbedingungen vom Arbeitgeber gesetzlich festgelegt werden, und eine Bargaining-Praxis, in der Entgelt und Arbeitsbedingungen zwischen Arbeitgebern und Gewerkschaften ausgehandelt und im Falle ausbleibender Einigung Interessenkonflikte nötigenfalls per Streik ausgetragen werden. Im Anschluss an Keller (1981: 345) kann von einem *bargaining model* und einem *legislation model* gesprochen werden. Zwar gibt es Beamte in etlichen Ländern, doch deren Arbeitsbeziehungen unterscheiden sich mitunter kaum oder in erheblich geringerem Maße als in Deutschland von denen des Privatsektors. Nicht selten haben in anderen Ländern, etwa wie dargelegt in Großbritannien, nur bestimmte Gruppen kein Streikrecht, beispielsweise Polizisten (ETUI 2015; Warneck 2008).

Im deutschen Kontext unterscheiden sich deshalb die Arbeitsbeziehungen im öffentlichen Dienst von denen der Privatwirtschaft deutlich, da in der Privatwirtschaft anders als im öffentlichen Sektor alle Beschäftigten das Recht auf *collective bargaining* und Tarifverträge haben. Auf den zweiten Blick sind die Unterschiede dann allerdings weniger ausgeprägt.

Erstens gibt es in einem erheblichen Umfang Beschäftigungsverhältnisse mit näherungsweise unilateraler Determination der Arbeitsbedingungen auch außerhalb des staatlichen Bereiches, nicht nur bei gewöhnlichen kommerziellen Unternehmen, sondern auch etwa bei den Kirchen. Von diesen werden beispielsweise viele Kindertagesstätten oder Altenpflegeheime betrieben. Zweitens sind gerade auch die Beamten der Willkür der Arbeitgeber keineswegs schutzlos ausgeliefert, sondern verfügen über eine Reihe garantierter Rechte. In der Praxis jedenfalls ist der Beamtenstatus bei vielen Beschäftigten ausgesprochen beliebt, da er zum einen mit den genannten Privilegien ausgestattet ist, zum anderen weil gleichwohl etwa Verdienststeigerungen lange Zeit vom Tarifbereich ohne Abstriche auf den Beamtenbereich übertragen wurden (vor einigen Jahren gab es eine andere Entwicklung bei den Arbeitszeiten; auch eine Übertragung von Entgeltsteigerungen ist nicht mehr selbstverständlich, so wurde den BeamtInnen des Bundes in einer zunächst bis 2017 befristeten Besoldungs- und Versorgungskürzung pro Besoldungsrunde 0,2 Prozentpunkte abgezogen und inzwischen angekündigt, dass diese Regelung bis zum Jahr 2031 verlängert werden soll; vgl. DGB 2016). Auch die entstandenen Besoldungsunterschiede (vgl. Tab. 19) zwischen den Bundesländern (bei in den meisten Ländern gemeinsamem Tarifvertrag) stehen für eine teilweise Entkoppelung von Tarifentgelten und Beamtenbesoldung. In gewisser Weise handelt es sich bei den Arbeitsbeziehungen des deutschen öffentlichen Sektors nicht um ein bloßes Nebeneinander, sondern um ein zweigeteiltes, doch gleichwohl ineinander verwobenes System.

Auch innerhalb des privaten Sektors unterscheiden sich die Arbeitsbeziehungen nicht unerheblich. Während die Arbeitsbeziehungen der Metall- und Elektroindustrie in etwa dem entsprechen, was unter dem „deutschen Modell der industriellen Beziehungen" verstanden wird (Branchentarifverträge, einflussreiche Betriebsräte), gilt dies für große Teile des privaten Dienstleistungssektors nicht, etwa die Bereiche Hotel und Gaststätten, Reinigung sowie weitere Branchen. Dort werden häufig weder Tarifverträge angewandt, noch existieren Betriebsräte. Schroeder (2014) spricht deshalb „von drei unterschiedlichen Welten der Arbeitsbeziehungen".

Die Beamten: Loyalität und Gemeinwohl

Der preußische König Friedrich Wilhelm I., der von 1713 bis 1740 regierte und die Ausbildung der Staatsdiener systematisierte, sowie sein Sohn Friedrich II., der die Orientierung am Gemeinwohl betonte, gelten als die Begründer des deutschen Beamtentums, bei dem sich Beamte bürgerlicher Herkunft gegenüber Adligen und Kriterien rationaler Rekrutierung und Ausbildung durchzusetzen begannen. Allerdings ist das Berufsbeamtentum bereits zuvor eine Schöpfung des bayerischen Reformabsolutismus (Wehler 2008: 162ff u. 386).

Geschaffen wurde ein neuartiges Dienst- und Treueverhältnis, das nicht mehr in das zerfallende Adelssystem integriert war. „Dieses Arbeitsverhältnis beruhte (…) auf der gesellschaftlichen und individuellen Privilegierung durch zahlreiche ‚prestigeträchtige und gruppenspezifische Belohnungen', aus denen zwei entscheidende und nunmehr verbindlich anerkannte Vorteile der Beamtenschaft: die ständige Fürsorgepflicht des Staates für seine ‚Diener' einschließlich der Familien und ihre standesgemäße Alimentierung herausragten." Diese Merkmale sowie eine Anstellung auf Lebenszeit sowie „rechtlich fixierte hohe Gehälter, Pensionen und Hinterbliebenenrenten" sollten dafür sorgen, dass die Beamten nicht unmittelbar „von der Gnade des Fürsten abhängig" sind und in relativer Autonomie auf der Basis eines möglichst lückenlosen, vorab kalkulierbaren Systems von Regeln hohe Handlungsrationalität entwickeln (Wehler 2008: S. 386f). Unter dem Eindruck der Französischen Revolution wurden die Beamten dann auf Staat und Gesetz und nicht mehr den Landesherrn verpflichtet. Es entwickelten sich die „hergebrachten Grundsätze des Berufsbeamtentums" (1794: *Allgemeines Landrecht für die preußischen Staaten* – ALR; 1805 dann die bayerische *Hauptlandespragmatik über die Dienstverhältnisse der Staatsdiener,* die anderen deutschen Länder folgten), deren Kernelemente in der Weimarer Republik weiter gefestigt wurden (vgl. auch Ellwein 1980).

Heute regelt Art. 33 Abs. 5 des Grundgesetzes, dass das „Recht des öffentlichen Dienstes (…) unter Berücksichtigung der hergebrachten Grundsätze des Berufsbeamtentums zu regeln und fortzuentwickeln" ist. Solange keine Verfassungsänderung erfolgt, genießt der Sonderstatus der deutschen Beamten somit Bestandsschutz und unterliegt einer Reihe von Regeln, über deren Interpretation im Zweifelfall das Bundesverfassungsgericht entscheidet. Zu den „hergebrachten Grundsätzen" zählt die Regelung des Beschäftigungsverhältnisses der Beamten als öffentlich-rechtliches Dienst- und Treueverhältnis. Ein Dienstverhältnis, das noch immer lebenslang erfolgt, in bestimmten Laufbahnen geregelt ist, jedoch weder individuelle noch kollektive Arbeitsverträge kennt, wie sie die Anstellungsverhältnisse der anderen Beschäftigten regeln. Für Beamte gelten die Prinzipien der Alimentation und der sachgerechten Bezahlung entsprechend der von ihnen bekleideten Funktionen. Die Regeln von Besoldung und Arbeitsbedingungen werden gesetzlich geregelt, der Dienstherr unterliegt der Fürsorgepflicht. Beamte müssen sich allerdings auch als Vertreter des Staates verstehen, sie müssen sich ihren im Kern hoheitlichen Aufgaben engagiert, unparteiisch und verschwiegen widmen, für die „Freiheitlich-demokratische Grundordnung“ eintreten und sich auch außerhalb des Dienstes angemessen verhalten.

Beamte haben zwar kein Streikrecht, jedoch das Recht sich zu organisieren, sich zu beschweren, zu sie betreffenden Entscheidungen gehört zu werden sowie vor Gericht für die Durchsetzung ihrer Rechte zu klagen. Etwa kündigte der regionale Beamtenbund für Baden-Württemberg (BBW) im November 2015 an, das Bundesland wegen der Absenkung der Einstiegsbesoldung für die ersten drei Dienstjahre zu verklagen. Auch Beamte dürfen wie alle anderen Beschäftigten des Staates Vertreter in Personalräte wählen, die sich im Rahmen des gesetzlich gegebenen Rahmens für deren Belange in einer Dienststelle der Bundes- oder Landesverwaltung oder in einer Kommune einsetzen (Brehmer 2016).

Das Berufsbeamtentum zeigte in Deutschland eine hohe Kontinuität über verschiedene Staatsformen hinweg, von der preußischen Monarchie über die Weimarer Republik und die Herrschaft des Nationalsozialismus bis zur heutigen Bundesrepublik. Ein Umstand, der als Zeichen dafür gewertet werden mag, dass dieses Dienstverhältnis verglichen mit gewöhnlichen Beschäftigungsverhältnissen weder aus Sicht des Staates als ausgesprochen dysfunktional noch aus Sicht der Beamten selbst als nicht akzeptabel gilt. Allerdings war diese Kontinuität durchaus mit Schwierigkeiten verbunden und verschiedentlich von Anpassungsmaßnahmen begleitet. Nicht zuletzt galt die Beamtenschaft lange Zeit als wenig kompatibel mit einem demokratisch verfassten Staat. Etwa gilt der zuvor autoritär geprägte Beamten- und Justizapparat als Faktor, der zum Scheitern der Weimarer Republik beigetragen hat, während die Nationalsozialisten ohne größere Schwierigkeiten auf den vorgefundenen Beamtenapparat zurückgreifen konnten, nachdem sie mit dem bereits im Frühjahr 1933 erlassenen sogenannten Gesetz zur Wiederherstellung des Berufsbeamtentums die Beamtenschaft von Juden sowie der politischen Linken gesäubert hatten.

Nach 1945 hoben die Alliierten das nationalsozialistische Gesetz auf. Die Beamten wurden überprüft und der „Entnazifizierung“ unterzogen. Als Konsequenz aus Verstrickungen des Berufsbeamtentums in die Verbrechen des Nationalsozialismus war seitens der Alliierten eine Ausweitung des Arbeitsrechts auch auf den öffentlichen Dienst intendiert worden. In der DDR fand es Anwendung auf alle Beschäftigten, im Grundgesetz der Bundesrepublik wurde jedoch das Beamtentum verfassungsrechtlich wieder installiert. Die konkreten Bestimmungen des Dienstrechts oblagen jedoch den Bundesländern, was zu Besoldungsunterschieden führte.

Das 1957 in Kraft getretene Beamtenrechtsrahmengesetz (BRRG) sorgte jedoch dafür, dass sich die Regelungen der Länder nicht grundlegend unterschieden. In den 1970er Jahren wurde die Zuständigkeit verfassungsrechtlich dem Bund übertragen und Besoldungsrecht und Besoldung vereinheitlicht. Diese Veränderung ist im Kontext sozialdemokratischer Reformpolitik zu verstehen, in der die „*Einheitlichkeit* der Lebensbedingungen", wie es in GG Art. 72 Abs. 2 hieß, betont wurde. Nach der Vereinigung der DDR mit der Bundesrepublik wurde das Beamtenrecht weitgehend übernommen, seit 1994 wurde die Formulierung des Grundgesetzes jedoch in „*Gleichwertigkeit* der Lebensverhältnisse" modifiziert (vgl. Wierer/Stauske 2005).[48] 2006 wurde im Zuge der Föderalismusreform I dann die Kompetenz zur beamtenrechtlichen Regelung inklusive der Beamtenbesoldung (abgesehen von den Beamten des Bundes) wieder auf die Bundesländer übertragen. Seither entwickeln sich die Besoldungshöhen, aber auch die Laufbahnregelungen der Bundesländer (die auch für die jeweiligen Kommunen in den Bundesländern gelten), auseinander (Gottschall et al. 2015; Reiners 2008; DGB 2015a). Anders als es bis Mitte der 2000er Jahre üblich war, ist eine Übertragung von Entgeltsteigerungen und Arbeitszeitregelungen aus den mit den Gewerkschaften für die Nicht-Beamten des öffentlichen Sektors abgeschlossenen Tarifverträgen nicht mehr selbstverständlich, allerdings stellen die Tarifverträge noch immer eine zentrale Orientierungsmarke dar.[49]

---

48 Auch die tarifvertraglichen Bestimmungen des öffentlichen Dienstes wurden von den Tarifparteien auf Basis eines *Tarifvertrags zur Anpassung des Tarifrechts* schrittweise übertragen. Die Entgelttabellen sind inzwischen angeglichen, doch weiterhin bestehen Unterschiede bei den Jahressonderzahlungen, die noch immer schrittweise angeglichen werden, sowie den Arbeitszeiten (im Westen 39 Stunden, im Osten 40 Stunden).

49 Der Staat spielte in Deutschland auch bei der Entwicklung des Industriekapitalismus, der sozialen Sicherungssysteme und der Arbeitsbeziehungen eine historisch wichtige Rolle, wobei das Bismarck'sche Sozialversicherungssystem nicht zuletzt als eine staatliche Reaktion auf die erstarkende Sozialdemokratie gedeutet werden muss. Mit dem „Gesetz über den vaterländischen Hilfsdienst" (1916) und seinen Modifikationen erfuhren die Gewerkschaften während des ersten Weltkrieges offizielle Anerkennung. Diese wurde im sogenannten Stinnes-Legien-Abkommen (Satzung für die Arbeitsgemeinschaft der industriellen und gewerblichen Arbeitgeber und Arbeitnehmer Deutschlands) von 1918 weitergeführt, das eine Art Basistarifvertrag darstellte, in dem die Gewerkschaften als tarifvertragsfähig anerkannt wurden. Nachdem bereits im „Hilfsdienstgesetz" für Betriebe mit mehr als fünfzig Beschäftigten Arbeiter- und Angestelltenausschüsse vorgesehen wurden, wurde dann im Dezember 1918 in der „Verordnung über Tarifverträge, Arbeiter- und Angestellten-Ausschüsse und Schlichtung von Arbeitsstreitigkeiten" sowohl die Tarifvertragsbeziehungen zwischen Arbeitgebern und Gewerkschaften als auch die betriebliche Interessenvertretung (später Betriebsräte) anerkannt

Nach der Unterbrechung durch die nationalsozialistische Diktatur wurde in der Bundesrepublik ein im Grundsatz an die Weimarer Republik anschließendes System der Interessenvertretung (Tarifvertragsgesetz 1949, Betriebsverfassungsgesetz 1952) etabliert, das durch eine „typisch duale Struktur mit Betriebsverfassung einerseits und Tarifautonomie andererseits" (Müller-Jentsch 2008: 160f.) gekennzeichnet ist. Parallel zur ersten Fassung des Betriebsverfassungsgesetzes (BetrVG) wurde 1952 auch ein Gesetz zur Mitbestimmung im öffentlichen Dienst beraten und als Bundespersonalvertretungsgesetz 1955 verabschiedet. Ob es eines Sondergesetzes zur Mitbestimmung im öffentlichen Dienst bedarf, war dabei sowohl politisch als auch juristisch umstritten (Edenfeld 2000: 38ff). Einschränkungen der Interessenvertretung im öffentlichen Dienst werden verfassungsrechtlich mit der demokratischen Verfassung des Arbeitgebers Staat begründet (Neumann/Sievers 2003).[50] Beamte und Tarifbeschäftigte des öffentlichen Sektors sind bei der betrieblichen Mitbestimmung weitgehend (doch nicht gänzlich) gleichgestellt.

Die Interessen der Beamten vertreten der *Deutsche Beamtenbund* DBB und der *Deutsche Gewerkschaftsbund* DGB, dem als Dachverband neben der *Vereinten Dienstleistungsgewerkschaft* Ver.di auch die *Gewerkschaft der Polizei* GdP sowie die *Gewerkschaft Erziehung und Wissenschaft* GEW angehören, in der vornehmlich Lehrer organisiert sind. Auch die *Eisenbahn- und Verkehrsgewerkschaft* EVG, die ebenfalls dem DGB angehört und vornehmlich bei der Deutschen Bahn AG tätig ist, operiert noch im öffentlichen Sektor, wobei die Bahn bereits seit längerem als Aktiengesellschaft geführt wird.[51]

---

und ein „duales System der Interessenvertretung" grundgelegt (Müller-Jentsch 1997), das seinen Schub jedoch nicht zuletzt durch die Bewegung der Revolutionären Obleute erhielt, die in den Massenstreiks von 1917 und 1918 Arbeiterräte gebildet hatten und deren „Zähmung" mit dem ersten Betriebsrätegesetz von 1920 erfolgen sollte.

50 Die Personalräte werden nach dem Gruppenprinzip gewählt, wobei neben Beamten und Arbeitnehmern noch eine Reihe anderer Klassifikationen besteht (Soldaten, Lehrer, wissenschaftliche, künstlerische und nicht-künstlerische Beschäftigte), während das Gruppenprinzip für Arbeiter und Angestellte im Betriebsverfassungsgesetz inzwischen gestrichen wurde (Schmidt 2003; Bahnmüller/Schmidt 2009).

51 Dem DGB gehören auch alle wichtigen Gewerkschaften an, die primär im Privatsektor tätig sind. In der Konsequenz verschiedener Zusammenschlüsse liegt die Zahl der Mitgliedsgewerkschaften des DGB heute bei nur noch acht. Neben den bereits genannten Gewerkschaften gehören zu den DGB-Mitgliedern, die IG Metall, die IG Bergbau, Chemie, Energie (IGBE), die Gewerkschaft Nahrung-Genuss-Gaststätten (NGG) sowie die IG Bauen-Agrar-Umwelt (IG BAU).

Der Deutsche Beamtenbund (DBB) wurde 1918 als Zusammenschluss verschiedener Lehrer- und Beamtenverbände gegründet. Anders als die damaligen Gewerkschaften der Arbeiter und Angestellten, die als Richtungsgewerkschaften u.a. sozialdemokratisch oder christlich ausgerichtet waren, verstand sich der DBB als parteipolitisch unabhängig und schloss sich keinem Dachverband einer Richtung an (DBB 1968). Der DBB war dabei in der Weimarer Republik keineswegs als eine durchgehend staatstragende Standesorganisation zu verstehen, vielmehr gab es um die Frage des Streikrechts heftige innere Konflikte.[52] Bemerkenswerterweise hat die GDL, die als älteste deutsche Gewerkschaft gilt, auch in der jüngeren Vergangenheit wieder für Deutschland ungewöhnlich andauernde Streiks bei der Deutschen Bahn durchgeführt, die auf eher geringes Verständnis bei den Bürgern stießen und vom DBB als Dachverband lediglich mit geringer Begeisterung unterstützt wurden.[53]

Der DBB hat heute im Unterschied zum DGB eine größere Zahl relativ unterschiedlicher Mitgliedsorganisationen.[54] Überwiegend werden die Beschäftigteninteressen direkt von der Dachorganisation DBB vertreten, dies gilt nicht nur für den Beamtenbereich, sondern auch für den Bereich der Tarifbeschäftigten, den der DDB zumindest in marginaler Weise in einer Verhandlungsgemeinschaft mit Ver.di mitrepräsentiert. In der Verhandlungsgemeinschaft ist Ver.di zwar die entscheidende Kraft, doch der

---

52 So hatte im Januar 1922 die Reichsgewerkschaft Deutscher Eisenbahnbeamten und -Anwärter, die immerhin mit 200.000 Mitgliedern die stärkste Organisation des DBB war, der Reichsregierung mit Streik gedroht, um eine Reihe von Forderungen durchzusetzen. Der Streik wurde verboten, von der Gewerkschaft jedoch gleichwohl ausgerufen und hauptsächlich von der Gewerkschaft Deutscher Lokführer GDL getragen. Da es an der Unterstützung fehlte, musste der Streik jedoch abgebrochen werden. Laut GDL wurden 440 Lokführer disziplinarisch bestraft (DBB 1968: II/51; vgl. hierzu auch Ellwein 1980).

53 Kennzeichnend für die Arbeitsbeziehungen bei der Bahn war in den letzten Jahren nicht zuletzt die Konkurrenz zwischen der EVG und der Gewerkschaft Deutscher Lokomotivführer GDL, die zwar dem DBB als Dachorganisation angehört, jedoch in ihrer gewerkschaftlichen Arbeit nicht den beamtenrechtlichen Einschränkungen unterliegt, da Lokführer keine Beamten sind und nicht nur streiken dürfen, sondern in den letzten Jahren auch merklich gestreikt haben.

54 Im – verglichen mit dem DGB – kleineren DBB, der sich weitgehend auf den öffentlichen Sektor konzentriert, sind 43 Gewerkschaften organisiert, die von der Bundesbankgewerkschaft VdB über die erwähnte GDL und den Bund Deutscher Forstleute BDF bis zur Gewerkschaft für den Kommunal- und Landesdienst komba reichen. Etliche dieser Organisationen sind eher als Fach- oder Standesverbände denn als Gewerkschaften zu verstehen. Zumindest manche verdienen die Bezeichnung Gewerkschaft jedoch durchaus und insbesondere die GDL ist auch ausgesprochen streikfreudig.

DBB versucht seit einigen Jahren vermehrt auch Tarifbeschäftigte zu organisieren.

Die Vorgeschichte von Ver.di bzw. ihrer für den öffentlichen Dienst zuständigen Fachbereiche und auch der Vorgängerorganisation *Gewerkschaft Öffentlicher Dienste, Transport und Verkehr* ÖTV unterscheidet sich von der Entstehung der Beamtenschaft und deren Repräsentanz im DBB deutlich, auch wenn heute neben Arbeitern und Angestellten auch zahlreiche Beamte bei Ver.di organisiert sind und vertreten werden. Die ersten Schritte zur Entstehung von ÖTV bzw. Ver.di gehen auf gewerkschaftliche Zusammenschlüsse un- und angelernter Gemeinde- und Transportarbeiter zurück, denen die damaligen Berufsgewerkschaften den Eintritt verwehrt hatten.[55] Bis zur Machtübernahme der Nationalsozialisten blieb die Gewerkschaftsbewegung in politische Strömungen aufgeteilt, wobei die mit der sozialdemokratischen Partei (SPD) verbundenen, sogenannten freien Gewerkschaften die stärkste Kraft stellten. Nach dem Ende des Faschismus, in dem die Gewerkschaften gleichgeschaltet und in die nationalsozialistische Deutsche Arbeitsfront (DAF) überführt worden waren, wurde die Lehre gezogen, dass sich die Beschäftigten unter dem Dach des DGB in einer parteipolitisch nicht festgelegten Einheitsgewerkschaft organisieren sollten, um sich zukünftig besser durchsetzen zu können. Der DBB schloss sich diesem Zusammenschluss jedoch nicht an (bis zur Gründung von Ver.di galt dies auch für die *Deutsche Angestelltengewerkschaft*, DAG).

2001 schloss sich die ÖTV mit den DGB-Gewerkschaften *Deutsche Postgewerkschaft* DPG, der *Gewerkschaft Handel, Banken und Versicherungen* HBV, der *Industriegewerkschaft Medien* IG Medien sowie der DAG zur Vereinten Dienstleistungsgewerkschaft Ver.di zusammen. Obwohl Ver.di mit der ÖTV die stärkste Vorgängerin im öffentlichen Dienst hat, war diese weder von der historischen Entstehung noch von der späteren Operationsweise in der Zeit nach dem zweiten Weltkrieg eine durchgängig von Angestellten oder sogar Beamten dominierte Organisation. Da sich zu Ver.di ganz unterschiedliche Gewerkschaften zusammengeschlossen haben, ist sie nicht allein im öffentlichen Sektor aktiv (Keller 2005).

---

55 Gering qualifizierte Arbeiter galten als nicht streikfähig. Die Gemeindearbeiter formulierten dabei früh den Anspruch, im Betrieb eine Gewerkschaft für alle aufzubauen. „Alle in Gemeindebetrieben Beschäftigten, gelernte ebenso wie ungelernte, ja sogar Angestellte sollten ihr angehören. Ein Konzept, das die deutschen Gewerkschaften zum Widerspruch herausforderte, das sich aber durchsetzen sollte" (Nachtmann 1996: 11; Furtwängler 1955).

Neben dem öffentlichen Dienst ist Ver.di u.a. auch in den Bereichen Verkehr, Printmedien, Postdienste, Telekommunikation und Handel aktiv.[56]

Wenn wir mit Blick auf die Beamten von Arbeitsbeziehungen sprechen, so begründet sich dies darin, dass sich trotz formal weitgehender Unilateralität und Streikverbot erstens rechtlich akzeptierte Elemente von Interessenartikulation, um einen Begriff von Hirschman (1970) aufzunehmen, von *voice,* finden lassen (Koalitionsrecht, Personalvertretung, Anhörung, Beschwerden), zweitens jedoch darin, dass eine vollständig unilaterale Determination der Arbeitsbedingungen von Staatsbeschäftigten selbst unter den Voraussetzungen totalitärer Herrschaft nur unzulänglich funktionieren dürfte. In einem demokratischen Kontext jedoch wären faktisch vollständig unilaterale Arbeitsbeziehungen nicht funktionsfähig (oder ansonsten zumindest extrem teuer). Die Exit-Option steht auch den Beamten im Grundsatz offen, sie wird nur deshalb selten gewählt, weil die Beamten etwas zu verlieren haben, wenn sie davon Gebrauch machen. Der Arbeitsmarkt stellt gleichwohl auch für die Beamtenbeschäftigung eine wichtige Hintergrundvariable dar, insbesondere, da auch im öffentlichen Sektor viele Tätigkeiten gleichermaßen von Beamten und Angestellten verrichtet werden. Das Tauschverhältnis, das die Beamten mit ihren Dienstherren eingehen, ist jedoch wenig explizit. Um noch einmal mit Hirschman (1970) zu sprechen, weder *voice* noch *exit* scheinen hier primär zu sein, sondern *loyalty* – jedenfalls solange sowohl Dienstherr als auch Beamte davon überzeugt sind, auf diese Weise nicht schlechter wegzukommen als andere Beschäftigte. Die lose Koppelung der Arbeitsbedingungen der Beamten an die der Tarifangestellten (bei zugleich höherer Arbeitsplatzsicherheit) macht die Arbeitsbedingungen der Beamten vergleichbar und bewertbar. Selbst wenn der Tausch selbst implizit bleibt, so können die Resultate doch mit den kollektivvertraglich ausgehandelten Bedingungen der anderen Beschäftigten verglichen werden. Ohne jede Kopplung an ein Tarifvertragssystem wären die öffentlichen Arbeitgeber mit dem Risiko konfrontiert, die Loyalität ihrer Beamten stark strapazieren zu müssen, um zu ermitteln, wie die effizienten Tauschrelationen aussehen, oder sie müssten sicherheitshalber gleich hohe „Effizienzlöhne“ bezahlen (Schmidt/Dworschak 2006). Ohne Streikrecht und Kollektivver-

56 Aufgrund einer relativ großen Eigenständigkeit der 13 Fachbereiche Ver.dis und der quantitativen Dominanz des öffentlichen Sektors (auch der Vorsitzende stammt aus diesem Bereich) kann nicht davon ausgegangen werden, dass die für den öffentlichen Sektor zuständigen Fachbereiche bei der Herausbildung der politischen Linie von anderen Fachbereichen stark beeinflusst werden.

handlungen würde ein rationales Instrument der Entgeltdetermination fehlen.

Die Tarifbeschäftigten: Kollektivverhandlungen und Tarifverträge

Obwohl die Staatsbeamten einmal den Idealtypus des mit hoheitlichen Aufgaben betrauten deutschen Staatsdieners darstellten, arbeiteten neben den Beamten und Richtern im öffentlichen Sektor stets auch gewöhnliche Beschäftigte, für die das Arbeitsrecht gilt. Die Zahl der nicht-verbeamteten Beschäftigten ist heute deutlich größer als die der Beamten (Abb. 4). Die Zahl letzterer wuchs im Zusammenhang mit der Übernahme und Ausweitung infrastruktureller und sozialstaatlicher Aufgaben durch den Staat. Entgegen aller Klischees von bürokratischer deutscher Überregulierung ist die Zahl der deutschen Staatsbeschäftigten, wie dargelegt, im internationalen Vergleich allerdings eher bescheiden (European Commission 2013: Table 3.1; Gottschall et al. 2015). In der jüngeren Vergangenheit bis zum Jahr 2008, d.h. in etwa bis zur Finanzmarkt- und Wirtschaftskrise, ging die Zahl der Tarifbeschäftigten absolut und in Relation zu den Beamten wieder zurück (vgl. Tab. 14). Zurückzuführen ist dieser Rückgang vor allem auf Privatisierungsmaßnahmen (nicht zuletzt des Bundes, etwa von Post und Telekommunikation), von denen die häufiger mit hoheitlichen Aufgaben betrauten Beamten weniger betroffen waren als Arbeiter und Angestellte, sowie auf die Finanznöte vieler Kommunen, die gezwungen waren, ihre Angebotspallette zu reduzieren und etwa Angebote in den Bereichen Kultur und Sport einzuschränken und verbleibende bzw. häufig gleichwohl ausgeweitete Aufgaben mit weniger Personal zu bewältigen. Die Politik der *Austerity* folgt in Deutschland nicht der Finanzmarktkrise und der in der Konsequenz gestiegenen Staatsverschuldung, sie geht der Krise vielmehr voraus: „*early austerity measures*" (Keller 2014b, 2015) begleiten die jüngere Entwicklung der Arbeitsbeziehungen des öffentlichen Sektors in Deutschland.

Da auch auf der Ebene der Länder eine gewisse Dezentralisierung von Organisationsstrukturen erfolgte, etwa eine größere Selbständigkeit von Universitäten und Universitätskliniken, entwickelte sich in manchen Bundesländern insbesondere bei den Universitätskliniken arbeitgeberseitig das Bestreben, nicht mehr den *Tarifvertrag der Länder* (TV-L) anzuwenden, sondern selbständig Tarifverträge abzuschließen. Die materiellen Resultate dieser tarifpolitischen Dezentralisierung fielen dabei bei ohnehin gestiegenen Transaktionskosten nicht immer wie gewünscht aus, weshalb zumindest manche Bundesländer darauf setzen, diese tarifpolitische Dezentralisierung durch die Bildung von Arbeitgeberverbänden auf Landesebene wieder einzufangen. Der größte Verband ist in Nordrhein-Westfalen, dem neben wenigen weiteren Mitgliedern 30 Universitäten und Fachhochschulen sowie 6 Universitätskliniken angehören. Die Funktion des Arbeitgeberverbandes, der vom Finanzminister vertreten wird, besteht somit nicht in einer weiteren Dezentralisierung, sondern einer arbeitgeberseitig stärker vom Land gesteuerten Koordination der Arbeitsbeziehungen sowie einer einheitlichen Vertretung innerhalb der *Tarifgemeinschaft deutscher Länder* (TdL).

Personalräte im öffentlichen Dienst sind weitaus verbreiteter als dies Betriebsräte in der Privatwirtschaft sind. Während 2012 lediglich 9% aller privatwirtschaftlichen Betriebe mit mindestens 5 Beschäftigten (betriebsratsfähig) einen Betriebsrat haben, womit 43% aller Beschäftigten abgedeckt sind (Ellguth/Kohaut 2015: 294, Tab. 5), scheinen, von Ausnahmen und kleinen Gemeinden abgesehen, in den allermeisten Kommunen und Dienststellen Personalräte zu bestehen. Mit Blick auf die Rechte der Personalräte kann unterschieden werden zwischen Mitbestimmung (Zustimmung des Personalrats ist erforderlich), Mitwirkung (die Maßnahme muss mit dem Personalrat besprochen werden) und Anhörung (der Personalrat kann Bedenken äußern, der Arbeitgeber muss Stellung dazu nehmen). Dabei zählen regelmäßige und vertrauensvolle Kommunikation sowie die Wahrung des Betriebsfriedens zu den Basisregeln.[57]

57 In § 66 Bundespersonalvertretungsgesetz heißt es: „(1) Der Leiter der Dienststelle und die Personalvertretung sollen mindestens einmal im Monat zu Besprechungen zusammentreten. In ihnen soll auch die Gestaltung des Dienstbetriebes behandelt werden, insbesondere alle Vorgänge, die die Beschäftigten wesentlich berühren. Sie haben über strittige Fragen mit dem ernsten Willen zur Einigung zu verhandeln und Vorschläge für die Beilegung von Meinungsverschiedenheiten zu machen. (2) Dienststelle und Personalvertretung haben alles zu unterlassen, was geeignet ist, die Arbeit und den Frieden der Dienststelle zu beeinträchtigen. Insbesondere dürfen Dienststelle und Personalvertretung keine Maßnahmen des Arbeitskampfes gegeneinander durchführen. Arbeitskämpfe tariffähiger Parteien werden hierdurch nicht berührt. (3) Außenstehende Stellen dürfen erst angerufen werden, wenn eine Einigung in der Dienststelle nicht erzielt worden ist."

Tab. 14: Beamte und sonstige Staatsbeschäftigte in Deutschland

	Beamte/Beamtinnen und RichterInnen					**ArbeitnehmerInnen**				
Jahr	Insgesamt	Bundes-bereich	Landes-bereich	Kommunaler Bereich	Sozial-versicherung	Insgesamt	Bundes-bereich	Landes-bereich	Kommunaler Bereich	Sozial-versicherung
1991	1.843,5	-	-	-	-	4.637,1	-	-	-	-
1998	1.704,5	-	-	-	-	3.172,7	-	-	-	-
1999	1.693,3	-	-	-	-	3.086,3	-	-	-	-
2000	1.684,6	209,8	1.255,0	178,6	41,1	3.037,8	201,3	1.135,6	1.393,4	307,4
2001	1.666,8	201,9	1.246,2	177,3	41,4	2.969,5	196,4	1.105,8	1.358,5	308,8
2002	1.674,8	197,8	1.256,6	178,3	42,1	2.949,1	191,2	1.112,8	1.334,4	310,7
2003	1.689,9	195,7	1.271,6	179,7	42,9	2.902,6	190,4	1.101,4	1.300,2	310,6
2004	1.696,9	193,4	1.281,6	180,4	41,5	2.785,3	188,3	1.065,8	1.230,0	301,2
2005	1.691,6	190,1	1.276,8	184,1	40,7	2.722,7	185,7	1.021,3	1.188,9	326,8
2006	1.694,5	189,2	1.281,4	184,2	39,7	2.697,4	181,6	1.005,7	1.174,0	336,1
2007	1.686,0	187,8	1.275,5	184,0	38,7	2.669,8	178,0	997,6	1.157,3	337,1
2008	1.672,7	184,8	1.266,1	184,8	37,0	2.648,8	168,2	996,7	1.146,5	337,4
2009	1.674,2	183,6	1.268,9	185,5	36,2	2.688,4	165,3	1.015,2	1.164,7	343,1
2010	1.687,1	182,9	1.282,6	186,1	35,5	2.713,4	161,7	1.035,2	1.169,2	347,3
2011	1.698,2	182,4	1.293,9	186,2	35,6	2.719,2	156,8	1.043,0	1.181,0	338,4
2012	1.702,0	181,6	1.299,4	186,3	34,6	2.735,9	152,8	1.047,1	1.199,7	336,2
2013	1.694,5	180,3	1.293,8	186,5	33,9	2.766,6	149,4	1.059,9	1.219,9	337,4
2014	1.678,6	179,7	1.279,8	186,1	33,0	2.804,3	147,3	1.076,8	1.241,8	338,4

Quelle: Statistisches Bundesamt (2011, 2015): Tabelle 8.1.1.

Die Orientierung am Betriebsfrieden und das Arbeitskampfverbot für die betriebliche Interessenvertretung gelten auch für die Betriebsräte des Privatsektors. Sie sind konstitutiver Bestandteil des dualen Systems der Interessenvertretung, auch wenn sich in der Praxis häufig eine enge Zusammenarbeit zwischen Betriebs- und Personalräten einerseits sowie den jeweiligen Gewerkschaften andererseits herausgebildet hat. Betriebs- wie Personalräte sind selbst häufig Gewerkschaftsmitglieder und übernehmen für ihre Organisation eine Ansprech- und Mobilisierungsfunktion, oft sind sie auch die zentralen *Organizing*-Agenten der Gewerkschaften und sprechen neue Beschäftigte oder Auszubildende schon bei der Einstellung auf eine Gewerkschaftsmitgliedschaft an. Umgekehrt unterstützen die Gewerkschaften die Betriebs- und Personalräte durch Information und Schulung. Vor allem können die Gewerkschaften mittels Tarifabschlüssen auch dann materielle Verbesserungen durchsetzen, wenn dies nur im Konflikt geht. Personalräte sind vor dem Hintergrund der fehlenden Arbeitskampffähigkeit kaum dazu in der Lage, Verbesserungen bei Entgelt und Arbeitszeiten durchzusetzen. Während private Unternehmen in der Regel über das Recht verfügen, auf monetäre Forderungen von Betriebsräten und Belegschaften einzugehen und auch bei Gültigkeit eines Tarifvertrages übertarifliche Zulagen gezahlt werden können, ist dies im öffentlichen Sektor in aller Regel nicht der Fall. Die sogenannte „Tarifautomatik" regelt, dass die Arbeitgeber auf Dienststellenebene oder kommunaler Ebene kein eigenständiges Recht auf Eingruppierung und Entgeltgestaltung besitzen. Das in Kollektivverträgen vereinbarte Entgelt stellt deshalb nicht nur die Untergrenze, sondern auch die Obergrenze der Bezahlung dar. Da der Staat als Arbeitgeber der unmittelbaren Finanzkontrolle staatlicher Behörden unterliegt (Rechnungshof, Gemeindeprüfungsanstalt) und bei Verstößen gegen die Ausgabendisziplin mit Sanktionen gerechnet werden muss, kann eine „Tarifautomatik" bei Bund, Ländern und Kommunen einfacher durchgesetzt werden als in der Privatwirtschaft (der Versuch, in der Metall- und Elektroindustrie Baden-Württembergs eine der Tarifautomatik ähnliche Regel einzuführen, löste heftige Konflikte aus, vgl. Bahnmüller/Schmidt 2009).

Der in der Privatwirtschaft seit Jahren stattfindende Rückgang der Tarifbindung fand im öffentlichen Sektor bisher kaum statt. Während gesamtwirtschaftlich, den öffentlichen Dienst eingeschlossen, laut IAB-Betriebspanel 2014 60% der Beschäftigten im Westen und 47% im Osten Deutschlands (1998 76% bzw. 63%) unter einem Tarifvertrag arbeiten, beträgt die Tarifbindung für die öffentliche Verwaltung noch immer 99% im Westen und 98% im Osten (WSI-Tarifarchiv 2015). Würde aus einer im öffentlichen Sektor deutlich über dem Durchschnitt liegenden Tarifvertragsdeckung jedoch auf überdurchschnittliche Entgeltsteigerungen geschlossen, so wäre dies ein Fehlschluss. Lange Zeit bestimmte das sogenannte Geleitzugprinzip die Praxis der Entgeltdetermination, eine Art von *pattern bargaining*, bei dem vor allem die gut organisierte und durchsetzungsstarke Gewerkschaft IG Metall Entgeltsteigerungen in der exportorientierten Metall- und Elektroindustrie durchgesetzt hat, die dann anschließend in ähnlicher Höhe in anderen Branchen und auch für den öffentlichen Dienst vereinbart wurden. Diese Praxis funktionierte jedoch in der jüngeren Vergangenheit nur sehr eingeschränkt, da die Gewerkschaften in Teilen des privaten Dienstleistungssektors marginalisiert und ihre Durchsetzungsfähigkeit im öffentlichen Sektor unter dem Druck von Staatsverschuldung, Privatisierung und Austeritätspolitik geschwächt war. Der öffentliche Sektor fiel in der Verdienstentwicklung gegenüber den Exportsektoren zurück. Dies wirkte sich vor dem Hintergrund der strikten Entgeltregulierung im öffentlichen Sektor auch negativ auf die Wettbewerbsfähigkeit des Arbeitgebers Staat auf dem Arbeitsmarkt aus.

Da der Tarifbereich des öffentlichen Sektors angesichts hoher Flächentarifbindung und „Tarifautomatik" einer ausgeprägten Regulierung unterliegt, regte dies vor allem bei den Kommunen bzw. bei der *Vereinigung der kommunalen Arbeitgeberverbände* (VKA) immer wieder Ideen der Flexibilisierung und der Variabilisierung der Verdienste an.[58] Allerdings wurden in der Praxis mitunter durch Aufgabenbeschreibungen, die Stellen umfangreichere Funktionen zuschrieben, als es der tatsächlichen Praxis entsprach, und demnach nach Papierlage eine höhere Eingruppierung erlaubten, Wege gefunden, um sich bei Arbeitsmarktengpässen zu behelfen („verdeckte Entgeltspanne", Schmidt/Müller/Trittel 2011: 218). Solche Praktiken sind nicht so einfach aufzudecken und auch das etwa zur Kontrolle der kommunalen Ebene eingesetzte Instrument des „interkommunalen Vergleiches", bei dem auch Stellenpläne und Personalkosten verglichen werden, versagt dann, wenn sich Kommunen unter ähnlichem Arbeitsmarktdruck mit Blick auf die verdeckte Entgeltspanne ähnlich verhalten.

---

58 So führt ein einflussreicher Vertreter des regionalen Kommunalen Arbeitgeberverbandes Nordrhein-Westfalen (KAV NW) aus: „Der entscheidende Systemunterschied heutiger privatwirtschaftlicher Bezahlung zu derjenigen im öffentlichen Tarifrecht besteht darin, dass dort die tarifierte Vergütung vom jeweiligen Arbeitgeber bis zum Teil 40% aufgestockt wird (AT-Vergütung, Lohndrift), während hier die öffentliche Vergütung bis in alle Einzelheiten und bis in die höchsten Eingruppierungsränge von den Tarifvertragsparteien selbst festgelegt ist" (Vesper 1996: 152).

5.2 Verhandlungsprozesse im öffentlichen Sektor

Zwei Vertretungstypen: Ver.di und der Beamtenbund

Analog zu den beiden Varianten von Beschäftigungssystemen lassen sich auch zwei jeweils dominante Vertretungstypen finden: Den ersten Vertretungstyp können wir zunächst in Anlehnung an die von Keller (1981) vorgeschlagenen Bezeichnungen für die Regulierungsprozesse ebenfalls als *bargaining model* bezeichnen, wobei wir jedoch grundlegende Unterschiede zum Privatsektor sehen, weshalb dieser Vertretungstyp auch als *public stage bargaining* bezeichnet werden soll. Wir werden darauf zurückkommen. Eine Übernahme des Terminus *legislation model* auch zur Bezeichnung eines Vertretungstypus wäre hingegen weniger passend, da DBB und DGB zwar auf die für die Beamten relevante Gesetzgebung Einfluss zu nehmen versuchen, ihnen selbst jedoch keine Gesetzgebungskompetenz zusteht. Eher schon geht es im Beamtenbereich – bei allen Einschränkungen der Interessenvertretung – ebenfalls um so etwas wie *Bargaining*, ein Bargaining allerdings, das sich auf Lobbying und Netzwerkbildung konzentriert und sich dabei immer wieder auf die grundgesetzlich garantierten „hergebrachten Grundsätze des Berufsbeamtentums" beruft. Wir wollen diesen Vertretungstyp *political stage bargaining* nennen.

Doch inwieweit kann im Beamtenbereich, in dem Entgelt und Arbeitsbedingungen weitgehend gesetzlich festgelegt werden, von Interessenvertretung überhaupt die Rede sein? Zum einen, darauf haben wir bereits hingewiesen, haben auf der Ebene der Dienststellen und der Kommunen auch die Beamten das Recht, Personalräte zu wählen und sich durch diese vertreten zu lassen. Zum anderen träfe eine Diagnose unilateraler Arbeitsbeziehungen allenfalls im Rahmen eines einfachen, bipolaren Modells der Arbeitsbeziehungen zu, in dem sich lediglich Arbeitgeber- und Arbeitnehmerseite gegenüberstehen. Da der Staat unmittelbar als Arbeitgeber involviert ist, kann er sich zwar nicht auf die Rolle der *third party* beschränken. Allerdings verschwindet die politische Funktion des Staates dadurch nicht, auch wenn, wie Hyman formuliert, „the simple notion of 'three actors' in industrial relations – workers, employers and government – is inadequate, since the state so to speak occupies two seats at the table" (Hyman 2008: 264f). Nehmen wir die Idee auf, dass der Staat damit eine „Doppelfunktion" (u.a. Keller 2010a: 7) als Gesetzgeber und als Arbeitgeber einnimmt, dann öffnet sich zumindest im demokratischen Staat eine weitere Arena der Auseinandersetzung.

Beamte und andere Beschäftigte des öffentlichen Dienstes können Entscheidungen ihres Arbeitgebers bei Wahlen mit dem Stimmzettel sanktionieren oder im Vorfeld mit einer Sanktionierung drohen (Keller 1981). Öffentliche Drohungen des DBB mit Stimmentzug im Falle von Entscheidungen, die gegen Beamteninteressen verstoßen, kommen hin und wieder vor, dürften jedoch häufiger hinter verschlossenen Türen geäußert oder unausgesprochen im Hintergrund wirksam sein (Keller 1981: 352 spricht von einer latenten und einer manifesten Form). Zumindest latente Drohungen zum Entzug der Unterstützung bei Wahlen dürften einen relevanten Anteil daran haben, dass die Anhörungsverfahren im Falle der Vorbereitung beamtenrelevanter Gesetze auch als mehr oder weniger implizites *bargaining* verstanden werden müssen. Doch auch unabhängig von Anhörungen in Gesetzgebungsverfahren bestehen enge Kontakte zwischen Ministerialbürokratie und (vor allem) DBB (teilweise sind hohe Beamte ebenfalls DBB-Mitglieder), aber auch zwischen Parlamentsabgeordneten, von denen viele Beamte sind und dem DBB oder einer DGB-Gewerkschaft angehören.

Es handelt sich bei den Beamten um *bargaining* im politischen Feld, das sich nur gelegentlich an die Öffentlichkeit oder die eigenen Gewerkschaftsmitglieder wendet,[59] jedoch in letzter Instanz auf Letztere angewiesen bleibt, da Drohungen mit Stimmenentzug nur solange wirken, wie glaubwürdig bleibt, dass Wahlaufrufen auch gefolgt wird. Mit Blick auf den Beamtenbereich könnte dann von unilateralen Arbeitsbeziehungen gesprochen werden, wenn der Streik im öffentlichen Sektor als einziges Instrument zur Durchsetzung von Arbeitnehmerinteressen betrachtet werden müsste. Dies ist jedoch nicht der Fall, denn auch Lobbying muss gegenüber dem Staat nicht ohne Druckmittel auskommen.

Vor allem der DBB beruft sich regelmäßig auch auf den verfassungsmäßigen Status des Berufsbeamtentums und die Verpflichtung des Staates zu einer angemessenen Besoldung. Die Berufung auf die einschlägigen Verfassungsbestimmungen und (angedrohte) Klagen vor dem Bundesverfassungsgericht sind nicht weniger wichtig als Appelle an das Wahlverhalten. Die Verfassung und die Gerichtsentscheidung scheinen zumindest aus Sicht des DBB gewissermaßen die eigentlich letzte Machtinstanz darzustellen, auf die sich die Interessenvertretung der Beamten gründet. Ein Streikrecht für Beamte fordert der DBB im Unterschied zum DGB nicht, obwohl die Möglichkeit bestünde, sich dabei auf die Europäische Menschenrechtskonvention zu berufen. Das Risiko, im Falle des Streikrechts

59 Mitunter trägt das *political stage bargaining* auch Züge eines *political backstage bargaining* (Friedman 1995).

im Gegenzug den Beamtenstatus zu verlieren, ist dem DBB zu riskant. Wahrscheinlich würde eine Angleichung des Charakters des Beschäftigungssystems und der Arbeitsbeziehungen der Beamten an die der Tarifbeschäftigten derzeit auch keine Unterstützung der DBB-Mitglieder finden. Die Arbeitsbeziehungen des Beamtenbereichs sind mit Verweis auf fehlendes Streikrecht und Unilateralität somit nicht hinreichend charakterisiert. Offenbar gelingt es den Beamten durchaus, ihre Interessen zu wahren.

Zwar gibt es ein nie ganz aufzuhebendes Instrument streikähnlicher Interessendurchsetzung, über das auch die Beamten verfügen, den „Dienst nach Vorschrift", doch ansonsten unterscheiden sich die Chancen der Beamten, ihre Interessen zu vertreten, je nach Staatsverfassung ganz erheblich. Die Doppelfunktion des Staates „als politischer Akteur und Arbeitgeber" (Schmidt/Müller/Trittel 2011: 311) raubt in einer demokratischen Gesellschaft den Arbeitsbeziehungen trotz fehlender Tarifverträge die Unilateralität. Für den Beamtenbereich agiert das Parlament sowohl als *third party* als auch als Arbeitgeber, da es die Arbeitsbedingungen gesetzlich regelt. Mit Blick auf die Tarifbeschäftigten jedoch sind es neben den Kommunalen Arbeitgeberverbänden (VKA) nicht zuletzt der Bundesinnenminister und die Finanzminister der Länder, die im *bargaining* eine zentrale Rolle spielen. Die Arbeitgeberfunktion des Staates ist somit verteilt: Die Parlamente definieren die Beschäftigungsbedingungen der Beamten, die Exekutive (bzw. für die Kommunen die VKA) handelt die Tarife aus. Minister, Behördenleiter und Kommunen geben als Arbeitgeber Weisungen und verhandeln mit Personalräten. Da Auseinandersetzungen zwischen Beamten und Staat mitunter auch vor Gericht stattfinden, spielt neben der politischen und der gesellschaftlichen auch die juristische Arena eine wichtige Rolle.

Entgelt und Tarif- und Dienstrechtsreform

Der überragende Veränderungsprozess der letzten 20 Jahre bezog sich im Tarifbereich auf den Versuch, der gesamtgesellschaftlich zu beobachtenden Erosion der Flächentarifverträge eine Modernisierung des Tarifrechts entgegenzusetzen, die alten, unzeitgemäß erscheinenden Tarifverträge abzulösen und damit Ansprüchen zu genügen, die gesellschaftlich und rechtlich an Bedeutung gewonnen haben. Die Tarifreform zielte auf die Einführung einheitlicher Tarifverträge für Arbeiter und Angestellte, einen Wechsel der Entgeltprinzipien von einer Orientierung an der Alimentation zum Leistungsprinzip und die Einführung erneuerter Eingruppierungsbestimmungen, die einheitlich, rational, zeitgemäß und diskriminierungsfrei ausgestaltet werden und zudem einen wichtigen Impuls zur Modernisierung des öffentlichen Dienstes insgesamt geben sollten (Schmidt/Müller/Trittel 2011: 9).

In der „Prozessvereinbarung“ von 2003, in der sich die Tarifparteien auf die Grundzüge der angestrebten Veränderungen für Bund, Länder und Kommunen verständigt hatten (Schmidt/Müller/Trittel 2011: 43) sind die Ziele niedergeschrieben, die mit der Neugestaltung des Tarifrechts verfolgt werden sollten:

> „- Stärkung der Effektivität und Effizienz des öffentlichen Dienstes
> - Aufgaben- und Leistungsorientierung
> - Kunden- und Marktorientierung
> - Straffung, Vereinfachung und Transparenz
> - Praktikabilität und Attraktivität
> - Diskriminierungsfreiheit
> - Lösung vom Beamtenrecht
> - einheitliches Tarifrecht für Angestellte und Arbeiterinnen/Arbeiter“
> (Anlage zum Tarifabschluss am 9. Januar 2003)

Vereinbart wurde im Januar 2003 darüber hinaus, dass die neuen Tarifverträge bis Ende Januar 2005 abgeschlossen werden sollten, was mit dem TVöD zumindest für den Bund und die Kommunen vordergründig gelang, auch wenn auf wesentliche Elemente der Neuordnung zunächst verzichtet wurde.

Gedacht war, die Neufassung des Tarifrechts mit einer Modernisierung des Dienstrechts für die Beamten zu verbinden. Neben der Prozessvereinbarung der Tarifparteien verständigten sich DBB und ver.di mit dem damaligen Bundesinnenminister Otto Schily im Jahr 2004 auf ein gemeinsames „Eckpunktepapier“ zur Reform des Beamten- und des Tarifrechts (vor der Föderalismusreform I war der Bund noch allein für das Beamtenrecht zuständig). Als Zielorientierung wurde unter anderem ein Abschied vom Alimentationsprinzip zugunsten einer stärkeren Leistungsorientierung genannt (Schily/Heesen/Bsirske 2004; vgl. auch Czerwick 2007). Mit Blick auf das Dienstrecht heißt es in diesem Papier:

> „Das Dienstrecht kann im Rahmen des bestehenden Verfassungsrechts flexibilisiert, dezentralisiert und dereguliert werden, um künftig im Personalbereich differenziert und situationsbezogen handeln zu können.“ (Schily/Heesen/Bsirske 2004: 5)

Dienst- und Tarifrecht sollten in ähnlicher Weise verändert werden:

> „Die gegenwärtigen Verhandlungen zur Tarifrechtsreform haben das Ziel, ein flexibles, leistungsorientiertes, diskriminierungsfreies und transparentes Tarifrecht zu vereinbaren. Die im Beamtenrecht und Tarifrecht angestrebten Re-

formen sollen in die gleiche Richtung gehen." (Schily/Heesen/Bsirske 2004: 4)

Obwohl der Beamtenstatus in der Bevölkerung zu diesem Zeitpunkt wenig beliebt war und nicht selten als antiquiert galt, zielte das „Eckpunktepapier" gleichwohl nicht auf eine Abschaffung des Beamtenstatus, sondern auf eine parallele Reform von Dienst- und Tarifrecht entlang der Ideen des *New Public Management*.

Veränderungsbedarf entsprang auch unmittelbar aus dem Tarifsystem selbst, da die bis zur Tarifreform geltenden Tarifverträge, im Wesentlichen der Bundes-Angestelltentarifvertrag (BAT), der Bundesmanteltarifvertrag für Arbeiter gemeindlicher Verwaltungen und Betriebe (BMT-G II) und der Manteltarifvertrag für Arbeiterinnen und Arbeiter des Bundes und der Länder (MTArb) ca. vierzig Jahre alt waren und die veränderten Qualifikationsstrukturen und Arbeitsmarkterfordernisse nicht mehr angemessen repräsentierten. Punktuelle Nachbesserungen hatten zudem zu einem Flickwerk von unsystematischen sowie diskriminierenden Tarifbestimmungen geführt.

Da sich die Tarifparteien nicht auf ein neues, modernisiertes und diskriminierungsfreies System der Arbeitsbewertung und Eingruppierung verständigen konnten, wurde die Tarifreform mit dem Abschluss von TVöD und TV-L zwar relativ zügig zu einem Resultat geführt, das Herzstück der Reform blieb jedoch unvollendet. Eile kam nicht nur auf, weil sich die Tarifparteien auf ein zügiges Vorgehen verständigt hatten, sondern auch, weil die Gewerkschaften befürchteten, durch die Bundestagwahl könnte sich eine Regierungsbeteiligung der eine radikale Deregulierung fordernden FDP ergeben und zu einer Gefährdung der Flächentarifverträge im öffentlichen Dienst führen.

Zwar wurde eine einheitliche Entgelttabelle für Arbeiter und Angestellte mit 15 Entgeltgruppen (sowie einer Reihe von Erfahrungsstufen) vereinbart, doch hinter der vordergründigen Harmonisierung galten noch jahrelang die alten, für Arbeiter und Angestellte unterschiedlichen Regeln der Arbeitsbewertung weiter (Schmidt/Müller/Trittel 2011). Es wurde lediglich eine neue Niedriglohngruppe EG 1 eingeführt, die jedoch zunächst keine große Bedeutung erlangte. 2014 sind bei den Kommunen ca. 20.000 Beschäftigte in der EG 1 eingruppiert (vgl. Tab. 20). Im Jahr 2012 wurden zunächst für die Länder und dann 2014 für den Bund neue Eingruppierungsbestimmungen vereinbart (sog. „Neue Entgeltordnung"), die jedoch im Kern an den alten Regeln festhalten und die einmal gehegten Vorstellungen einer grundlegenden Reform nicht erfüllen. 2015 wurden die Eingruppierungsbestimmungen der Kommunen ebenfalls moderat modifiziert (Wegfall überholter und begrenzte Aufnahme neuer Tätigkeitsbeschreibungen bei Fortbestand der Eingruppierungsgrundsätze). Zwar ist mit der Vereinbarung der neuen Entgeltordnungen kein Verzicht auf weitere Veränderungen verbunden, doch zumindest auf absehbare Zeit darf mit grundlegenden Veränderungen der vereinbarten Eingruppierungsbestimmungen wohl nicht mehr gerechnet werden.

Doch während es zunächst nicht gelang, neue Eingruppierungsregeln zu vereinbaren, wurde bereits 2005 bzw. 2006 für die Tarifbeschäftigten eine Komponente variabler, leistungsorientierter Bezahlung (LOB) vereinbart, die zunächst 1%, später dann 2% der vorjährigen kollektiven Grundentgeltsumme umfasst (und später 8% umfassen sollte, Schmidt/ Müller 2013). Ohne Zustimmung hierzu wäre wahrscheinlich kein rascher Tarifabschluss zu erreichen gewesen. Während manche Kommunen und regionale Vertreter kommunaler Arbeitgeberverbände mit der Einführung der LOB weitreichende Reformhoffnungen verbanden und sich verbesserte Praktiken bei Führung, Steuerung, Dienstleistungserbringung sowie Leistung versprachen, waren die Gewerkschaften skeptischer. Der DBB erwartete gleichwohl eher positive Effekte, und auch Ver.di, dies zeigt unter anderem die Unterschrift unter das Eckpunktepapier, stand zur LOB zunächst keineswegs in fundamentaler Gegnerschaft.

Allerdings erwies sich die LOB-Umsetzung bald als defizitär. Auf Länderebene kam es letztlich zu keiner Einführung, da keine Einigung auf regionale Umsetzungs-Tarifverträge erfolgte, da Ver.di nicht zustimmte und das Interesse auch auf Arbeitgeberseite wenig ausgeprägt war. Die gewerkschaftliche Bereitschaft zu *concession bargaining*, noch 2005 als unvermeidlich erachtet, um den Flächentarifvertrag zu retten, hatte erheblich nachgelassen, denn die liberale Regierungsbeteiligung war nicht zustande gekommen. Der § 18 TV-L zum Leistungsentgelt ist inzwischen gestrichen.

Auf der Bundesebene wurde LOB zwar eingeführt, doch das Interesse daran blieb ebenfalls eher gering und die Umsetzung wurde mittlerweile freigestellt. Bei den Kommunen, wo sich Arbeitgeber und Personalräte vor der praktischen Anwendung auf eine einvernehmliche Dienstvereinbarung einigen müssen, entwickelte sich eine ausgesprochen heterogene Praxis: In etwas mehr als der Hälfte der Kommunen wurde LOB tatsächlich eingeführt und auch dort wurden kaum signifikante Effekte erzielt – mit einer Ausnahme: die Zahl der zuvor seltenen Mitarbeitergespräche nahm erheblich zu. Darüber hinaus wurden gewisse Effekte in jener Minderheit von Kommunen erzielt, die das Instrument der Zielvereinbarungen der weitaus verbreiteteren sogenannten Systematischen Leistungsbewertung vorzogen (Schmidt/Müller 2013). Da der Nutzen gering und die Transaktionskosten hoch sind, und zudem viele Beschäftigte, Personalräte und auch Arbeitgeber unzufrieden mit der LOB-Einführung waren, fordert Ver.di seither die Abschaffung. Die LOB-Einführung, die zumindest intentional größte Regelungsveränderung aus Sicht der VKA, muss zumindest in der Fläche als gescheitert gelten. Damit wurde eine Befürchtung wahr, die sich bereits im „Eckpunktepapier" von 2004 niedergeschlagen hatte:

> „Der Erfolg der Reform hängt wesentlich von den Beschäftigten des öffentlichen Dienstes ab. Die Beschäftigten, ihre Personalvertretungen und die Gewerkschaften sind aufgerufen, an der Umsetzung aktiv mit zu arbeiten. Der Modernisierungsprozess kann nur gemeinsam mit den Mitarbeiterinnen und Mitarbeitern gestaltet werden." (Schily/Heesen/Bsirske 2004: 5)[60]

Nachdem bei Bund und Ländern schließlich moderat modernisierte neue Eingruppierungsbestimmungen vereinbart wurden, verhandelten die Gewerkschaften mit der TdL auch über Eingruppierungsbestimmungen für nicht-verbeamtete Lehrer, für die bis dahin keine tarifvertraglich vereinbarten Eingruppierungsbestimmungen galten und deren Eingruppierungen zuvor durch Arbeitgeberrichtlinien geregelt waren (nicht bindende TdL-Richtlinie sowie Länderentscheidungen).[61] 2015 einigten sich die TdL und der DBB dann auf Eingruppierungsbestimmungen (Entgeltordnung Lehrkräfte), die aus Sicht der TdL aus grundsätzlichen Überlegungen im Interesse der Beschäftigten und der Gewerkschaften hätten liegen müssen, auch wenn die materiellen Vorstellungen der GEW, die deutliche Verbesserungen durchzusetzen versuchte, sich nicht erfüllt haben. Aus Sicht der TdL waren die Forderungen der GEW nicht finanzierbar. Die GEW sieht dies jedoch anders und hat der Entgeltordnung Lehrkräfte nicht zugestimmt, wodurch insbesondere vor dem Hintergrund des in 2015 verabschiedeten Tarifeinheitsgesetzes, das verlangt, dass innerhalb eines Betriebes nur die stärkste Gewerkschaft einen Tarifvertrag abschließen darf, eine etwas vertrackte Situation entstand, zumal die GEW keineswegs als die gegenüber dem DBB schwächere Organisation bei den angestellten Lehrern gilt. Da die TdL die Entgeltordnung Lehrkräfte für alle Lehrer anwenden will, hatte die GEW Berlin gegen deren Anwendung gericht-

---

60 Gegen diese Erkenntnis verstieß in gewisser Weise bereits das „Eckpunktepapier" selbst, denn bereits dieses zog seitens anderer DGB-Gewerkschaften heftige Kritik auf sich (Handelsblatt 2004).

61 Die Anzahl der angestellten Lehrer bei den Ländern betrug 2014 immerhin 205.175, nahezu ein Viertel der Gesamtzahl bei den Ländern beschäftigter Lehrer (Statistisches Bundesamt 2015: Tabellen 2.8.1 und 2.8.3), wobei der Anteil der angestellten Lehrer an allen Lehrern zwischen den Bundesländern stark schwankt. Hoch ist er insbesondere in Mecklenburg-Vorpommern, Sachsen und Sachsen-Anhalt.

lich geklagt, jedoch den Prozess verloren. Da die GEW ebenso wie Ver.di das Tarifeinheitsgesetz ablehnt und als Einschränkung des Streikrechts bewertet, ist dies eine doppelt heikle Situation. Nachdem die Bundesebene der GEW den Tarifabschluss nicht mittragen will, hat sich die TdL an die einzelnen Landesverbände der GEW gewandt und separate Abschlüsse angeboten. Ein Vorgang, den die GEW wiederum als Spaltungsversuch geißelt.[62] Mitte Februar 2016 verständigten sich TdL und DBB dann nach der Darstellung Letzterer auf eine Verbesserung der Entgeltordnung (DBB 2016). Ob es der GEW gelingen wird, hinreichend Druck aufzubauen, um die Lage in ihrem Sinne zu verändern, oder ob sie beim Thema Entgeltordnung für Lehrer in eine schwierige Lage geraten ist, also auf diesem Feld vorerst *de facto* ihre Tarifführerschaft an den DBB verloren hat, bleibt abzuwarten.

■ 5.3 Arbeitsbedingungen im öffentlichen Sektor

Da sich die Relation der Beschäftigtenanteile von Beamten und Arbeitnehmern seit Mitte der 1990er Jahre nicht mehr sehr stark verändert hat, der Beamtenanteil sogar etwas gestiegen ist (vgl. Abb. 4), könnte der Eindruck eines Beschäftigungssystems entstehen, das sich ohne größere Abstriche durch stabile, dauerhafte und beschäftigtenfreundliche Arbeitsbedingungen auszeichnet. Doch der Staat ist heute nicht mehr in derselben Weise der überdurchschnittliche „*good employer*“ der Vergangenheit. Allerdings wirken sich Verschlechterungen der Arbeitsbedingungen in unterschiedlicher Weise aus und manche Veränderungen konzentrieren sich auch nur auf bestimmte Bereiche. Mit Bezug auf eigene Analysen sowie einem Blick auf einschlägige Literatur kommen Keller/Seifert (2014) zu folgendem Resultat: „Bund, Länder und Gemeinden sind längst nicht mehr die ‚Modell-Arbeitgeber‘ der Nachkriegsjahrzehnte und nehmen ihre ehemalige Vorbildfunktion für die Ausgestaltung von Arbeitsverhältnissen in der Privatwirtschaft nicht mehr oder nur mit Abstrichen wahr (Tepe/Kroos 2010; Briken et al. 2014). Die Dichotomie öffentliche versus

---

62 „Die TdL hat allen GEW-Landesverbänden angeboten, auf Landesebene inhaltsgleiche Tarifverträge abzuschließen. Die für Tarifpolitik zuständige Bundesebene der GEW wurde jedoch nicht einbezogen. Die zuständigen Gremien bewusst zu umgehen, ist ein bemerkenswerter Stilbruch der TdL im Umgang mit ihrem Tarifpartner. Das Ziel dieses ‚Angebots‘ ist natürlich eine Spaltung der GEW. Dieser Versuch wird scheitern.“ (GEW 2015).

private Arbeitgeber bildet die realen Verhältnisse längst nicht mehr ab" (Keller/Seifert 2014: 636).

Befristete Arbeitsverhältnisse sind im öffentlichen Dienst häufiger als in der Privatwirtschaft, übertroffen wird der öffentliche Sektor beim Befristungsanteil nur noch durch den sogenannten Dritten Sektor bzw. Non-Profit-Bereich: Hohendanner, Ostmeier und Ramos Lobato (2015: 33, Tab. 9) nennen auf der Basis des IAB-Betriebspanels für das Jahr 2014 einen Anteil von 6,7% Befristungen in der Privatwirtschaft, 10,4% im öffentlichen Sektor und 15,1% im Non-Profit-Bereich. Basierend auf Daten des Mikrozensus, die sich etwas von denen des IAB-Betriebspanels unterscheiden, zeigt sich, dass die überdurchschnittlichen Befristungsanteile weitgehend auf den Wissenschaftsbereich zurückzuführen sind, in dem die Befristungen in den letzten Jahren deutlich zugenommen haben (vgl. Tab. 15).[63] Erwartungsgemäß sind Befristungen bei Angestellten häufiger als bei Beamten, doch auch bei Letzteren kommen solche vor, vor allem jedoch im Anwärterstatus.

Bei allen Datendifferenzen konstatieren Hohendanner, Ostmeier und Ramos Lobato (2015: 46f.), dass die Entwicklung „befristeter Beschäftigung im öffentlichen Sektor (ohne wissenschaftliche Einrichtungen) (…) als ‚bauchförmig' beschrieben werden" könne: „In der ersten Hälfte des Beobachtungszeitraums (2004 bis 2010) haben Befristungen an Bedeutung gewonnen." Danach haben die Befristungsanteile demnach wieder abgenommen, liegen jedoch noch immer höher als 2004. Ein gewisser Zusammenhang von Krise und befristeter Beschäftigung scheint zu bestehen, dafür spricht auch eine Zunahme befristeter Einstellungen in der zweiten Hälfte der 1990er Jahre (lediglich die Wissenschaft scheint diesem Muster nicht oder allenfalls mit einem gewissen Zeitverzug zu folgen, vgl. Tab. 16). Abgesehen von einem temporären Einfluss der Krise ist der hohe Anteil befristeter Einstellungen bemerkenswert, der im Wissenschaftsbereich noch einmal höher ausfällt als im öffentlichen Dienst insgesamt.

63 Während sich auf Basis der Mikrozensusdaten auch im Bereich Wissenschaft neuerdings ein Rückgang an befristeter Beschäftigung ergibt, ist dies auf Basis der Personalstandstatistik für wissenschaftliche Einrichtungen nicht der Fall (Hohendanner/Ostmeier/Ramos Lobato 2015: 39, Tab. 14).

Tab. 15: Entwicklung des Befristungsanteils in Deutschland 2004 bis 2014

	Alle Sektoren	Nicht ÖD	Öffentlicher Dienst		
Jahr			Insgesamt	Beamte	Arbeitnehmer
Insgesamt					
2004	6,8	6,4	8,3	3,4	10,3
2005	8,2	7,9	9,5	3,5	11,9
2006	8,8	8,4	10,2	4,2	12,7
2007	8,7	8,5	9,8	3,9	12,3
2008	8,9	8,6	10,1	3,1	12,9
2009	8,6	8,2	10,4	3,4	13,2
2010	8,9	8,6	10,3	3,0	13,3
2011	8,8	8,5	10	3,1	12,9
2012	8,1	7,8	9,3	2,9	11,9
2013	7,7	7,4	8,8	2,5	11,3
2014	7,4	7,1	8,5	2,4	11,0
Ohne Wissenschaft					
2004	6,6	6,4	7,4	3,1	9,2
2005	8,0	7,8	8,5	3,2	10,6
2006	8,5	8,4	9,2	4,0	11,4
2007	8,5	8,4	8,7	3,7	10,9
2008	8,7	8,6	8,9	3,0	11,4
2009	8,3	8,2	9,1	3,2	11,6

2010	8,6	8,6	8,8	2,7	11,4
2011	8,5	8,5	8,5	2,8	10,9
2012	7,8	7,8	7,8	2,7	10,0
2013	7,3	7,4	7,2	2,4	9,3
2014	7,0	7,1	6,8	2,2	8,8
Wissenschaft					
2004	25,3	19,4	27,2	10,8	32,2
2005	28,0	21,1	30,7	10,7	35,7
2006	26,8	18,3	30,3	10,7	35,1
2007	27,7	20,0	30,9	8,5	36,4
2008	28,2	18,8	32,1	6,9	38,4
2009	29,9	20,0	34,4	8,9	40,4
2010	31,4	20,9	35,9	9,4	42,9
2011	32,2	22,1	36,8	9,7	43,8
2012	30,5	19,6	35,2	8,5	41,5
2013	28,8	17,3	34,4	7,1	40,1
2014	29,6	17,0	35,4	8,6	40,8

Quelle: Hohendanner/Ostmeier/Ramos Lobato (2015): 41, Tab. 16 (basierend auf Daten des Mikrozensus 2004-2014, hochgerechnete Werte, ÖD: Öffentlicher Dienst; Beamte und Arbeitnehmer: Erwerbstätige im Alter von 15 bis 64 Jahren ohne Beamtenanwärter (ab 2012), Zeit-/Berufssoldaten, Selbständige, mithelfende Familienangehörige, Erwerbstätige in Bildung, Ausbildung oder einem Freiwilligendienst).

≡ *Tab. 16: Anteile befristeter Einstellungen an allen Einstellungen in Deutschland (in %)*

Jahr	Privatwirtschaft	Öffentl. Dienst	Dritter Sektor	Wissenschaft	Gesamt
2004	38,7	74,9	70,6	72,1	44,5
2005	40,1	74,7	68,4	80,1	46,4
2006	36,6	71,2	72,4	76,9	42,9
2007	39,4	63,0	72,6	83,4	45,0
2008	37,5	65,5	69,4	78,2	43,5
2009	40,2	68,8	69,1	79,8	46,7
2010	39,2	69,7	70,4	88,9	45,6
2011	38,9	62,0	72,4	86,2	44,9
2012	38,8	59,5	69,3	84,9	44,2
2013	37,0	60,0	67,9	77,2	42,3
2014	39,9	59,5	66,6	86,8	44,4

Quelle: Hohendanner Ostmeier, E./Ramos Lobato (2015): 93, Tabelle 35 (basierend auf IAB-Betriebspanel 2004-2014, hochgerechnete Werte, Übernahmen von Auszubildenden und Mitarbeitern aus befristeten Arbeitsverhältnissen zählen nicht als Einstellungen)

Im öffentlichen Sektor wurde offenbar das bereits in der Unterscheidung zwischen Beamten und Angestellten angelegte zweigeteilte Beschäftigungssystem ausgebaut. Während im Privatsektor überwiegend eine einigermaßen gleichmäßige Beschäftigungsunsicherheit herrscht, findet sich im öffentlichen Sektor eine ausgeprägte Polarisierung: Der lebenslangen Beschäftigung der Beamten (und faktisch auch vieler Tarifbeschäftigter) steht ein beachtlicher Teil an befristet Beschäftigten gegenüber. Das darf zunächst nicht weiter überraschen, denn befristete Arbeitsverhältnisse spielen dort eine größere Rolle, wo unbefristete Beschäftigungsverhältnisse nicht ohne größere Schwierigkeiten kündbar sind. Der hohe Anteil an Befristungen im Wissenschaftsbereich und im Non-Profit-Sektor spricht auch dafür, dass die Praktiken der Refinanzierung von hoher Bedeutung sind. Befristungen sind immer dort hoch, wo Projektarbeit dominiert und Organisationen von externen Entscheidungen abhängen, die weder eine langfristige Refinanzierung garantieren, noch eine graduelle Anpassung an veränderte Märkte zulassen. Die im öffentlichen Sektor hohe Zahl an

Befristungen könnte deshalb durch Veränderungen bei der Refinanzierung in hohem Maße beeinflusst werden.[64]

Tab. 17: Wochenarbeitszeiten der Beamten und Tarifbeschäftigten in Deutschland 2015

	Beamte	Tarifbeschäftigte		
Bundesland		Länder	Kommunen	Bund
Baden-Württemberg	41:00	39:30	39:00	
Bayern	40:00	40:06	39:00	
Berlin	40:00	39:00	39:00	
Brandenburg	40.00	40:00	40:00	
Bremen	40:00	39:12	39:00	
Hamburg	40:00	39:00	39:00	
Hessen	42:00-40:00	40:00	39:00	
Mecklenburg-Vorpommern	40:00	40:00	40:00	
Niedersachsen	40.00	39:48	39:00	
Nordrhein-Westfalen	41:00-39:00	39:50	39:00	
Rheinland-Pfalz	40:00	39:00	39:00	
Saarland	40:00	39:30	39:00	
Sachsen	40:00	40:00	40:00	
Sachsen-Anhalt	40:00	40:00	40:00	
Schleswig-Holstein	41:00	38:42	39:00	
Thüringen	40:00	40:00	40:00	
Bund	41:00			39:00

Quelle: Arbeitszeitverordnungen der Länder; eigene Zusammenstellung; VKA; Bispinck/WSI (2014); Hessen: 42:00 Std. bis 50. Lj. vollendet, 41:00 bis 60. Lj. vollendet, dann 40:00 Std.; NRW: 41:00, bis 55 Lj., nach Ablauf 55 Lj. 40:00, nach Ablauf 60. Lj. 39:00.

Im März 2004 beschließt die TdL die Kündigung der Arbeitszeitvereinbarungen mit dem Ziel einer Wiedereinführung der 40 Stunden Woche bei den Arbeitern und Angestellten. Aus diesem Grunde scheitern die in dieser Zeit laufenden Gespräche über eine Tarifreform mit den Ländern. Aus

64 Nicht ausgeschlossen werden sollte jedoch, dass die Risikoaversion von Arbeitgebern und Vorgesetzten dort höher ist, wo sich Risikofreude bei der Anstellung von unbefristet Beschäftigten nicht unbedingt in höheren Gewinnchancen manifestiert, somit eine Risikokalkulation in der Regel für eine Risikovermeidung spricht.

der bis dahin bestehenden Tarifgemeinschaft von Bund, Ländern und Kommunen ziehen sich die Länder zurück und 2005 wird der TVöD lediglich für den Bund und die Kommunen vereinbart, während der Abschluss des später separat vereinbarten TV-L noch auf sich warten lässt. In dieser Zeit, vor Abschluss des TV-L, verlängern die Länder die Wochenarbeitszeiten in unterschiedlichem Ausmaß und die Kommunen fordern ebenfalls entsprechende Arbeitszeitverlängerungen über landesbezirkliche Tarifverträge.

Für die Länder wurde mit dem TV-L ein Kompromiss vereinbart, um die Arbeitszeiten, die sich bereits auseinanderentwickelt hatten, auf Basis einer Berechnungsformel wieder in eine Regel zu überführen (vgl. Anhang zu § 6 des TV-L, auch Bispinck 2006: 378). Unter Berufung auf die für Bund und Kommunen vereinbarte sogenannte Meistbegünstigungsklausel forderte die VKA eine generelle Übertragung der längeren Arbeitszeiten des TV-L auf die Kommunen (Schmidt/Müller/Trittel 2011: 232). Nach Kündigung der Arbeitszeitregelungen des TVöD durch mehrere kommunale Arbeitgeberverbände im Frühjahr 2006 fanden Streiks statt. 2008 wurde für die westdeutschen Kommunen eine Arbeitszeit von 39 Wochenstunden vereinbart. Die Arbeitszeit von 40 Stunden in Ostdeutschland blieb bestehen.

Trotz der Abschlüsse von TVöD 2005 und TV-L 2006 gaben die heftigen Tarifauseinandersetzungen im Jahr 2006 den Arbeitsbeziehungen des öffentlichen Sektors einen stärker konfliktären Charakter (Keller 2007: 185), den bisher längsten Streik in der Geschichte des öffentlichen Dienstes eingeschlossen, an dem sich mit den ErzieherInnen und den Krankenhausbeschäftigten auch neue Träger gewerkschaftlicher Streikaktivitäten zeigten (Bispinck 2006: 379). Diese Konflikte trugen dazu bei, dass die Verhandlungen um die noch ausstehende Entgeltordnung ins Stocken gerieten (Schmidt/Müller/Trittel 2011: 233).

Eingeleitet wurde die Verlängerung der Wochenarbeitszeiten durch einseitige Schritte der Arbeitgeberseite bei den Beamten, die seit der Föderalismusreform zu Unterschieden zwischen den Ländern führte (vgl. Keller 2014a: 33). Heute unterscheiden sich die Arbeitszeiten des öffentlichen Dienstes zwischen den Bundesländern sowohl zwischen Tarifbeschäftigten und Beamten als auch zwischen Bund, Ländern und Gemeinden und überschreiten die einmal gültigen 38,5 Wochenstunden in Westdeutschland (vgl. Tab. 17).

Tab. 18: Entwicklung der Tarifverdienste im öffentlichen Dienst in Deutschland ab 1979

Jahr	Bundesangestelltentarif (BAT)		
	Bund, Länder, Gemeinden		
	Tariferhöhungen in %*		
1979	4,0	1992	5,[illegible]
1980	6,3	1993	3,0
1981	4,3	1994	2,0
1982	3,6	1995	3,[illegible]
1983	2,5	1996	0,0
1984	0,5	1997	1,[illegible]
1985	3,2	1998	1,[illegible]
1986	3,5	1999	3,[illegible]
1987	3,4	2000	2,0
1988	2,4	2001	2,[illegible]
1989	1,4	2002	0,0
1990	1,7	2003	2,[illegible]
1991	6,0	2004	2,0
	TVöD für Bund und Gemeinden Gültig: 1.10.2005	TV-L für die Länder (ohne Hessen) Gültig: 1.11.2006	TV-H für Hessen Gültig: 1.[illegible].2010
2005	0,0	0,0	0,[illegible]
2006	0,0	0,0	0,[illegible]
2007	0,0	0,0	0,[illegible]
2008	3,1	2,9	3,[illegible]
2009	2,8	3,0	3,[illegible]
2010	1,2	1,2	1,[illegible]
2011	1,1	1,5	1,[illegible]
2012	3,5	1,9	2,[illegible]
2013	2,8	2,7	2,[illegible]
2014	3,0	3,0	2,[illegible]
2015	2,4	2,1	2,[illegible]

* Ohne Festbeträge; *Quelle: Statistisches Bundesamt (2016): Verdienste im öffentlichen Dienst für Beamte und Tarifbeschäftigte bei Bund, Ländern und Gemeinden, erschienen am 3.8.2015, aktualisiert am 6.1.2016. Für die Jahre 2005, 2006 und 2007 wurde jedoch für Bund und Kommunen im Westen eine Einmalzahlung über zusammen 400 Euro vereinbart und in Ostdeutschland eine Anhebung von jeweils 1,5% in jedem der drei Jahre. Bei den Ländern gab es 2006 und 2007 ebenfalls Einmalzahlungen (gestaffelt nach Entgeltgruppen).*

Abb. 6: Index der tariflichen Monatsverdienste in Deutschland 1995–2013 (1995=100)

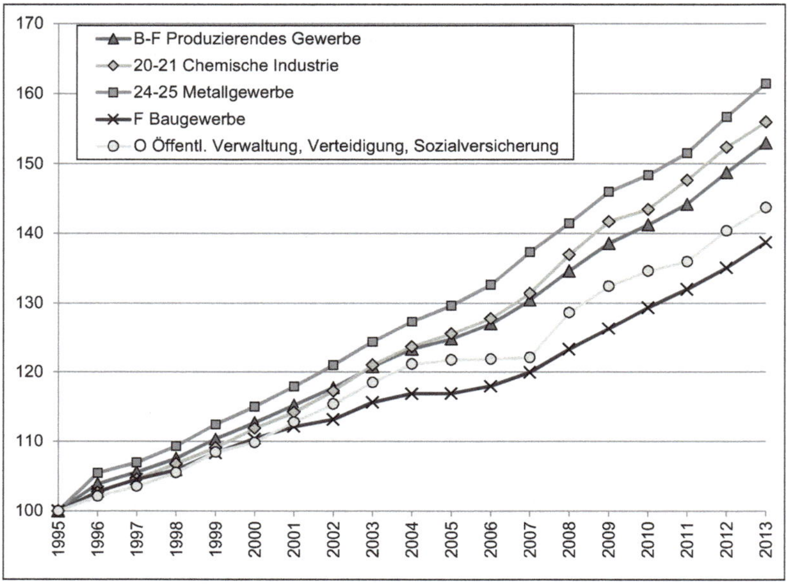

Quelle: Statistisches Bundesamt (2014a).

Die Entgeltentwicklung im öffentlichen Sektor Deutschlands ist im Kontext und im Nachlauf der jüngsten Finanzmarkt- und Wirtschaftskrise durch steigende Nominal- und Realentgelte gekennzeichnet. Eine Entwicklung, die nicht nur im Vergleich zu Spanien und Großbritannien überraschen dürfte, sondern zum Zeitpunkt des Kriseneinbruchs in der zweiten Hälfte der 2000er Jahre kaum hatte erwartet werden können, zumal bereits in den Jahren 2005, 2006 und 2007 keine Entgeltsteigerungen erfolgt waren (vgl. Tab. 18). Insgesamt war der öffentliche Sektor in Deutschland in diesem Jahrzehnt in der Entgeltentwicklung deutlich hinter die Privatwirtschaft zurückgefallen (vgl. Abb. 6). Nach der Krise stieg der Index der tariflichen Monatsverdienste im Sektor „Öffentliche Verwaltung, Verteidigung, Sozialversicherung" dann von 100 im Jahr 2010 auf 118,2 im Jahr 2017 an, ein Anstieg, der nur noch leicht hinter dem der Gesamtwirtschaft von 118,3, jedoch noch immer merklich gegenüber dem des produzierenden Gewerbes von 120,1 zurückbleibt (Statistisches Bundesamt 2017, Tab. 2.1).

Abb. 7: Bruttomonatsverdienste nach Leistungsgruppen in Deutschland (2. Quartal 2014, inkl. Sonderzahlungen)

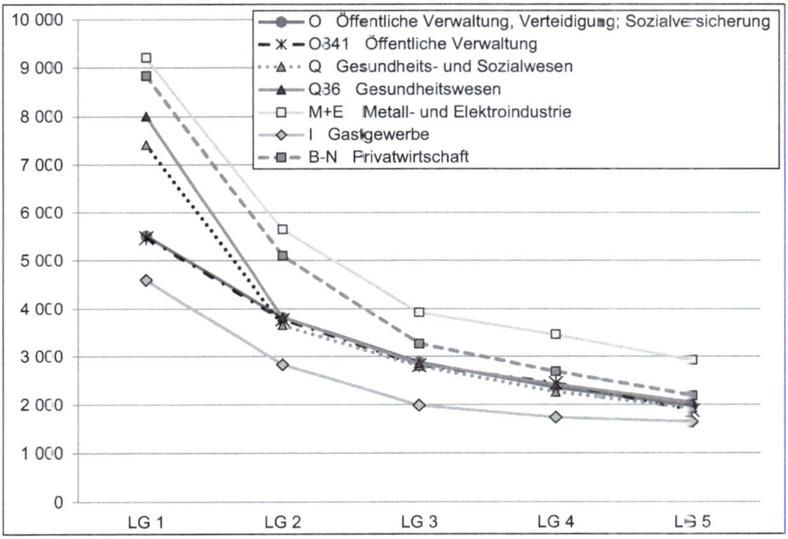

Quelle: Statistisches Bundesamt (2014b): Definition der Leistungsgruppen laut Statistischem Bundesamt: Leistungsgruppe 1 „Arbeitnehmer in leitender Stellung" = Arbeitnehmer mit Aufsichts- und Dispositionsbefugnis. Hierzu zählen z. B. angestellte Geschäftsführer, sofern deren Verdienst zumindest teilweise erfolgsunabhängige Zahlungen enthält. Eingeschlossen sind auch alle Arbeitnehmer, die in größeren Führungsbereichen Dispositions- oder Führungsaufgaben wahrnehmen und Arbeitnehmer mit Tätigkeiten, die umfassende kaufmännische oder technische Fachkenntnisse erfordern. In der Regel werden die Fachkenntnisse durch ein Hochschulstudium erworben. Leistungsgruppe 2 „Herausgehobene Fachkräfte" = Arbeitnehmer mit sehr schwierigen bis komplexen oder vielgestaltigen Tätigkeiten, für die i. d. R. nicht nur eine abgeschlossene Berufsausbildung, sondern darüber hinaus mehrjährige Berufserfahrung und spezielle Fachkenntnisse erforderlich sind. Die Tätigkeiten werden überwiegend selbständig ausgeführt. Dazu gehören auch Arbeitnehmer, die in kleinen Verantwortungsbereichen gegenüber anderen Mitarbeiter(n) Dispositions- oder Führungsaufgaben wahrnehmen (z.B. Vorarbeiter, Meister). Leistungsgruppe 3 „Fachkräfte" = Arbeitnehmer mit schwierigen Fachtätigkeiten, für deren Ausübung in der Regel eine abgeschlossene Berufsausbildung, zum Teil verbunden mit Berufserfahrung, erforderlich ist. Leistungsgruppe 4 „Angelernte Arbeitnehmer" = Arbeitnehmer mit überwiegend einfachen Tätigkeiten, für deren Ausführung keine berufliche Ausbildung, aber insbesondere Kenntnisse und Fertigkeiten für spezielle, branchengebundene Aufgaben erforderlich sind. Die erforderlichen Kenntnisse und Fertigkeiten werden in der Regel durch eine Anlernzeit von bis zu zwei Jahren erworben. Leistungsgruppe 5 „Ungelernte Arbeitnehmer" = Arbeitnehmer mit einfachen, schematischen Tätigkeiten oder isolierten Arbeitsvorgängen,

für deren Ausübung keine berufliche Ausbildung erforderlich ist. Das erforderliche Wissen und die notwendigen Fertigkeiten können durch Anlernen von bis zu drei Monaten vermittelt werden. Beamte sind eingeschlossen.

Die Angaben des Statistischen Bundesamtes sprechen dafür, dass in Deutschland im öffentlichen Dienst entgegen wiederkehrender Behauptungen nicht nur generell, sondern selbst in den unteren Leistungsgruppen nicht besser bezahlt wird als in der Privatwirtschaft (vgl. Abb. 7). Führungs- und Expertenfunktionen werden im öffentlichen Dienst wie erwartet schlechter bezahlt, die Verdienste im Segment einfacher Tätigkeiten liegen allerdings keineswegs höher als in der Privatwirtschaft. Zwar sind die Unterschiede im Bereich der drei unteren Leistungsgruppen (ungelernt, angelernt, gelernt) weniger ausgeprägt als in den oberen Bereichen, doch der öffentliche Dienst bezahlt stets weniger als die Privatwirtschaft. Zwar wird etwa im Gaststättenbereich noch schlechter bezahlt, doch es gibt keinen Grund, den öffentlichen Dienst lediglich mit diesen schlechter bezahlenden Branchen zu vergleichen, zumal sich die finanzielle Situation der öffentlichen Haushalte in der Folge gestiegener Steuereinnahmen und des geringen Zinsniveaus deutlich entspannt hat. In etlichen Kommunen, nicht zuletzt in Nordrhein-Westfalen, kann jedoch von einer Konsolidierung der Finanzen noch nicht die Rede sein. Möglicherweise auch deshalb scheint sich die VKA schwerer als Bund und Länder damit zu tun, bei wichtigen Fragen Übereinkommen mit den Gewerkschaften herzustellen. Die in den Kommunen besonders ausgeprägten Schwierigkeiten, eine „neue Entgeltordnung“ zu vereinbaren, hingen auch mit Kostenfragen zusammen, dem Bemühen der Arbeitgeber um die sogenannte „Kostenneutralität“.

Allerdings lässt sich der Unterschied zwischen der Entgeltentwicklung im öffentlichen Sektor vor und nach der Krise allein mit der wirtschaftlichen und fiskalischen Entwicklung oder mit Austeritätspolitik und gewerkschaftlicher Schwäche nicht hinreichend erklären. Die ausbleibenden Entgeltsteigerungen in der zweiten Hälfte der 2000er Jahre sind auch im Kontext der Tarifvertragsreformen zu sehen, nicht zuletzt drängten sich jedoch die heftigen Abwehrkonflikte um die Verlängerung der Arbeitszeit in den Vordergrund.

Auch bei den Beamten fanden Veränderungen nicht nur bei der Arbeitszeit, sondern auch bei der Besoldung statt. Insgesamt kann gesagt werden, dass diese Maßnahmen „Beamte stärker als Tarifbeschäftigte“ trafen (Keller 2014a: 33). In Folge der Dezentralisierung des Dienstrechts im Kontext der Föderalismusreform I unterscheidet sich die Besoldung der Landesbeamten zwischen wohlhabenderen und ärmeren Bundesländern inzwischen nicht unerheblich. Auch das Dienst- und Laufbahnrecht wurde in den Ländern in unterschiedlicher Weise verändert, in welchem Maße sich daraus Konkurrenzen zwischen den Bundesländern um Beamte oder Mobilitätshemmnisse für die Beamten ergeben, ist noch umstritten (Burmester 2015).

Es zeigen sich nicht nur Unterschiede in der absoluten Höhe der Besoldung zwischen dem Bund und den Ländern, sondern auch bei der Differenzierung zwischen Entgeltgruppen. So weicht Hessen bei der Besoldungsgruppe A 13 vom Durchschnitt aller Dienstherren um 3,2% nach oben ab, während die Durchschnittsbesoldung bei der Gruppe A 5 sogar leicht unterschritten wird (vgl. Tab. 19). Wird darüber hinaus berücksichtigt, dass sich auch die Arbeitszeiten unterscheiden, dann fällt Hessen bei der Besoldung der A 5 noch weiter zurück: Zwar betrage die Arbeitszeit bei der Mehrheit der Bundesländer 40 Stunden, so konstatiert der DGB,

> „doch müssen die BeamtInnen im Bund sowie in Baden-Württemberg, Nordrhein-Westfalen und Schleswig-Holstein auch 2015 wöchentlich eine Stunde und in Hessen gar zwei Stunden länger Dienst leisten (…). Ausgehend davon, dass auch bei den genannten fünf Dienstherren die Arbeitszeitregelungen eine 40-Stunden-Woche vorsehen würden, hat dies eine der reduzierten Arbeitszeit entsprechende Verminderung der dort gezahlten Bezüge zur Folge. Diese Betrachtungsweise führt insbesondere in Hessen zu einer erheblichen Reduzierung der Jahresbruttobesoldung. Die dortigen BeamtInnen der Besoldungsgruppe A5 erhielten – würden für sie ebenso (…) eine 40-Stunden-Woche gelten, 1.366,41 Euro brutto im Jahr weniger (…) Damit läge Hessen bei der Besoldung seiner A5-Beamtenschaft lediglich vor Berlin. Bei den anderen vier Dienstherren würde sich die Besoldung um bis zu 730 Euro brutto mindern“ (DGB 2015a: 12).

Tab. 19: Jahresbruttobesoldung der deutschen Beamten März 2015 bei Bund und Ländern

	Jahresbruttobesoldung in Euro			Abweichung vom Durchschnitt in %		
	A 5	A 9	A 13	A 5	A 9	A 13
Bund	39.941,16	38.995,86	61.057,08	4,24	5,48	6,42
Bayern	30.655,78	39.633,91	60.064,48	6,73	4,52	4,69
Hessen	28.694,71	38.636,77	59.204,63	-0,10	1,90	3,19
Baden-Württemberg	30.081,50	38.718,70	58.926,75	4,73	2,11	2,71
Mecklenburg-Vorpommern	28.896,53	38.840,67	58.649,53	0,61	2,43	2,23
Thüringen	28.723,47	38.313,24	57.537,88	0,00	1,04	0,29
Niedersachsen	28.340,35	37.637,24	57.410,19	-1,33	-0,74	0,07
Nordrhein-Westfalen	28.926,83	38.065,55	57.276,43	0,71	0,39	-0,17
Hamburg	28.739,88	37.768,44	57.013,08	0,06	-0,39	-0,63
Sachsen-Anhalt	27.942,80	37.410,66	56.920,20	-2,72	-1,34	-0,79
Sachsen	27.592,28	37.410,60	56.920,20	-3,94	-1,34	-0,79
Schleswig-Holstein	28.320,66	37.852,47	56.588,15	-1,40	-0,17	-1,37
Bremen	28.158,84	37.847,12	56.093,88	-1,96	-0,19	-2,23
Rheinland-Pfalz	29.744,88	37.249,08	56.015,88	3,56	-1,76	-2,36
Saarland	28.054,69	37.186,35	55.913,45	-2,33	-1,93	-2,54
Brandenburg	28.794,84	36.160,80	55.152,96	0,25	-4,63	-3,87
Berlin	26.677,90	35.881,82	54.591,74	-7,12	-5,37	-4,85

Quelle: DGB (2015a): Besoldungsreport 2015 (Stand März 2015), Berlin; eigene Berechnungen, sortiert nach Besoldungsgruppe A 13.

Da gleichwohl an wesentlichen Grundlagen des Dienstrechts nicht gerüttelt wurde und keine Entwicklung mehr erkennbar ist, die in absehbarer Zeit zu einer Abschaffung des Beamtenstatus führen könnte, verfolgt die VKA das Ziel einer weiteren Loslösung des Tarifrechts vom Beamtenrecht, um den eigenen Gestaltungsspielraum zu erweitern. Im Großen und Ganzen kann somit gesagt werden, dass sich nicht nur Ver.di und der DBB, sondern auch die Arbeitgeber in ihren beamtenrechtlichen Zielsetzungen unterscheiden, ein Umstand, der nicht zuletzt vom jeweiligen Beamtenanteil abzuhängen scheint. Jede Orientierung der Tarifverträge am Beamtenrecht schränkt die Gestaltungsfreiheit der Kommunen und der VKA ein, da Bund und Länder gegenüber den Kommunen durchsetzungsmächtig sind. Ver.di verfolgt hingegen das Ziel einer Orientierung des Beamtenbereichs an der tarifvertraglichen Entwicklung und hofft dadurch den Einfluss der Tarifpolitik zu stärken.

Tabelle 20 zeigt die inzwischen mit der Einführung von TVöD und TV-L auch in den Bezeichnungen angeglichenen Besoldungs- und Entgeltgruppensysteme differenziert nach Bund, Ländern, Gemeinden sowie Sozialversicherung für alle Beschäftigten sowie für Beamtinnen und weibliche Angestellte.[65]

65 Tabelle 20 verdeutlicht auch, dass Beamtinnen und Beamte überwiegend bei Bund und Ländern beschäftigt sind und vor allem beim Bund relativ wenige Tarifbeschäftigte arbeiten. Tarifabschlüsse sind somit insbesondere bei den Kommunen unmittelbar von hoher Kostenrelevanz.

Tab. 20: Personal des deutschen öffentlichen Dienstes nach Einstufungen und Beschäftigungsbereichen (Beschäftigte am 30. 6. 2014)

Einstufungen	Insgesamt					darunter Frauen				
	insgesamt	Bundesbereich	Landesbereich	kommunaler Bereich	Sozialversicherung[1)]	zusammen	Bundesbereich	Landesbereich	kommunaler Bereich	Sozialversicherung[1)]
Beamte/Beamtinnen, Richter/-innen, Berufs- und Zeitsoldaten/-soldatinnen										
Besoldung B	10.985	3.045	4.205	3.625	110	1.995	540	985	455	15
Besoldung R	27.910	530	27.380	0	0	12.575	135	12.445	0	0
Besoldung C, W	37.280	300	36.955	0	20	7.765	50	7.710	0	5
A16	16.125	2.645	10.110	3.150	225	3.555	445	2.610	440	55
A15	62.780	10.730	45.510	5.735	805	19.505	2.510	15.345	1.370	285
A14	124.995	12.705	102.265	9.040	985	54.580	3.090	47.820	3.220	445
A13	321.610	16.365	286.030	16.455	2.765	187.730	4.235	177.625	4.950	920
A12	282.975	15.850	243.785	20.090	3.255	192.625	3.590	181.145	6.730	1.160
A11	170.240	23.995	104.475	30.085	11.685	69.790	6.055	41.995	15.380	6.360
A10	139.990	18.090	87.345	24.565	9.995	60.545	4.385	33.975	15.405	6.780
A9	217.435	57.345	130.415	28.180	1.495	69.905	7.040	50.485	11.420	960
A8	150.430	66.405	60.765	22.615	645	51.185	12.300	29.215	9.245	430
A7	102.310	53.030	35.630	13.235	420	30.025	9.460	16.300	3.945	320
A6	32.880	18.995	11.475	2.380	25	9.840	3.085	5.285	1.460	5

Einstufungen	Insgesamt					darunter Frauen				
	insge-samt	Bundes-bereich	Landes-bereich	kommu-naler Be-reich	Sozialver-siche-rung[1)]	zusam-men	Bundes-bereich	Landes-bereich	kommu-naler Be-reich	Sozialver-siche-rung[1)]
A5	28.605	26.100	2.480	25	0	1.900	1.525	360	10	0
A4	16.525	15.155	1.350	15	5	2.200	1.830	360	5	5
A3, A2	2.380	2.210	160	10	0	315	275	35	0	0
In Ausbildung	102.725	5.740	89.445	6.940	595	60.305	1.965	54.245	3.695	405
Zusammen	1.848.170	349.230	1.279.775	186.135	33.025	836.34.	62.515	677.955	77.735	18.145
Arbeitnehmer										
Außertarifl., E15Ü	21.250	645	13.005	5.480	2.120	5.520	175	3.530	1.295	520
E15	27.280	845	15.530	7.230	3.670	12.530	325	6.920	3.565	1.725
E14	65.270	4.120	43.825	14.425	2.900	31.420	1.825	20.825	7.470	1.300
E13	227.285	5.385	203.030	14.785	4.085	118.28	2.585	106.170	7.700	1.830
E12, E12a	48.880	2.995	23.325	16.700	5.860	18.040	995	9.085	5.580	2.380
E11, E11a,b	153.985	6.010	92.550	38.790	16.635	87.325	2.375	59.770	16.580	8.60
E10, E10a	106.145	3.605	40.875	48.195	13.465	56.930	1.535	22.315	25.340	7.740
E9, E9a-d	459.845	18.640	145.110	191.790	104.300	314.345	9.895	102.125	127.390	74.930
E8, E8a	386.480	13.620	94.635	231.055	47.170	306.280	6.020	60.750	101.750	38.760
E7, E7a	110.640	7.200	50.415	51.085	1.945	67.505	1.810	32.705	31.520	1.470
E6	352.090	24.600	114.940	158.950	53.600	236.870	12.585	88.240	92.785	43.260

Einstufungen	Insgesamt					darunter Frauen				
	insge-samt	Bundes-bereich	Landes-bereich	kommu-naler Be-reich	Sozialver-siche-rung[1)]	zusam-men	Bundes-bereich	Landes-bereich	kommu-naler Be-reich	Sozialver-siche-rung[1)]
E5	317.645	26.835	90.795	181.220	18.795	177.720	13.820	52.725	96.115	15.055
E4, E4a	72.845	3.675	14.120	54.720	330	30.575	360	5.530	24.500	185
E3, E3a	106.660	14.755	30.270	55.125	6.510	55.410	6.870	16.870	27.510	4.160
E2, E2Ü	100.495	1.300	15.855	79.130	4.210	87.560	1.055	12.95	69.735	3.815
E1	20.675	15	800	19.480	380	17.810	10	555	16.890	350
Sonstige.[2)]	126.685	5.470	47.040	33.640	40.53	62.985	2.570	21.725	15.875	22.810
In Ausbildung	100.175	7.630	40.665	40.040	11.840	62.550	3.165	24.125	26.825	8.440
Zusammen	2.804.330	147.335	1.076.795	1.241.845	338.355	1.749.650	67.970	655.920	788.430	237.335
Insgesamt	4.652.500	496.565	2.356.565	1.427.985	371.385	2.585.995	130.485	1.333.870	866.165	255.480
Dar. in Ausbildung	202.900	13 370	130 110	46 980	12 435	122 855	5 130	78 370	30 515	8 840

Quelle: Statistisches Bundesamt (2015): Tab. 2.2.1; [1)] Einschl. Bundesagentur für Arbeit.
[2)] Beinhaltet alle Tarifverträge, die nicht dem TVöD zugeordnet wurden und einzelvertragliche Beschäftigungsverhältnisse, sowie Dienstordnungsangestellte in der Sozialversicherung.

Abbildung 8 veranschaulicht basierend auf diesen Daten, dass, von den ergänzenden, ohnehin höheren Besoldungsordnungen B (Besoldungsgruppe B 1 entspricht der höchsten Dienstaltersstufe von A 15), R (Richter und Staatsanwälte), C und W (alte und neue Besoldung im Wissenschaftsbereich) abgesehen, Beamte vor allem die mittleren und höheren Besoldungsgruppen besetzen, während im Tarifbereich mittlere Eingruppierungen dominieren. Ein Umstand, der sicherlich einem Fortbestand des Standesbewusstseins nicht entgegensteht. Die starke Präsenz der Besoldungsgruppen A 12 und A 13 erklärt sich nicht zuletzt durch die große Gruppe der bei den Ländern beschäftigten Lehrer und Lehrerinnen. Frauen sind im Tarifbereich vornehmlich im unteren und mittleren Bereich (bis E 9) überproportional vertreten, während Beamtinnen vor allem in den höheren Besoldungsgruppen A 12 und A 13 dominieren. Dies erklärt sich wiederum primär durch einen hohen Anteil an Lehrerinnen. Ab Besoldungsgruppe B 14 aufwärts ist der Anteil der Beamtinnen jedoch geringer und wie Tabelle 20 zeigt, gilt dies auch für die ergänzenden Besoldungsordnungen B, R, C und W. Insgesamt überlagern sich im öffentlichen Dienst Deutschlands somit zwei geschlechtsbezogene Muster: Zum einen finden sich Frauen weniger häufig in Führungsfunktionen sowie in hervorgehobenen wissenschaftlichen Positionen, zum anderen sind sie überproportional in weiblich konnotierten Tätigkeiten zu finden (insb. schulische und vorschulische Erziehung).

Die geschlechtsbezogene Entgeltlücke fällt dabei im öffentlichen Dienst geringer aus als in der Privatwirtschaft. Auch wenn die Entgeltlücke verschiedene Ursachen hat (von Qualifikationsunterschieden bis zu offener Diskriminierung), der Unterschied zwischen öffentlichem und privatem Sektor ist deutlich: „Während der geschlechtsspezifische Verdienstabstand im 1. Quartal 2007 in der Privatwirtschaft rund 22,4 Prozent beträgt, liegt der Wert im öffentlichen Dienst mit 7,5 Prozent wesentlich niedriger. Im zeitlichen Verlauf können für beide Sektoren jeweils nur marginale Veränderungen festgestellt werden“ (BMFSFJ/Statistisches Bundesamt 2009: 11). Das Statistische Bundesamt berichtet für 2013 für den Wirtschaftsabschnitt Erziehung und Unterricht (P) einen Verdienstunterschied von 8%, im verarbeitenden Gewerbe (C) von 26% und für die Erbringung von Finanzmarkt- und Versicherungsdienstleistungen (K) von 30%, aber auch von 21% im Gesundheits- und Sozialwesen (Q) (Statistisches Bundesamt 2014a: 33).

Abb. 8: Personal des deutschen öffentlichen Dienstes nach Beschäftigungstyp und Geschlecht (Beschäftigte am 30.6.2014 nach Einstufungen und Beschäftigungsbereichen)

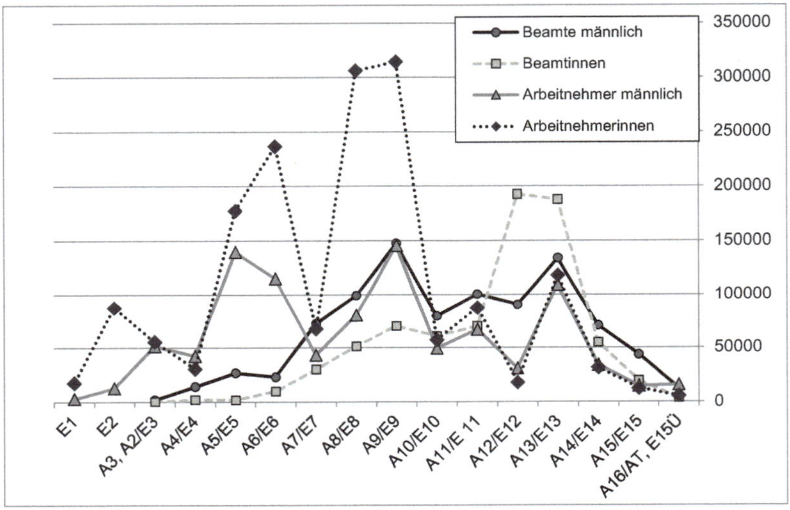

Quelle: Statistisches Bundesamt (2015): Tab. 2.2.1; eigene Berechnungen. Die schematische Gleichsetzung von Besoldungsgruppen und Entgeltgruppen derselben Nummerierung ist nicht immer ganz gerechtfertigt oder zwingend und kann nur einem groben Überblick dienen. Beispielsweise ordnet die Entgeltordnung Lehrkräfte, die TdL und DBB vereinbart haben, die Besoldungs- und Entgeltgruppen von LehrerInnen folgendermaßen zu: A9 – E9, A10 – E10, A11 – E11, A12/12a – E11, A13 – E13, A14–E14, A 15 – E15 (teilweise erhalten die angestellten LehrerInnen zusätzliche Ausgleichsbeträge), allerdings wurde diese Vereinbarung von der GEW abgelehnt.

Zu erwähnen ist noch, dass die Leistungsanforderungen im deutschen öffentlichen Sektor, wie vor dem Hintergrund jahrelanger Austeritätspolitik nicht anders zu erwarten, deutlich gestiegen sind. In einer 2011 durchgeführten Erhebung gaben 88% der Arbeitgeber wie der Personalräte aus den befragten Kommunen an, dass die Leistungsanforderungen für die Beschäftigten in den letzten Jahren zugenommen haben. Mitarbeiterbefragungen in 34 Kommunen ergaben darüber hinaus, dass 72% der Beschäftigten gestiegene Leistungsanforderungen sehen (Schmidt/Müller 2013: 104, Tab. 3.3). Bemerkenswert ist, dass die Beschäftigten aus dem Sozial- und Erziehungsbereich die steigenden Leistungsanforderungen als besonders ausgeprägt wahrnehmen (sowie, damit in Zusammenhang stehend,

Frauen stärker als Männer, vgl. Hall/Leppelmeier 2015 zu Erzieherinnen und Erziehern).[66]

5.4 Arbeitskonflikte

Deutschland gehört traditionell zu den Ländern mit unterdurchschnittlichem Streikvorkommen, darüber hinaus gehörte der öffentliche Sektor lange Zeit nicht zu den Sektoren mit hoher Streikfrequenz. Dies hatte verschiedene Gründe. Erstens dürfen Beamte wie dargelegt nicht streiken und wollten dies in der Regel auch nicht, da sie in mancher Hinsicht besser versorgt waren als die Industriearbeiterschaft und auch heute noch über eine privilegierte Altersversorgung verfügen. Doch auch bei den mit Streikrecht ausgestatteten Arbeitern und Angestellten war das Streikvolumen eher gering, denn der Staat war, zweitens, in gewisser Hinsicht tatsächlich eine Art vorbildlicher Arbeitgeber, beispielsweise wurde im öffentlichen Sektor zuerst „Weihnachtsgeld" bezahlt. 1952 konnte die Gewerkschaft ÖTV erstmals eine solche Zahlung tarifvertraglich vereinbaren. Die Privatwirtschaft folgte nach, zum Teil erheblich später. In der Zeit vor der jüngsten Finanzmarkt- und Wirtschaftskrise gab es im öffentlichen Dienst „nur drei größere Streiks (1974, 1992, 2006). Sie fanden vor allem auf kommunaler Ebene statt, weil deren Streikempfindlichkeit infolge der unmittelbaren Betroffenheit großer Bürgergruppen größer und der Organisationsgrad höher ist als auf Länderebene" (Keller 2014a: 37). Während auf Bundes- und Landesebene der hohe Anteil an Beamten die Streikfähigkeit beeinträchtigt, verlor Ver.di auf kommunaler Ebene seit Mitte der 1990er Jahre mit der Privatisierung von Entsorgung und Nah-

66 Auch Sonderauswertungen des Index Gute Arbeit bestätigen, dass sich der öffentliche Sektor nicht – oder zumindest nicht mehr – durch mäßige Leistungsanforderungen auszeichnet. Lediglich hinsichtlich „der Dimensionen Arbeitsplatzsicherheit, Sinngehalt der Arbeit und leistungsgerechtes Einkommen" (!) schätzen demnach die Beschäftigten des öffentlichen Dienstes ihre Arbeitsplätze deutlich besser ein (DGB 2011: 9f.). Der Vergleich aller (öffentlichen wie privaten) Tätigkeitsfelder ergibt, dass in den Bereichen Gesundheits- und Sozialwesen (Q) und Erziehung und Unterricht (P) Zeitdruck besonders ausgeprägt und als Belastung wahrgenommen wird, während sich Öffentliche Verwaltung, Verteidigung, Sozialversicherung (O) und verarbeitendes Gewerbe (C) wenig unterscheiden (DGB 2015b: 9, Abb. 3). Auch wenn tätigkeitsbedingt körperliche Belastungen im Baugewerbe noch immer deutlich stärker ausgeprägt sind als in der öffentlichen Verwaltung, so kann insgesamt festgehalten werden, dass der öffentliche Sektor sich hinsichtlich Leistungsanforderungen und Belastungen nicht mehr deutlich vom Privatsektor abhebt.

verkehr relativ homogene Beschäftigtengruppen, die bis dato als die gewerkschaftlichen Streikbataillone galten. In jüngerer Zeit, wenngleich noch vor Beginn der Krise, scheint die Arbeitskampffunktion dieser Gruppen jedoch von der Gruppe der ErzieherInnen eingenommen zu werden, die eine der letzten weitgehend homogenen Berufsgruppen im Tarifbereich darstellt.

Da die Beschäftigten der Sozial- und Erziehungsdienste, insbesondere Sozialpädagogen und Sozialarbeiter gegenüber Ingenieuren mit Fachhochschulabschluss, einerseits partiell gegenüber Beschäftigten mit vergleichbaren beruflichen Qualifikationen benachteiligt waren, und mit der Einführung des TVöD zudem mit besonderen Exspektanzverlusten (Wegfall Zeit- und Bewährungsaufstiege) konfrontiert waren und mit einem geringeren Lebenseinkommen zu rechnen hatten, außerdem unter wachsenden gesundheitlichen Belastungen und Arbeitsanforderungen zu leiden hatten und noch immer haben (Schmidt/Müller 2013: 105; Hall/Leppelmeier 2015), während andererseits durch eine politisch und gesellschaftlich gewollte Aufwertung der vorschulischen Erziehung die ErzieherInnen in eine günstige Arbeitsmarktposition geraten sind und zu den aktivsten Trägern gewerkschaftlicher Mobilisierungsprozesse wurden, trat, als Ver.di 2009 die Forderungen nach Nachbesserungen wegen der Exspektanzverluste im Kontext der TVöD Einführung, die auch von der VKA anerkannt wurden, mit Forderungen nach einem verbesserten Gesundheitsschutz und einer Aufwertung der Tätigkeiten im Bereich der Sozial- und Erziehungsdienste verband, eine Mobilisierungsbereitschaft zu Tage, die auch die Gewerkschaft selbst überraschte. Der Mobilisierung kamen sozusagen sowohl Push- als auch Pull-Faktoren zugute, da Verschlechterungen ausgebügelt und wachsende gesellschaftliche Anerkennung auch materiell realisiert werden sollten (vgl. Schmidt/Müller/Trittel 2011: 259ff; auch Kutlu 2013).

Bemerkenswert ist, dass die Auseinandersetzung um die Aufwertung der Sozial- und Erziehungsdienste trotz der Finanzmarkt- und Wirtschaftskrise geführt wurde, und zunächst auch gesellschaftliche Unterstützung fand. Erst als der Streik länger andauerte und sich die Folgen der Krise sowie Befürchtungen über die weitere wirtschaftliche Entwicklung auch bei der Bevölkerung bemerkbar machten, ließ die Unterstützung nach. Aus Arbeitnehmerperspektive war der Tarifkonflikt zwar letztlich nicht sehr erfolgreich, doch er erbrachte, wie Ver.di betonte, einen Einstieg in die Aufwertung dieser Berufsgruppe. Außerdem hatte er die Bedeutung gesellschaftlicher Unterstützung für Streiks im öffentlichen Sektor verdeutlicht.

Nachdem die ErzieherInnen zum aktivsten Träger gewerkschaftlicher Mobilisierungsprozesse wurden und sie ihre Tätigkeit vor dem Hintergrund der gesellschaftlichen Diskurse zur Aufwertung der vorschulischen Erziehung weiterhin als nicht mit hinreichender Wertschätzung ausgestattet betrachten, führte Ver.di auch 2015 wieder einen gegenüber anderen Beschäftigtengruppen der Kommunen separaten Tarifkonflikt, um eine Aufwertung von Tätigkeiten in den Sozial- und Erziehungsdiensten, d.h. insbesondere im Bereich der Kindertagesstätten, durchzusetzen. Nach mehreren Verhandlungsrunden wurden im Frühjahr 2015 die Verhandlungen für gescheitert erklärt und nach einer Urabstimmung, bei der 93% der Ver.di-Mitglieder der Sozial- und Erziehungsdienste für einen Streik gestimmt hatten, trat Ver.di am 11. Mai 2015 in einen unbefristeten „Erzwingungsstreik". Am 4. Juni wurde die Schlichtung angerufen und am 7. Juni der Streik ausgesetzt. Das Schlichtungsergebnis wurde in einer Mitgliederbefragung durch 69% der Mitglieder abgelehnt. Danach wurde erneut verhandelt und zum 30. September eine Tarifeinigung erzielt. Diese brachte gegenüber der ursprünglichen Einigung materielle Verbesserungen, stieß jedoch bei den Mitgliedern auf wenig Begeisterung. In einer zweiten Urabstimmung im Oktober 2015 sprachen sich 57,2% für eine Annahme aus.

Beachtenswert an der Entwicklung in den Sozial- und Erziehungsdiensten sind neben der Durchsetzung materieller Verbesserungen im Abschluss 2015, die von Ver.di für ErzieherInnen im Durchschnittsalter von 40 Jahren gegenüber der Entgelttabelle des TVöD mit knapp 17% und für Sozialarbeiter des Allgemeinen Sozialen Dienstes mit 6,5% angegeben werden, vor allem zwei Punkte:

Erstens wird damit eine Entwicklung fortgesetzt, die für diese Gruppe Sondervereinbarungen gegenüber der gewöhnlichen Standardtabelle des TVÖD festschreibt. Da es beim Tarifkonflikt 2015 nicht um eine gewöhnliche Lohnrunde ging, sondern um eine Veränderung der Entgeltstruktur und der Eingruppierungsbestimmungen, war damit zwar keine Abkoppelung der Lohnrunden verbunden, da die nächste reguläre Entgeltrunde 2016 wieder gemeinsam mit den anderen Beschäftigten der Kommunen und des Bundes stattfand, allerdings ist nicht auszuschließen, dass die ErzieherInnen, die den Streik 2015 hauptsächlich trugen, damit einen Weg eingeschlagen haben, der zu einer eher partikularistisch-beruflichen Orientierung führt. Es bleibt abzuwarten, ob die ErzieherInnen tatsächlich den Platz der alten „Kampfgruppen", der Müllwerker und Busfahrer einnehmen werden. Unter dem Eindruck der Tarifrunde 2016 spricht einiges dafür, dass die ErzieherInnen auch dann mobilisierbar sind, wenn es nicht nur um deren Gruppeninteressen geht. Ob ein systematischer Wiederanschluss an die Standardtabelle und die Entgeltordnung des TVöD gelingen wird, muss sich allerdings erst noch zeigen.

Allerdings gibt es neben der Aufspaltung der Verhandlungen zwischen Ländern einerseits und Bund und Kommunen andererseits bereits andere Sondervereinbarungen, etwa eine besondere Entgelttabelle im Krankenhausbereich und separate Spartentarifverträge wie den *Tarifvertrag für Versorgungsbetriebe* (TV-V) oder für den Nahverkehr (TV-N auf landesbezirklicher Ebene). Die früher beschworene Tarifeinheit des öffentlichen Dienstes, so sieht es auch Ver.di, existiere schon lange nicht mehr. Berufsgewerkschaften zeigten in den letzten Jahren, dass berufsfachliche Interessenlagen und berufliche Identitäten einen effektiven Ansatzpunkt für Mobilisierungsprozesse bieten können. Nicht gänzlich ausgeschlossen dürfte sein, dass sich die Multibranchengewerkschaft Ver.di in stärkerem Maße zu einer Multiberufsgruppengewerkschaft entwickelt, um unter dem eigenen Dach vermehrt berufsgruppenspezifische Interessenartikulation zu organisieren.

Bemerkenswert ist zweitens, dass der KiTa-Streik von Ver.di ganz bewusst als gesellschaftliches Ereignis konzipiert und verstanden wurde, wie ein verantwortlicher Vertreter ausführt. Aufwertung sei ein gesellschaftspolitischer, nicht allein ein tarifpolitischer Prozess. Es gehe „um die Überwindung der gesellschaftlich tief verwurzelten Diskriminierung frauentypischer Berufe sowie um die Gleichstellung der Arbeit im Bereich frühkindlicher Bildung, Pflege und Betreuung von Menschen im Verhältnis zu anderen Berufsfeldern." Als Akteure des Tarifkonflikts werden nicht allein die Arbeitgeberverbände, die Beschäftigten und die Gewerkschaften identifiziert, sondern darüber hinaus auch die Politik, die Eltern, Bürger und Bürgerinnen, andere Arbeitgeber und Interessenvertretungen sowie die Medien. Konstatiert wird zudem, dass Streikwirkung nur durch öffentlichen und politischen Druck erzielt werden könne, da die Kommunen durch den Streik an sich sogar eine Personalkostenersparnis erzielten. Ein Verständnis, das sich gut mit einem Konzept verträgt, das neben strukturellen und organisationalen Quellen gewerkschaftlicher Macht auch weitere gewerkschaftliche Machtressourcen kennt.

Greifen wir das Konzept von Schmalz/Dörre (2014) auf, die sich ähnlich wie verschiedene andere Autoren (vgl. etwa Stokke/Thörnqvist 2001) auf Wright (2000) und Silver (2003) beziehen und, über diese hinausgehend, zwischen *struktureller*, *organisationaler*, *institutioneller* und *gesellschaftlicher* Machtressource unterscheiden, so lassen sich damit deutliche Unterschiede zwischen privatem und öffentlichem Sektor zeigen. Allerdings differenzieren die Autoren trotz einer Rhetorik, die auf den „Gesamtkreislauf des Kapitals" abhebt, dann nur stofflich-funktional weiter nach „Zirkulationsmacht" („z.B. im Transportsektor") und „Reproduktionsmacht" (z.B. in KiTas), versäumen jedoch zwischen privatem und öffentlichem Sektor zu unterscheiden und verzichten deshalb auf eine Unterscheidung, die für die Arbeitsbeziehungen elementar ist: die zwischen Gewinne abwerfender und öffentlich finanzierter Arbeit. Die Macht, die die ErzieherInnen einer KiTa im Streikfall ausüben, so sie denn im öffentlichen Sektor tätig sind und die KiTa nicht komplett über Gebühren finanziert ist, verursacht im Falle eines Streiks dem Träger keinen Verlust an Gewinn, während dies bei einer kommerziell betriebenen KiTa durchaus der Fall sein könnte.

Die Beschäftigten des öffentlichen Sektors verursachen Belastungen nicht primär beim Arbeitgeber Staat, sondern bei den Bürgern, die jedoch anders als es manche *New Public Management* (NPM)-Rhetorik glauben machen will, tatsächlich nicht nur Kunden sind, sondern auch Staatsbürger, die sich mit den Streikenden solidarisch erklären können (etwa weil sie sich um die Qualität der Dienstleistung sorgen) und aufgrund des Doppelcharakters des Staates als Staat und Arbeitgeber politische Repräsentanten dafür abstrafen können, wenn diese nicht auf die Forderungen der Beschäftigten eingehen. Um die Bürger zu gewinnen, genügt es allerdings keineswegs, den Prozess der Dienstleistungserbringung zu unterbrechen, vielmehr muss für Unterstützung geworben werden, ein Aspekt, den Schmalz/Dörre (2014) dem Typus „gesellschaftliche Macht" zuordnen. Die „strukturelle Macht" der Beschäftigten des öffentlichen Sektors ist somit geringer als in der Privatwirtschaft, soweit sie keine unmittelbare Profitminderung herbeiführen können. Der Typus „gesellschaftliche Macht" ist verglichen mit dem Privatsektor hingegen in zweifacher Hinsicht von größerer Bedeutung: die Beschäftigten des öffentlichen Sektors sind wesentlich stärker darauf angewiesen und sie können diese etwa als wahlberechtigte Bürger auch unmittelbar nutzen, anders als dies in der Privatwirtschaft möglich wäre. Gesellschaftliche und politische Faktoren sind somit mit Blick auf den öffentlichen Sektor von besonderer Bedeutung (Schmidt/Müller/Trittel. 2011: 17ff.; Gill-McLure 2013).

Allerdings scheint es uns erwägenswert, „gesellschaftliche Macht" nicht allein als eine gewerkschaftliche Machtressource zu konzipieren, da diese Machtressource prinzipiell auch den Arbeitgebern zur Verfügung steht, sondern auch als eine gesellschaftliche Erweiterung der zu bespielenden Arenen der Arbeitsbeziehungen zu verstehen. Um die Zukunft der Arbeitsbedingungen des öffentlichen Sektors wird auch öffentlich gestritten. Wir werden sehen, dass es nicht nur von Interesse für die Gewerkschaften des öffentlichen Sektors ist, wie die gesellschaftliche Unterstützung ihrer Forderungen und Arbeitskampfmaßnahmen ausfällt, sondern auch, welche Parteien regieren. Da es Sinn macht, zwischen Staat und Gesellschaft zu unterscheiden, ist es auch sinnvoll noch eine weitere gewerkschaftliche Machressource und Arena der Arbeitsbeziehungen einzuführen, die wir *„politisch"* nennen wollen (vgl. Müller et al. 2015). Im öffentlichen Sektor ist für Gewerkschaften die gesellschaftliche und politische Auseinandersetzung besonders wichtig. Doch ob sie damit über einen äquivalenten Ausgleich für den Mangel an struktureller Macht verfügen, also die Schwäche, Erträge schmälern zu können, bleibt eine empirische Frage.

Die eng mit der gesellschaftlichen Aufwertung der vorschulischen Erziehung verbundene Mobilisierungsbereitschaft der ErzieherInnen und der Verlauf der Streiks im Erziehungsbereich geben Zeugnis von den gesellschaftlichen Einflüssen auf die gewerkschaftlichen Machtressourcen im öffentlichen Sektor und zeigen, dass auch die „strukturelle Machtressource", d.h. die Arbeitsmarktposition und die Fähigkeit, durch Arbeitsunterbrechungen Wirkungen zu erzielen, im öffentlichen Sektor in hohem Maße gesellschaftlich und politisch vermittelt ist. Darüber hinaus wird deutlich, dass die Gleichzeitigkeit von Unzufriedenheit und der begründeten Chance, Verbesserungen auch durchsetzen zu können, eine entscheidende Voraussetzung für die Entwicklung gewerkschaftlicher Macht im öffentlichen Sektor darstellt.

Anders als bei der Drohung mit einer Klage im Beamtenbereich, ist die Androhung eines Streiks im Tarifbereich immer auf die potentielle Mobilisierbarkeit der Öffentlichkeit oder eines Teils der Bürger angewiesen. Anders als bei der Strategie (vor allem des DBB, partiell auch des DGB)[67] im Beamtenbereich, die wir als *political stage bargaining* bezeichnet haben, halten wir im Falle Ver.dis bzw. von Konflikten im Tarifbereich den Begriff *public stage bargaining* für passender. Die Interaktion mit der Öffentlichkeit, zu der auch die wahrnehmbare Mobilisierung der eigenen Mitglieder gehört, nimmt in dieser Strategie einen erheblich höheren Stellenwert ein, auch wenn beide Strategien letztlich darauf zielen, politische Entscheidungsträger mit Argumenten und gesellschaftlichem

---

67 Da sich die beschriebene Strategie des DBB nicht primär voluntaristisch bestimmt, sondern zu einem erheblichen Maß aus den besonderen Bedingungen des Beamtenbereichs erklärt, arbeitet der DGB auf diesem Feld nicht gänzlich anders (Lobbying, Teilnahme an Anhörungen etc.), auch wenn er als Vertretung aller Arbeitenden seine Arbeitsweise dort weniger an die spezifischen Bedingungen des Beamtenbereichs anpasst, wo dies in einen Widerspruch zu allgemeinen Arbeitnehmerinteressen zu geraten droht. Der Beamtenbund wurde hier gegenüber dem DGB insofern etwas in den Mittelpunkt gerückt, als sich an seiner Arbeitsweise das Spezifische der Arbeitsbeziehungen im Beamtenbereich in relativ reiner Form verdeutlichen lässt.

Druck dazu zu bringen, gewerkschaftliche Forderungen zu erfüllen. Doch bei aller Unterschiedlichkeit der Vertretungstypen zwischen dem Beamtenbereich und dem Tarifbereich des öffentlichen Sektors, so bestehen zum *economic bargaining* des Privatsektors doch in beiden Fällen substanzielle Unterschiede.

5.5 Krise und Arbeitsbeziehungen im öffentlichen Sektor ■

Angesichts der durch die Krisenbewältigung nötigen Bankenrettung und in der Konsequenz der gestiegenen Staatsschulden war mit einer weiteren Verknappung von Haushaltsmitteln sowie einer auch in Deutschland anstehenden Verschärfung austeritätspolitischer Maßnahmen zu rechnen, die wenig Spielräume eröffnet hätte, um Entgeltsteigerungen ohne Personalabbau zu erreichen. Mehrere Umstände trugen jedoch dazu bei, dass die Entgeltentwicklung während und nach der Krise wieder etwas Fahrt aufnahm. Der wichtigste Umstand dürfte sicherlich darin liegen, dass Deutschland trotz eines scharfen Kriseneinbruchs rasch wieder zu wirtschaftlichem Wachstum zurückfand, keine Einbrüche bei den Steuereinnahmen auftraten und die Bundesregierung trotz des Ziels der Sanierung der Staatsfinanzen keine Verschärfung der Sparpolitik für nötig erachtete. Begünstigt wurde diese Entwicklung zudem gerade durch eine Krisenfolge, nämlich die Senkung der Kreditzinsen für Deutschland als Kehrseite der steigenden Zinsen für die Krisenländer sowie die Niedrigzinspolitik der Europäischen Zentralbank.

Vor der Finanzmarkt- und Wirtschaftskrise war die Entwicklung des öffentlichen Sektors in Deutschland nicht nur durch mehr oder weniger erfolgreiche Modernisierungsmaßnahmen gekennzeichnet, als charakteristisch darf auch eine anhaltende, in den 1990er Jahren begonnene Politik der Sparmaßnahmen gelten. Durch eine Vernachlässigung des öffentlichen Sektors sowie die Auslagerung von Teilaufgaben aus der Industrie in eine wachsende Dienstleistungsbranche, in der die Beschäftigten häufiger schlechter gestellt wurden, konnten vor der Krise auch die Kosten in der Exportindustrie niedrig gehalten werden. Auf dieser Basis konnte dann die Krise auf der Basis asiatischer Nachfrage rasch überwunden werden. Doch seit der Finanzmarkt- und Wirtschaftskrise werden auch die Schattenseiten dieser Politik stärker wahrgenommen und erkannt, dass diese Strategie, flankiert durch die Arbeitsmarktreformen der Regierung Schröder, nicht nur den Bereich öffentlicher Daseinsvorsorge, Infrastruktur und Bildung vernachlässigte und insofern nicht sehr nachhaltig war, sondern auch die Beschäftigten nicht angemessen am Erfolg beteiligte. Außerdem erwies sich die Strategie gegenüber den ökonomisch schwächeren europäischen Ländern, insbesondere im Euro-Raum, als eine Politik des *beggar-thy-neighbour*, die mittelfristig auch die Grundlagen der deutschen Exporterfolge zu untergraben drohte und eine hohe Verschuldung schwächerer europäischer Länder begünstigte.

Obwohl sich in Deutschland Arbeitgeber und Industriegewerkschaften im Rahmen eines „Krisenkorporatismus" – nicht zuletzt auch auf betrieblicher Ebene (Schwarz-Kocher 2014; Schroeder 2014) – darum bemühten, mittels Kurzarbeit trotz heftiger Produktionseinbrüche das betriebliche „Humankapital" zu halten (anders als in Schweden auch staatlich unterstützt), und eine rasche Überwindung der Krise gelang, drohte die Verschuldung insbesondere der südeuropäischen Länder nun auf Deutschland zurückzuschlagen. Die Finanzmarkt- und Wirtschaftskrise drohte sich in eine existenzielle Krise des Euro und der Europäischen Union zu transformieren.

Eine bloße Fortführung der bisherigen deutschen Exportstrategie war somit im europäischen Kontext nicht mehr möglich und leuchtete auch den Gewerkschaften, nicht zuletzt im öffentlichen und privaten Dienstleistungsbereich, immer weniger ein. Letztlich fand nach der Krise einerseits in Deutschland eine leichte Verschiebung von einer Exportstrategie zu einer Stärkung des Binnenmarktes statt, andererseits wurde die Austeritätspolitik auf andere europäische Länder ausgeweitet, um die deutsche Exportstrategie zum Erfolgsmodell für ganz Europa zu machen. Wobei sich allerdings die damit verbundenen Risiken fehlender Nachhaltigkeit auf internationaler Ebene reproduzieren.

Die Reallöhne, auch im öffentlichen Sektor, steigen jedoch in Deutschland wieder und Ausgaben in Infrastruktur und Bildung werden nicht mehr im selben Maße vernachlässigt. Die Wirkungen der Krise erscheinen in Deutschland geradezu paradox: Anders als wir es erwartet hatten, führte die Finanzmarkt- und Wirtschaftskrise trotz gestiegener Staatsverschuldung nicht zu drastischen Kürzungsmaßnahmen. Es fand zwar keine gänzliche Abkehr vom deutschen Sparregime statt, doch es wurde zweifelsfrei gelockert. Gerade durch die Krise und die ökonomisch und politisch mehr oder weniger erzwungene oder freiwillig gewählte Übertragung austeritätspolitischer Maßnahmen auf andere Länder unterscheidet sich die Richtung der deutschen Entwicklung von der Spaniens und Großbritanniens. Die Krise, so ist zu konstatieren, hatte in Deutschland andere Folgen als in einer Reihe anderer europäischer Länder, obwohl – oder vielleicht auch, gerade weil – die Entwicklungen in den europäischen Ländern aufeinander bezogen sind.

Die Arbeitsbeziehungen haben sich in der Folge der Krise in Deutschland nicht grundlegend geändert. Das erfolgreiche, korporatistische Krisenmanagement dürfte sich jedoch positiv auf die gesellschaftliche und politische Anerkennung der Gewerkschaften ausgewirkt haben. Da sozialdemokratische Ministerien zudem bereit sind, Gewerkschaften in politische Projekte einzubeziehen und neoliberale Ideologien geschwächt sind, zeigen sich unter anderem auch positive Impulse auf die politischen und gesellschaftlichen Machtressourcen der Gewerkschaften. Allerdings ist mit Blick auf den öffentlichen Sektor nicht eindeutig, ob von einer Stärkung des gesellschaftlichen und politischen Einflusses der Gewerkschaften gesprochen werden kann. Als gesichert darf unseres Erachtens gelten, dass nach einer langen Zeit der Schwächung der strukturellen Macht durch einen Verlust konfliktfähiger Belegschaftsteile durch Privatisierungsprozesse, durch den politisch gewollten Ausbau des Vorschulbereichs zumindest vorübergehend die strukturellen Machtressourcen von Ver.di gestärkt wurden. Hier ist allerdings keineswegs eine Reaktion auf die Krise zu sehen, vielmehr eine Folge der Korrektur durch die langjährige Sparpolitik vernachlässigter Investitionen in Humankapitalbildung, wie sie vor dem Hintergrund der demographischen Entwicklung für nötig erachtet werden.

Ähnlich wie in Schweden bot auch in Deutschland die Finanzmarkt- und Wirtschaftskrise somit keinen Anlass für zusätzliche Maßnahmen zur Ökonomisierung, Vermarktlichung und Deregulierung des öffentlichen Sektors und dessen Arbeitsbeziehungen. Die „vollen Kassen" der Bundesregierung finden jedoch bei den Ländern und den Kommunen nicht überall eine Entsprechung, weshalb von einer Entspannung der Haushaltslage nicht durchgängig gesprochen werden kann. In Deutschland sind die Entwicklung des öffentlichen Sektors sowie dessen Arbeitsbedingungen und Arbeitsbeziehungen zwar weniger vom politischen Willen der Regierung abhängig als in Großbritannien, an den Institutionalisierungsgrad Schwedens reichen die deutschen Verhältnisse jedoch ebenfalls nicht heran.

Die weitere Entwicklung der Arbeitsbeziehungen des öffentlichen Sektors in Deutschland ist trotz einer gewissen Re-Stabilisierung keineswegs klar. Zunächst ist mit der Partei Alternative für Deutschland (AfD) eine sogenannte „rechtspopulistische" Partei auf die politische Bühne getreten, die sozialpolitisch durchaus neoliberale Züge trägt, deren Einfluss eine zusätzliche Unbestimmtheit ins Spiel bringt. Auch gibt es Hinweise darauf, dass sich mitunter in den Gewerkschaften hinsichtlich der Haltung gegenüber Flüchtlingen problematische Spannungen in der Mitgliedschaft aufbauen.

Unterstellen wir keine ausgeprägte Negativentwicklung der politischen Rahmenbedingungen, so dürften angesichts einer wahrscheinlich weiteren Regierungsbeteiligung der Sozialdemokraten Chancen einer Stabilisierung von Gewerkschaften und Arbeitsbeziehungen bestehen. Zwar verfügt Ver.di gegenwärtig über ein entwickeltes Verständnis von den Besonderheiten der Arbeitsbeziehungen des öffentlichen Sektors und scheint auch keine gravierenden Fehler zu machen, doch je nachdem, wie sich der Arbeitskräftebedarf entwickeln wird, für den es stark voneinander abweichende Erwartungen gibt, sind sehr unterschiedliche Wirkungen auf die strukturellen gewerkschaftlichen Machtressourcen möglich. Technisch-organisatorische (Digitalisierung), wirtschaftliche und demographische Entwicklung, aber auch sozial- und wirtschaftspolitische sowie bevölkerungs- und migrationspolitische Entscheidungen sind hierfür von Relevanz. Davon sind die Einnahmen und Ausgaben der öffentlichen Haushalte beeinflusst. Im Falle einer Verschlechterung der wirtschaftlichen und fiskalischen Umstände könnten auch die Regelungen zur Schuldenbremse relevant werden. Das Politikmodell „Austerity“ ist jedenfalls sowohl als Exportgut als auch innerhalb Deutschlands weiterhin präsent und verfügbar und könnte insofern auch im öffentlichen Sektor Deutschlands wieder verstärkt zum Einsatz kommen.

6. Ländervergleich und Schlussfolgerungen

6.1 Divergenz und Konvergenz der Arbeitsbeziehungen im öffentlichen Sektor im Ländervergleich

Wir hatten eingangs darauf hingewiesen, dass empirisch meist gut gestützte vergleichende Forschungen immer wieder anhaltende und mitunter wachsende Unterschiede zwischen den Arbeitsbeziehungen verschiedener Länder konstatiert hatten. Obwohl alle Länder auf den ersten Blick ähnlichen Einflüssen ausgesetzt waren, insbesondere Globalisierung und Europäisierung, wurde keine konvergente Entwicklung diagnostiziert. Dies gilt für den privaten wie den öffentlichen Sektor. Auch wir fanden eine Reihe von Unterschieden, die sowohl das Volumen, den Zuschnitt sowie die Entwicklung des öffentlichen Sektors selbst betreffen als auch den Charakter und die Entwicklung der Arbeitsbeziehungen. Da der öffentliche Sektor den Anforderungen des Marktes und damit dem Druck wirtschaftlicher Globalisierung und Europäisierung weniger unvermittelt ausgesetzt ist, mögen Divergenzen weniger überraschen als bei den Arbeitsbeziehungen des Privatsektors. Begreifen wir Arbeitsbeziehungen als eine mehr oder weniger institutionalisierte soziale Beziehung, in die der Interessenkonflikt zwischen Arbeitgebern und Arbeitnehmern eingeschrieben ist, dann liegen bei unterschiedlichen Einflüssen unterschiedliche Ausprägungen von Institutionalisierung ebenso nahe, wie in der Folge unterschiedliche Reaktionen auf ähnliche Anforderungen.

Hinsichtlich der Entwicklung des öffentlichen Sektors bestätigt der Vergleich der vier Länder im Grundsatz das Theorem der *funktionalen Äquivalenz*: Es gibt verschiedene Möglichkeiten, den jeweiligen Umfang, die Zuständigkeit und das Verhältnis von öffentlichem und privatem Sektor zu gestalten und den öffentlichen Sektor zu organisieren, ohne, dass sich die Folgen in ihrer gesellschaftlichen und wirtschaftlichen Funktionalität wesentlich unterscheiden müssen. Die Beobachtung, dass sowohl *Liberal Market Economies* (LME) wie *Coordinated Market Economies* (CME) dazu in der Lage sind, wirtschaftlich zu bestehen und von keiner prinzipiellen Überlegenheit der LMEs über die CMEs auszugehen ist, wie dies mitunter suggeriert wurde, bestätigt sich auch mit Blick auf den öffentlichen Sektor. Die Bewältigung der jüngsten Finanzmarkt- und Wirtschaftskrise hingegen scheint sogar deutlich zugunsten von Schweden und – soweit dieses noch als CME begriffen werden darf – Deutschland zu sprechen: Während das wirtschaftlich liberale Großbritannien die Krise weniger rasch bewältigte und heftiger staatlicher Sparpolitik ausgesetzt wurde, scheinen die falschen Ideen (Lehndorff 2012) des Neoliberalismus zwar unverändert wirksam zu sein, doch zumindest hinsichtlich der Realisierung ihrer Versprechungen alles andere als zu triumphieren. Vielmehr spricht einiges dafür, dass sich ein höheres Maß an Koordinierung und stärker institutionalisierte Arbeitsbeziehungen auszahlt. Während in Großbritannien und Spanien auf die Finanzmarkt-, Wirtschafts- und Verschuldungskrise heftige Einschnitte bei der staatlichen Ausgabenpolitik folgten und den Beschäftigten des öffentlichen Sektors Verzichtsleistungen abverlangt werden, haben Schweden und Deutschland die Krisenanforderungen offenbar besser bewältigt.

Werfen wir einen Blick auf die Entwicklung der nominellen Personalkosten des öffentlichen Sektors, eine Variable die sowohl Entgelt- als auch Personalentwicklung zum Ausdruck bringt, so nimmt im Zeitraum zwischen 2008 und 2015 dieser Wert in Schweden um jährlich 3,0% und in Deutschland um 2,9% zu, während er in Großbritannien im Jahresmittel nur um 0,9% und in Spanien um 0,1% zunimmt. Ob hier von Divergenz oder Konvergenz die Rede sein sollte, ist allerdings eine Frage der Perspektive (vgl. Abb. 9).

Abbildung 9 veranschaulicht darüber hinaus, dass sich die Personalkosten des öffentlichen Sektors in Deutschland und Großbritannien sowie Spanien geradezu überkreuz entwickelt haben, wenn wir die durchschnittlichen Steigerungsraten der Ausgaben seit der Krise mit denen vor der Krise in Beziehung setzen. Von einem *„cross-country pendulum effect“* im Sinne von Lehndorff (2015: 163), kann hier somit auf den ersten Blick durchaus die Rede sein. Allerdings hat sich der Unterschied zwischen den Mittelwerten auch von 5,7 Prozentpunkten auf 2,9 Prozentpunkte verringert, weshalb auch von einer konvergenten Entwicklung der öffentlichen Personalausgaben gesprochen werden kann, wobei sich die staatlichen Personalausgaben betrachtet als Prozentanteil am Bruttoinlandsprodukt in den Jahren 1995 und 2015 zwischen den Ländern in ähnlicher Weise unterscheiden. Dabei fallen die Werte für Schweden, Deutschland und auch Großbritannien 2015 geringer aus als 1995 (vgl. Abb. 1) – das abweichende Muster im Falle Spaniens liegt dabei an einem Rückgang des Bruttoinlandsprodukts, nicht an gestiegenen Personalausgaben. Mit Blick auf diese Daten kann somit weder von einem Pendeleffekt noch von Divergenz gesprochen werden, jedoch von einer kontinuierlichen (Deutschland und Schweden) oder diskontinuierlichen (Großbritannien und Spanien) Entwicklung die Rede sein, die über längere Zeiträume dazu tendiert, die staatlichen Personalausgaben zu reduzieren. In den letzten Dekaden kann auch hinsichtlich der allgemeinen Staatsausgaben am BIP Konvergenz festgestellt werden. Deutschland, Spanien und Großbritannien haben sich diesbezüglich weitgehend angenähert, wobei die Werte für Spanien und Großbritannien sich für 2015 relativ wenig vom Jahr 1995 unterscheiden, während sich der Wert für Deutschland deutlich verringert hat.

Abb. 9: Veränderung der Personalkosten öffentlicher Sektor (in jeweiliger Währung, nominell; Arbeitgeberanteile inklusive)

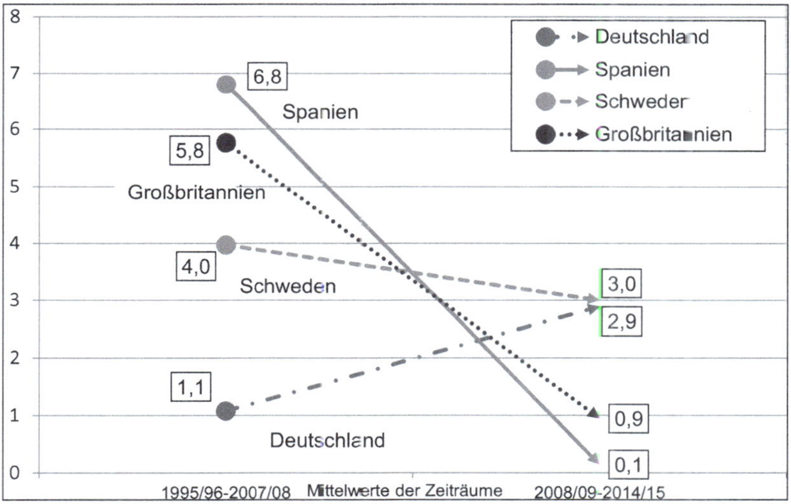

Quelle: Eurostat (2017a).

Obwohl sich somit auch einige Gemeinsamkeiten und (oft temporäre) Konvergenzen finden lassen, so halten wir Konvergenz nicht für dominant, auch von einer durchgängigen „convergence of substance“ (Schmidt/Dworschak 2006: 98) wollen wir nicht sprechen. Sowohl Divergenzen als auch Konvergenzen sind oft eine Frage der Perspektive und des Zeitpunktes: Während etwa zunächst nach der Finanzmarkt- und Wirtschaftskrise in Deutschland und Schweden einerseits und in Spanien und Großbritannien andererseits ganz deutliche Unterschiede zu beobachten waren (massive Austeritätspolitik nur in den beiden letzten Fällen), können mit einem zweiten Blick in den Postkrisen-Divergenzen auch Korrekturen von besonderen Entwicklungen vor der Krise gesehen werden, etwa was die gegensätzlichen Besonderheiten der deutschen und der spanischen Verdienstentwicklung (im öffentlichen Dienst) betrifft. Im Kontext der Krise (im spanischen Falle mittels massiver Eingriffe und mit starken Belastungen für die Beschäftigten und die Bevölkerung) werden solche Sonderentwicklungen in gewisser Weise korrigiert, was dann als die erwähnte länderübergreifende Pendelbewegung betrachtet werden kann. Doch soweit sich die jeweiligen gesellschaftlichen Kräfteverhältnisse nicht grundlegend verändern, ist es wahrscheinlich, dass sich Vorkrisentendenzen auch danach allmählich wieder Bahn brechen – ohne hier, angesichts des für die Arbeitsbeziehungen im öffentlichen Sektor besonders wichtigen politischen Faktors, eine Gesetzmäßigkeit behaupten zu wollen. Doch es gibt auch ökonomische, politische und ideologisch-kognitive Einflüsse und Verbindungen zwischen den Ländern. Es handelt sich um verbundene Divergenzen.

In Schweden zeigt sich eine ähnliche Entwicklung wie in Deutschland, auch wenn der öffentliche Sektor dort noch immer deutlich größer ist als in den drei anderen Ländern. In allen Ländern sind die Staatsausgaben am BIP 2015 geringer als 2009, dem ersten Jahr, in dem sich Krise und kriseninduzierte oder -legitimierte Sparpolitik in allen Ländern zumindest vorübergehend auszuwirken begannen (vgl. Abb. 10). Das wirtschaftliche Gewicht des öffentlichen Sektors verringerte sich somit in Schweden und Deutschland bereits vor der Krise, während eine entsprechende Entwicklung in Spanien und vor allem in Großbritannien erst nach der Krise einsetzte.

Generell kann gesagt werden, dass sich der öffentliche Sektor in den letzten (mehr als) zwanzig Jahren in allen vier Ländern einem hohen Legitimationsdruck ausgesetzt sah, sich gleichwohl lediglich in Deutschland und Schweden das Gewicht des öffentlichen Sektors verringerte. Aus schwedischer und vor allem deutscher Perspektive wird die Entwicklung in Großbritannien und Spanien auch als eine nachholende Entwicklung interpretiert, als eine durch Krise, Verschuldung, europäische ökonomische Governance und neoliberal ausgerichtete Regierungen induzierte notwendige Anpassung an ein in Deutschland bereits vor der Krise vorexerziertes Modell. Doch selbst, wenn wir seit der Krise eine gewisse Konvergenz der Staatsausgaben beobachten, so zeigt die Entwicklung in Spanien und Großbritannien vor der Krise doch ebenso, wie der spätere Verlauf in Deutschland, dass diese Entwicklungen nicht linear verlaufen und dem politischen Willen der Regierungen erhebliche Bedeutung zukommt.

Abb. 10: Allgemeine Staatsausgaben als Prozentanteil am BIP

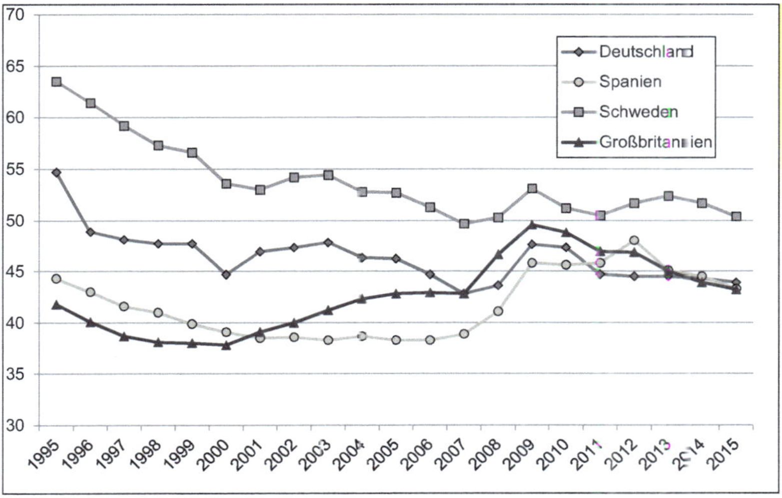

Quelle: Eurostat (2017a).

Da Regierungswechseln eine große Bedeutung zukommt, würde eine bloße Fortschreibung statistischer Trends jedoch in die Irre führen, eine fundierte Prognose, wie sich die Bedeutung des öffentlichen Sektors zukünftig entwickeln wird und ob im Ländervergleich eher Divergenz oder Konvergenz vorherrschen werden, ist so nicht möglich. Nicht ausgeschlossen ist, dass in Großbritannien, obwohl dort neoliberale Vorstellungen kulturell besonders dominant wirken, auf absehbare Zeit ein erneuter Kurswechsel erfolgen wird, der dort, angesichts der Machtfülle der Regierung und der schwachen Institutionalisierung der staatlichen Strukturen und des öffentlichen Sektors, auch umsetzbar wäre. Die Linkswende der Labour Party, sollte sich diese stabilisieren,[68] lässt im Falle eines Regierungswechsels sogar eine deutliche Veränderung erwarten. Im Hinblick auf den Stellenwert des öffentlichen Sektors scheint für Großbritannien weniger eine anhaltende Dominanz neoliberaler Praxis denn eine unstete Entwicklung charakteristisch zu sein. Wenig abschätzbar ist zudem, wie sich der Brexit, je nachdem, ob und wie er letztlich vollzogen wird, auf eine Politik hinsichtlich des öffentlichen Sektors auswirkt. Ein wirtschaft-

68 Eine Stabilisierung der Linkswende unter Corbyn ist angesichts der 2017 überwiegend positiven Umfragewerte für Labour keineswegs unwahrscheinlich (Wikipedia 2018).

licher Einbruch könnte Anlass für erneute Sparbemühungen darstellen, während wachsende politische Unzufriedenheit gegenteilige Effekte nahelegen dürfte.

Eine Linksverschiebung ist auch in Spanien nicht ausgeschlossen, jedenfalls ist nach den Wahlen 2015 Podemos als drittstärkste Partei ins Parlament eingezogen. Allerdings scheiterte eine Regierungsbildung, Neuwahlen wurden durchgeführt und schließlich blieb die Regierung Rajoy doch im Amt. Eine gänzlich ungebrochene Fortführung der Austeritätspolitik sowie der Einschnitte in den öffentlichen Sektor dürfte in Spanien jedenfalls gleichwohl eher unwahrscheinlich sein, zumal die langfristigen gesellschaftlichen Kosten als Folge von hoher Jugendarbeitslosigkeit und damit verbundener Perspektivlosigkeit auch in der Sache eine veränderte Politik definitiv nahelegen. Auch angesichts der regionalen Destabilisierung des Landes (Katalonien) ist eine bloße Fortführung der bisherigen Austeritätspolitik eher unwahrscheinlich. Allerdings ist die Krise in Spanien noch nicht endgültig und vor allem nicht mit Sicherheit überstanden[69] und staatliche Refinanzierungskosten könnten eine Kehrtwende erschweren, wenn die Finanzmärkte (etwa auch im Falle eines Regierungswechsels) negativ reagieren und europäischer Druck erneut zunehmen sollte. Zwar hat nicht zuletzt die Geldpolitik der EZB zu niedrigen Zinsen auch für Spanien geführt, allerdings zeigt das Beispiel Griechenlands, dass dadurch Niedrigzinsen nicht garantiert sind (vgl. Tab. 21). Das Misstrauen gegenüber der Politik und dem öffentlichen Sektor ist allerdings in Spanien, befördert in jüngster Zeit durch eine Reihe von Korruptionsfällen, besonders ausgeprägt, wodurch sich die Chancen des *public stage bargaining*, das wir am Beispiel Deutschlands beschrieben hatten, also des Verhandelns der Gewerkschaften unter Nutzung ihrer gesellschaftlichen Machtressourcen, beschränken. Zudem ist der öffentliche Sektor Spaniens ähnlich „lean" wie der Deutschlands, ein Umstand, der eine machtvolle Interessenartikulation öffentlich Beschäftigter insofern erschwert, als dadurch etwa das Wahlverhalten der öffentlich Beschäftigten weniger stark ins Gewicht fällt.

Obwohl die Negativwirkungen der Austeritätspolitik in Deutschland bereits vor der Krise ganz deutlich ersichtlich waren und auch Kritik daran nicht unterblieb, wurde die Politik des Sparens und der Kürzungen in Deutschland offenbar nicht im selben Maße als Einschnitt durch eine ideologisch geleitete Politik wahrgenommen, wie dies in Großbritannien

---

69 Die Europäische Kommission erwartet für Spanien in den nächsten Jahren eine positive Entwicklung des BIP und einen Rückgang der Arbeitslosigkeit (Prognose bis 2019: European Commission 2017).

und Spanien der Fall ist. Die „*early austerity measures*" (Keller 2014b), auch der Schröder-Regierungen (1998-2005), wurden in Deutschland – anders als die Politik der Cameron-Regierungen in Großbritannien – nicht als Zerschlagung des öffentlichen Sektors inszeniert oder wahrgenommen. Zwar gab es durchaus Kritik der Gewerkschaften, doch es entstand unter diesen Umständen um den Gegenstand keine ausgeprägte, auch parteipolitische Rechts-Links-Kontroverse, da sich alle relevanten parteipolitischen Kräfte mehr oder weniger auf derselben Seite fanden, da auch die SPD beteiligt war – wenn auch nicht auf allen Ebenen mit großer Begeisterung.

Tab. 21: Renditen langfristiger Staatsanleihen in Prozent (pro Jahr, Durchschnittswerte der Berichtszeiträume)

	1999-2015	1999-2008	2009-2015	2012	2013	2014	2015
Deutschland	3,3	4,3	1,9	1,5	1,6	1,2	0,5
Spanien	4,3	4,4	4,1	5,8	4,6	2,7	1,7
Schweden	3,5	4,5	2,1	1,6	2,1	1,7	0,7
Vereinigtes Königreich	3,9	4,8	2,5	1,7	2,0	2,1	1,8
Euroraum	3,9	4,4	3,1	3,9	3,0	2,0	1,2
Europäische Union	4,0	4,6	3,2	3,7	3,0	2,2	1,4
Griechenland	7,5	4,8	11,3	22,5	10,1	6,9	9,7
Vereinigte Staaten	3,8	4,7	2,6	1,8	2,3	2,5	2,1
Japan	1,2	1,5	0,9	0,9	0,7	0,6	0,4

Quelle: EZB (2016): Tab. 1.3.

Da das Verhältniswahlrecht und die eingeschränkte Machtkonzentration auf Bundesebene (Föderalismus) in Deutschland abrupte Politikwechsel erschwert und eine notwendig stärker konsensual, schrittweise und kontinuierlich angelegte Politik der Ausgabenreduktion, der Privatisierungen und der Personalkostensenkung weniger Akzeptanzprobleme verursacht, kann in Deutschland eine solche Politik, ist sie einmal etabliert, auch über Regierungswechsel hinweg ohne starke Schwankungen relativ stabil bleiben. Im Nachgang der jüngsten Krise fand in Deutschland keine Verschärfung, vielmehr eine Abmilderung der Sparpolitik statt. Exporterfolge und Niedrigzinsen ermöglichen eine Politik der „schwarzen Null" auch auf eine sozial verträglichere Weise.

Der vergleichsweise umfangreiche schwedische öffentliche Sektor hatte offenbar keinen krisenverschärfenden Einfluss, weshalb ein direkter Zusammenhang zwischen der Staatstätigkeit, die in Schweden und Großbritannien eher umfangreich und in Deutschland und Spanien vor der Krise eher gering war, und dem Krisenverarbeitungspotential nicht hergestellt werden kann. Allerdings sind Länder mit einem größeren öffentlichen Sektor im Falle einer Krise weniger dem Risiko eines kompletten Kollapses der Arbeitswelt ausgesetzt und weisen insofern zumindest vorübergehend eine höhere „Resilienz" beim Auftreten von extern generierten Krisen auf. Allenfalls könnte ein Zusammenhang mit der Ausgabenentwicklung vor der Krise konstruiert werden, da sich in Großbritannien und Spanien die öffentlichen Ausgaben deutlich stärker entwickelt haben als in Schweden und insbesondere in Deutschland. Ein unmittelbarer Zusammenhang zwischen Austeritätspolitik nach der Krise und Ausgabensteigerung vor der Krise ist allerdings nicht zu begründen. Die Finanzmarktkrise ist anderen Ursachen geschuldet als den öffentlichen Ausgaben. Lediglich zwischen der Höhe der staatlichen Verschuldung *nach* der Krise und anschließend stattfindender Austeritätspolitik kann ein – wenn auch politisch vermittelter – Zusammenhang hergestellt werden, da Staatsschulden einen hohen Begründungswert für eine Politik der Austerity haben (vgl. Tab. 22). Vor der Krise war die Staatsverschuldung gerade in Deutschland höher als in den anderen Untersuchungsländern. Abgesehen von Schweden nahm die Staatsverschuldung als Folge der Krise zu und war nicht deren Ursache.[70] Ein Zusammenhang zwischen Austeritätspolitik und Größe des öffentlichen Sektors dürfte allerdings insofern bestehen, als ein kleiner öffentlicher Sektor weniger Privatisierungs- und Kürzungspotential bietet. Allerdings ist auch dieser Zusammenhang nicht eindeutig, denn ein wirklich großer öffentlicher Sektor ist auch widerstandsfähig.

70 In Spanien dürfte hingegen die private Verschuldung (Immobilienblase) zumindest einen gewissen Einfluss auf die nationale Ausprägung der Krise gehabt haben.

Tab. 22: Private und staatliche Schulden in % des BIP

	Private Schulden in % des BIP (1)			Staatsschulden in % des BIP (2)			Schulden in % des BIP (1) + (2)		
	2007	2012	Veränderung %	2007	2012	Veränderung %	2007	2012	Veränderung %
Deutschland	123,2	115,3	*-6,41*	65,2	81,0	*24,23*	188,4	196,3	*4,19*
Spanien	214,8	214,0	*-0,37*	36,3	86,0	*136,91*	251,1	300,0	*19,47*
Schweden	214,1	254,5	*18,87*	40,2	38,3	*-4,73*	254,3	292,8	*15,14*
Großbritannien	189,1	186,9	*-1,16*	43,7	89,1	*103,89*	232,8	276,0	*18,56*

Quelle: Eigene Berechnung auf Basis von Eurostat (2017b, 2017c).

Der große schwedische öffentliche Sektor erschwert eine Politik des massiven Staatsabbaus, da die dort Beschäftigten ein Interesse daran haben, diesen stabil zu halten und daher selbst einen gesellschaftlich relevanten Faktor darstellen. Die vergleichsweise umfangreiche Staatstätigkeit in Schweden ist zudem kein Ausdruck von Ineffizienz, sondern einer breiten Funktionserfüllung. Auch bei der Betrachtung des öffentlichen Sektors ist zu berücksichtigen, dass dieser einerseits aus der Sicht des steuerzahlenden Bürgers einen Kostenfaktor darstellt, dieser andererseits jedoch auch wirtschaftliche und gesellschaftliche Funktionen erfüllt. Aus Sicht des Bürgers ist somit – von mitunter bestehenden Vorbehalten gegenüber dem öffentlichen Sektor einmal abgesehen – weniger die Größe, als die Balance von Kosten und Funktionserfüllung von Relevanz. Der Umfang des Staatssektors ist weder Krisenursache noch stellt seine Reduktion eine effiziente Krisenlösung dar, wie Großbritannien und Spanien zeigen.

Während sich die aktuelle Politik gegenüber dem öffentlichen Sektor zwischen den Ländern somit deutlich unterscheidet und Divergenz auf der Hand zu liegen scheint, kann mittelfristig keine eindeutige Entwicklung ausgemacht werden. Es gibt keinen Grund für die Annahme, dass in Großbritannien der Kommodifizierungsprozess nicht irgendwann beendet werden könnte und eine erneute Ausweitung des öffentlichen Sektors erfolgt. Ein vergleichbar deutlicher Kommodifizierungs-Dekommodifizierungs-Zyklus findet sich weder in Deutschland noch in Schweden, weshalb für beide Länder gegenüber Großbritannien auch zukünftig Phasen von Konvergenz und Divergenz wahrscheinlich sind. Auch wenn sich die spanische und die britische Politik gegenüber dem öffentlichen Sektor seit der Krise ähneln, so sprechen sowohl das Volumen wie die institutionelle Verfassung des spanischen öffentlichen Sektors – an dessen Grundstrukturen auch Bemühungen zur Einführung von Konzepten des *New Public*

Management wenig geändert hatten – doch eher dafür, dass die spanischen Verhältnisse institutionell zukünftig weiterhin mehr den deutschen als den britischen ähneln werden.

Trotz der europäischen Bemühungen um eine konvergente Entwicklung der Staatsfinanzen, die über die verlangte Erfüllung der sogenannten Konvergenzkriterien der EU etwa auch im Falle Schwedens eine Rolle spielten, ist eine mittelfristige Konvergenz der Staatsausgaben und der Bedeutung des öffentlichen Sektors nicht absehbar. Dasselbe gilt allerdings auch für die nach der Finanzmarktkrise zu konstatierenden Divergenzen, soweit wir darunter im strengen Sinne ein Auseinanderdriften verstehen, wenn wir nicht nur die allerjüngste Entwicklung betrachten, sondern die vergangenen 20 Jahre in den Blick nehmen. Gleichwohl sind die Entwicklungsprozesse nicht in allen Ländern gleichermaßen institutionell geprägt:

Erstens ist Großbritannien durch schwache Institutionalisierung gekennzeichnet. Dies gilt etwa für die Rechte und die Existenzformen der kommunalen Ebene. Retrospektiv lässt sich dort eine erhebliche Bandbreite des staatlichen Umgangs mit dem öffentlichen Sektor finden, weshalb zwar in einem abstrakten Sinne von Pfadabhängigkeit gesprochen werden kann, erklärt doch schwache Institutionalisierung die großen Schwankungen, doch damit ist gerade nur einem geringen Maße vorherbestimmt, wie sich der britische öffentliche Sektor konkret entwickeln wird. Offen ist damit auch die Frage, wie stark die Unterschiede zukünftig zu den anderen Ländern sein werden. Es sind ökonomische Entwicklungen und politische Entscheidungen, die darüber entscheiden werden, welcher Stellenwert dem öffentlichen Sektor in Großbritannien zugebilligt wird. Das gilt im Grundsatz auch für die anderen Länder, auch wenn etwa der öffentliche Sektor in Schweden gesellschaftlich erheblich stärker anerkannt und institutionalisiert ist.

Zweitens tragen Globalisierung und Europäisierung (erinnert sei nur an Steuer- und Standortwettbewerb und den europäischen Einfluss innerhalb von EU und Eurozone) auch die Tendenz einer Schwächung der nationalen Institutionalisierungen und einer Stärkung externer Einflüsse und länderübergreifender Regulierungen (Maastricht-Regeln, Fiskalpakt) in sich. Gleichwohl wird das von der EU intendierte Ziel der Konvergenz allerdings nicht oder nur mit Abstrichen erreicht. Gerade einheitliche Anforderungen können unter der Voraussetzung unterschiedlicher Ausgangsvoraussetzungen ganz unterschiedliche Effekte erzielen. Dies gilt insbesondere innerhalb der Eurozone, da die einheitliche Währung und der Wegfall nationaler geldpolitischer Souveränität den Wechselkursmechanismus außer Kraft und Unternehmen ohne diesen unvermittelt der Konkurrenz aussetzt. Besondere Schwierigkeiten der südeuropäischen Länder, die Krise zu bewältigen, sind somit nicht allein institutionalisierten, nationalen Besonderheiten geschuldet, sondern hängen nicht zuletzt auch von der Entwicklung der Verdienste und der Lohnstückkosten etwa in Deutschland ab.

Auch wenn sich die Entwicklung des öffentlichen Sektors weiterhin zwischen den Ländern unterscheidet, so liegt dies doch zunehmend nicht nur an variierenden Institutionen, sondern an den systemisch wirkenden Mechanismen globalisierter Märkte, der gemeinsamen Währung und europäischer Governance. Konvergenz ist somit auch weiterhin nur begrenzt zu erwarten. Allerdings verliert dieser Umstand seine beruhigende Wirkung.

Der Fortbestand von Unterschieden (bei temporären Divergenzen und Konvergenzen) sollte über die gleichwohl erfolgten Veränderungen nicht hinwegtäuschen. War es ein zentraler Schluss aus der Beobachtung national divergenter Entwicklungen, dass nationale Wege weiter möglich sind und von keiner unvermeidbaren Entwicklung in Richtung eines angelsächsischen Kapitalismus ausgegangen werden muss, so sollte diese Botschaft zumindest modifiziert werden, denn die nationalen Faktoren haben an Bedeutung eingebüßt. Die Entwicklung wird, sowohl Divergenzen als auch Konvergenzen eingeschlossen, zunehmend durch internationale Konkurrenz (Steuerwettbewerb) und europäische Entscheidungen (z.B. Dienstleistungsrichtlinie) geprägt oder zumindest beeinflusst. Insbesondere in der Euro-Zone und durch die Finanzmärkte werden systemische Mechanismen wirksam, die Divergenzen unabhängig von der nationalen institutionellen Verfasstheit und ohne Zutun des jeweiligen Landes produzieren. Rating-Agenturen und die Zinsgestaltung der Finanzmärkte determinieren die nationalen Handlungsspielräume. In Verbindung mit den fiskalpolitischen europäischen Konvergenzvorgaben werden so zumindest temporär Divergenzen bei der Gestaltung des öffentlichen Sektors und dessen Arbeitsbeziehungen geradezu erzwungen. Divergenz bedeutet nicht Eigenständigkeit.

Auch wenn der Befund der Divergenz in vielerlei Hinsicht (jedoch nicht ohne erhebliche Einschränkungen!) weiterhin gültig bleibt, so hat sich doch die damit verbundene politische Konnotation verändert: Mehr als zuvor sollte sich eine Politik des öffentlichen Sektors und der Vertretung der Interessen von Bürgerinnen und Bürgern sowie Beschäftigten deshalb europäisch ausrichten. Institutionelle Prägung wird zugunsten politischer Eingriffe geschwächt; politischer Eingriffe allerdings, die letztlich nicht Ausdruck substanziell gewachsener politischer Entscheidungsspielräume sind, sondern selbst in der ökonomischen Sphäre wurzeln und

Ausdruck eines ökonomischen, fiskalischen und ideologischen Drucks sind, der auf Abbau oder Kommodifizierung des öffentlichen Sektors hinwirkt. Dabei ist allerdings nicht gesellschaftliche Vernunft am Werke, vielmehr scheint die verzweifelte Suche nach neuen Geschäftsfeldern und Anlagesphären neben ideologischer Überzeugung eine Hauptantriebskraft zu sein.

Die institutionalisierten Arbeitsbeziehungen in den beiden Ländern der Post-Krisen-Austerity geraten unter Druck, da zum einen bei wichtigen Themen wie Personalabbau und Entgelt unilaterale Eingriffe des Staates erfolgen, bei denen Tarifverträge oder Empfehlungen von *pay review bodies* ignoriert werden, zum anderen, weil es den Gewerkschaften nur sehr begrenzt gelingt, Widerstand dagegen zu organisieren, denn die Austeritätspolitik schwächt zugleich die Quelle *struktureller Macht* der Gewerkschaften. Interessenvertretung gerät in ein Dilemma zwischen Personalstandsicherung und Kostenkonkurrenz mit dem Privatsektor auf der einen Seite und den Verdienstinteressen der Beschäftigten auf der anderen Seite. Privatisierung und Ausgliederung schwächen darüber hinaus die *organisationale Macht* der Gewerkschaften, auch wenn nicht notwendig der Organisationsgrad geringer wird, so bedeuten absolute Mitgliederverluste doch stets Probleme für die Finanzierung hauptamtlicher Strukturen wie auch von Streiks und Aktionen. Austeritätspolitik bietet im öffentlichen Sektor zwar auch Anlässe für gewerkschaftliche Mobilisierung, doch sie untergräbt zugleich die beiden basalen Quellen gewerkschaftlicher Macht.

Tab. 23: Bedeutung und Entwicklung gewerkschaftlicher Machtressourcen vor und seit der jüngsten Krise

		Deutschland	Schweden	Spanien	Großbritannien
Strukturelle Macht	Relevanz[1]	Mittel	Mittel	Schwach	Eher schwach
	Langfrist[2]	Rückgang	Rückgang	Zunahme	Zunahme
	Kurzfrist[3]	*Zunehmend*	*Zunehmend*	*Abnehmend*	*Abnehmend*
Organisationale Macht	Relevanz[1]	Mittel	Stark	Schwach/Mittel	Mittel/Stark
	Langfrist[2]	Rückgang	Rückgang	Zunahme	Rückgang
	Kurzfrist[3]	*Stagnierend*	*Abnehmend*	*Abnehmend*	*Abnehmend*
Institutionelle Macht	Relevanz[1]	Stark	Stark	Stark	Schwach/Mittel
	Langfrist[2]	Rückgang	Eher Rückgang	Zunahme	Stagnation
	Kurzfrist[3]	*Nicht eindeutig*	*Stabil*	*Abnehmend*	*Abnehmend*
Gesellschaftliche Macht	Relevanz[1]	Mittel	Stark	Schwach	Nicht eindeutig
	Langfrist[2]	Rückgang	Rückgang	Nicht eindeutig	Nicht eindeutig
	Kurzfrist[3]	*Nicht eindeutig*	*Nicht eindeutig*	*Abnehmend*	*Nicht eindeutig*
Politische Macht	Relevanz[1]	Mittel	Stark	Mittel	Wechselnd
	Langfrist[2]	Rückgang	Rückgang	Stagnation	Stagnation
	Kurzfrist[3]	*Nicht eindeutig*	*Nicht eindeutig*	*Abnehmend*	*Abnehmend*

1 = Relative Bedeutung einer einzelnen gewerkschaftlichen Machtressource im Ländervergleich; 2 = Mittel-/längerfristige Entwicklung seit den 1990er Jahren (vor der Krise); 3 = Jüngere Entwicklung einer gewerkschaftlichen Machtressource (zeitlich seit der Krise, kausal nicht unbedingt direkt mit der Krise verbunden).

Allerdings war in Spanien die organisationale Macht der Gewerkschaften auch bereits vor der Krise nicht sehr ausgeprägt (vgl. auch Tab. 23), da der gewerkschaftliche Einfluss weniger auf einer breiten Mitgliedschaft basierte, als auf Basis der Wahlergebnisse zu den Delegiertenwahlen zustehenden Beteiligungs- und Verhandlungsrechten sowie der Allgemeinverbindlicherklärung von Tarifverträgen. Auch bereits vor der Krise beruhten Macht und Einfluss der spanischen Gewerkschaften zu einem erheblichen Maß auf zugestandener, partiell *institutionalisierter Macht*. Selbst in Großbritannien ist im öffentlichen Sektor die Institutionalisierung der Arbeitsbeziehungen keineswegs zu vernachlässigen, auch wenn diese einen eigentümlichen Charakter haben, da in weiten Bereichen Entgeltsteigerungen vom Arbeitgeber Staat auf Basis der Empfehlungen von *pay review bodies* festgelegt werden. Die Gewerkschaften dürfen in Letzteren allerdings, wie etwa beim *National Health Service,* lediglich begründete Stellungnahmen abgeben. Allerdings gibt es beim NHS tarifvertraglich festgelegte, verbindliche Regeln der Arbeitsbewertung und der Eingruppierung, während für die Kommunen zwar Entgeltsteigerungen national vereinbart werden, jedoch die Kommunen über sehr ausgeprägte Entscheidungsspielräume bei den Eingruppierungsbestimmungen verfügen, die es ihnen erlauben, so einzugruppieren, dass dieselbe Tätigkeit je nach Kommune unterschiedlich vergütet wird. Die unilateralen Eingriffe in die Entgeltbestimmung durch die Regierung zeigten dann allerdings, dass im öffentlichen Sektor Großbritanniens zwar Verfahren der Entgeltdetermination institutionalisiert sind, echte Beteiligungsrechte der Gewerkschaften jedoch kaum.

Jedenfalls gelingt es weder den spanischen noch den britischen Gewerkschaften anlässlich des partiellen (möglicherweise auch nur temporären) Bruchs des Staates mit den bis dahin als institutionalisiert geltenden Regeln und Vereinbarungen, die sich auftuende Einbuße an Einfluss gestützt auf andere Machtquellen zu kompensieren. Der Verlust an politischer Anerkennung der Gewerkschaften durch die konservative Regierung in Spanien und der Angriff der britischen Regierung auf die *trade unions*, d.h. das weitgehende Versiegen der politischen Quelle gewerkschaftlichen Einflusses durch die Ablösung der Labour-Regierung im Jahr 2010 und der PSOE-Regierung im Jahre 2011, konnte durch die Gewerkschaften weder durch den Rückgriff auf organisationale Macht noch durch die Mobilisierung gesellschaftlicher Unterstützung (*gesellschaftliche Machtressource*) hinreichend ausgeglichen werden. Allerdings versuchten die Gewerkschaften beider Länder dies durchaus und waren auch nicht gänzlich ohne Erfolg. Die sozialen Bewegungen gegen die Politik der Austerität artikulierten sich in Spanien allerdings einerseits eher als Initiativen auf kommunaler Ebene, andererseits haben die Bewegungen sich in Form von Podemos (zumindest teilweise) in eine politische Partei transformiert. Aufgrund der wenig gefestigt erscheinenden parlamentarischen Mehrheitsverhältnisse ist es momentan relativ unbestimmt, welchen Stellenwert die politische Machtressource in nächster Zeit für die spanischen Gewerkschaften einnehmen wird. Eine politisch vermittelte Stärkung der Gewerkschaften ist möglich, auch wäre im Falle einer linksorientierten Regierung wahrscheinlich mit einem Ende oder zumindest einer Mäßigung der Austeritätspolitik zu rechnen.

Obgleich die Regierung Cameron in Großbritannien erst 2015 bestätigt und auch nach der Volksabstimmung über den Brexit von Theresa May eine konservativ-dominierte Regierung fortgeführt wird, ist auch in Großbritannien wenig gesichert, wie sich der öffentliche Sektor und dessen Arbeitsbeziehungen mittelfristig entwickeln werden. Sowohl eine Fortführung konservativ dominierter Regierungen wie eine Regierungsübernahme durch eine eindeutig gewerkschaftsfreundliche Labour Party unter Jeremy Corbin ist in absehbarer Zeit möglich. Auch könnten die Zügel der Sparpolitik möglicherweise allmählich auch von den Tories etwas gelockert werden, da der Unmut in der Bevölkerung zunehmen könnte, wenn weitere Eingriffe erfolgen würden, die dann auch den NHS in stärkerem Maße betreffen müssten.[71] Dann könnte das gesellschaftliche Interesse an den Gewerkschaften wieder zunehmen. Doch alle Hoffnungen auf eine nachhaltige Revitalisierung der britischen Gewerkschaften wurden bisher enttäuscht, weshalb weiterhin Skepsis angebracht ist.

Zusammenfassend kann formuliert werden, dass die Politik der Austerity in Spanien und Großbritannien den Einfluss der Gewerkschaften und die Verbindlichkeit von Regelungen geschwächt und die bestehenden Arbeitsbeziehungen ausgehöhlt hat, ohne jedoch – von den der Privatisierung geschuldeten Terrainverlusten des öffentlichen Sektors abgesehen – zunächst mit großen formellen Veränderungen, etwa einem deutlichen Einbruch der tarifvertraglichen Deckungsrate oder gewerkschaftlichen Mitgliederzahlen verbunden zu sein. In Großbritannien wird mit dem *Trade Union Act* allerdings versucht, Handlungschancen der Gewerkschaften (*disruptive power*) vor allem im öffentlichen Sektor auch gesetzlich weiter einzuschränken. Zumindest ohne einen gesellschaftlichen Umschwung und einen Regierungswechsel darf deshalb gerade in Großbritannien ein Wiedererstarken des gewerkschaftlichen Einflusses als ausge-

71 Das britische Rote Kreuz warnte nach dem Personalmangel zugeschriebenen Todesfällen im Krankenhaus zu Beginn des Jahres 2017 bereits vor der „humanitären Krise" im NHS (The Guardian, 7.1.2017).

sprochen unwahrscheinlich gelten. Es ist selbstverständlich, dass Arbeitsbeziehungen und deren Regelungsgegenstände nicht allein von gewerkschaftlicher Seite gestaltet werden, und es ist alles andere als neu, dass gerade der Staat in seiner Doppelfunktion über besondere Einflussmöglichkeiten verfügt, doch die Regierungspolitik nach der Krise hat in beiden Ländern gezeigt, dass die Machtressourcen der Gewerkschaften erheblich zu schwach waren, um trotz einer formellen Kontinuität der Institutionen einen Einbruch bei Arbeitsbedingungen zu verhindern. In der Begrifflichkeit von Streeck/Thelen (2005) könnte gesagt werden, dass in beiden Ländern abrupte Veränderungen des *outputs* mit lediglich inkrementellen institutionellen Veränderungen der Arbeitsbeziehungen einhergegangen sind. Wahrscheinlich kann dieses Phänomen in den von Streeck/Thelen vorgeschlagenen Begriffen am Zutreffendsten als *exhaustion* bezeichnet werden, wobei in diesem Begriff allerdings der aktive Angriff der konservativen Regierungen (und der europäischen Institutionen) nicht hinreichend zum Ausdruck gebracht wird. Zudem ist noch nicht ausgemacht, ob es sich um einen Zustand handelt, der die Möglichkeit eines Wiedererstarkens ausschließt.

Die Gewerkschaften des öffentlichen Sektors in Deutschland und Schweden waren bereits vor der Krise – wenngleich auf durchaus unterschiedlichem Niveau – mit einer Politik der Austerität, Mitgliederverlusten und einer seit Längerem feststellbaren Erosion gewerkschaftlicher Orientierungen in der Gesellschaft konfrontiert. Im Kontext von Privatisierung und Outsourcing in Deutschland verloren insbesondere Ver.di und ihre Vorläuferorganisationen im öffentlichen Dienst an Mitgliedern. Außerdem wurde es unter dem Eindruck knapper öffentlicher Mittel schwierig, Entgeltsteigerungen durchzusetzen. In Schweden hingegen, dessen Staatsverschuldung im Ländervergleich vor wie nach der Krise relativ gering ist und wo sich nach der Krise keine deutliche Veränderung bei der materiellen Beteiligung der Beschäftigten zeigt, allenfalls unmittelbar an die Krise anschließend eine etwas stärker ausgeprägte Lohnzurückhaltung zu beobachten war, kann ansonsten über die Krise hinweg von einer hohen Kontinuität der Resultate wie der Institutionen der Arbeitsbeziehungen gesprochen werden. Der vergleichsweise große Staatsanteil in Schweden führte dazu, dass der öffentliche Sektor mehr mit wohlfahrtsstaatlichen als mit hoheitlichen Aufgaben konnotiert wird. Auch dadurch entstand eine dem öffentlichen Sektor günstige Interessenkonstellation. Die große Ähnlichkeit der Arbeitsverhältnisse mit denen des Privatsektors und die durch *pattern bargaining* bedingten, sektorenübergreifend angeglichenen Entgeltsteigerungen, die keinen Grund für einen Privilegienverdacht zugunsten der Staatsbeschäftigten abgeben, sowie eines vor dem

Hintergrund geringer Korruption und bürgernaher Verwaltung hohen Vertrauens in die öffentliche Verwaltung, lieferten offenbar auch schon vor der Krise keinen Anlass für einen Verzicht auf Entgeltsteigerungen. Auch nach der Krise blieb die institutionelle Verfassung der schwedischen Arbeitsbeziehungen stabil. Ob sich die politische und gesellschaftliche Unterstützung für die Gewerkschaften, die zuvor etwas gelitten hatte, erneut stabilisiert oder vielleicht sogar wieder verstärken wird, ist derzeit ebenfalls nicht einfach einzuschätzen. Die politische Entwicklung ist angesichts des Erstarkens der Schwedendemokraten und einer rot-grünen Minderheitsregierung, die auf eine Tolerierung durch die bürgerliche Opposition angewiesen ist, auch in Schweden unklar. Allerdings ist im Falle einer Regierungsübernahme durch die bürgerlichen Kräfte kein gravierender Umbau der Arbeitsbeziehungen zu erwarten, denn in Schweden weisen Letztere mehrere stabilisierende Merkmale auf:

Erstens verweisen (ganz besonders seit der ersten Hälfte der 1990er Jahre) die in Schweden überraschend geringe Lohnquote (Bengtsson 2014) und die moderaten, nach oben gedeckelten Lohnerhöhungen darauf, dass auch die Arbeitgeberseite mit den schwedischen Verhältnissen ganz gut zurechtkommen kann, was zweitens in einem Kontext ausgesprochen konsensualer Arbeitsbeziehungen steht, wie sich etwa an den seltenen Arbeitskonflikten zeigt. Drittens bieten die Regelungen trotz sektorenübergreifender Koordination hohe Flexibilität vor Ort, wofür individuelle Aushandlungsprozesse und die zum Teil sogar „ziffernlosen Vereinbarungen“ stehen. Dass trotz dieser örtlichen Entscheidungs- und Verteilungsspielräume die Entgeltspreizung in Schweden relativ gering ausfällt, lässt sich wahrscheinlich daraus erklären, dass die Idee einer aus Gründen der Leistungsgerechtigkeit funktional notwendigen sozialen Ungleichheit in Schweden nicht besonders ausgeprägt zu sein scheint und die hohe Tarifvertragsdeckung mit *pattern bargaining* eine wachsende Lohnspreizung zwischen Branchen und Beschäftigtengruppen nicht zulässt. Individuellen Unterschieden hingegen kann das schwedische System wie gezeigt durchaus gerecht werden.

Als eigentliches Krisenwunderland gilt allerdings Deutschland, dessen Wirtschaftswachstum nach der Krise wieder überraschend rasch und deutlich einsetzte, auch wenn die starken ersten Ausschläge des BIP-Wachstums nach der Krise nicht anhielten. Aus einer nachfrageorientierten Perspektive sollte das Phänomen rascher wirtschaftlicher Erholung allerdings keineswegs übermäßig überraschen, da die Bundesregierung in Kooperation mit Wirtschaft und Gewerkschaften der Krise entgegenwirkende Maßnahmen ergriffen hatte: Erstens wurden über Konjunkturprogramme, Kurzarbeitsregelungen und tripartistische Bündnisse auf nationaler und betrieblicher Ebene (Schroeder 2014; Schwarz-Kocher 2014) sowohl eine Schädigung des Produktionspotentials als auch ein zusätzlicher Einbruch der Nachfrage vermieden, zweitens kam der Exportwirtschaft trotz der Nachfrageschwäche weiterhin eine hinreichende Nachfrage im asiatischen Raum zugute und drittens konnten die Gewerkschaften mit der Krise und an diese anschließend wieder merkliche Reallohnsteigerungen durchsetzen, die es davor nicht gegeben hatte und die sich auch positiv auf die Binnennachfrage auswirkten.[72]

Als „Wunder" sollte vielleicht weniger die rasche wirtschaftliche Erholung, sondern die zumindest vorübergehende Abkehr von der jahrelang betriebenen Austeritätspolitik begriffen werden. Ebenfalls mit einer gewissen Berechtigung könnte mit Bezug auf die Entgeltentwicklung des öffentlichen Sektors von einem Wunder gesprochen werden, denn während Entgeltsteigerungen in den Jahren vor der Krise ausblieben, ein Umstand, der sich im Ergebnis nicht von den späteren britischen *pay freezes* unterscheidet, kehrten bereits während der noch nicht überwundenen Krise merkliche Steigerungsraten zurück, die angesichts geringer Preissteigerungen auch als reale Entgelterhöhungen bei den Beschäftigten ankamen. Eine Lockerung der Sparpolitik wurde zweifellos durch die Niedrigzinsen und die geringen staatlichen Refinanzierungskosten sowie steigende Steuereinnahmen (IMK 2016) begünstigt. Anders als erwartet, konnte deshalb für Deutschland auch die im Fiskalpakt festgeschriebene Schuldenbremse bisher keinen verschärften Spardruck aufbauen. Abgesehen von generell verbesserten Rahmenbedingungen ist zu konstatieren, dass vor allem die Aufwertung und der damit verbundene Ausbau der vorschulischen Erziehung mit dem Label Austeritätspolitik auch nicht mehr zutreffend bezeichnet ist. Da jedoch Sparmaßnahmen und Privatisierungen in anderen Bereichen nicht beendet sind, handelt es sich weniger um einen Wiederausbau des öffentlichen Sektors, als um einen (zumindest partiellen) Umbau mit der Intention einer stärkeren Ausrichtung auf die Bildung von Humanressourcen. Humanressourcenbildung ist keine neue staatliche Funktion, allerdings stellt die Erweiterung im Vorschulbereich, die gesellschaftlich breit getragen wird, für Deutschland eine Schwerpunktverschiebung bei den öffentlichen Aufgaben dar. Die Aufwertung hat deutliche Auswirkungen auf die Arbeitsmarktposition und offenbar auch das Selbstbewusstsein der Erzieherinnen und Erzieher, die zu den entschei-

---

72 Die Lohnstückkosten (je Erwerbstätigenstunde) im produzierenden Gewerbe, die von 2003 bis einschließlich 2007 gefallen waren, stiegen in der Krise zwar wieder an, stiegen jedoch lediglich vorübergehend stark, und liegen selbst im Jahr 2015 noch unter dem Spitzenwert von 1999 (Sachverständigenrat 2016).

denden Trägern der jüngeren Tarifbewegungen wurden. Obwohl auch für Erzieherinnen im öffentlichen Sektor gilt, dass sie primär aus Steuermitteln finanziert werden und nicht die Möglichkeit haben, die Profitproduktion zu verweigern, verfügen sie vor dem Hintergrund der Bedeutung, die der Ausweitung der vorschulischen Erziehung zugemessen wird, doch über gewachsene strukturelle Macht. Selbst wenn die gesellschaftliche Akzeptanz der Streiks nachlassen sollte, würde die starke Arbeitsmarktposition nicht aufgehoben, solange ein noch nicht gedeckter Arbeitskräftebedarf besteht.

Eine Übertragung der von Ver.di betriebenen Politik der Revitalisierung, die zentral auf die Gruppe der Erzieherinnen setzt, auf andere Länder dürfte nur begrenzt möglich sein, da das sogenannte Demographie-Problem, resultierend aus einer geringen Fertilitätsrate, nicht in allen Ländern gleichermaßen ausgeprägt ist (Lebendgeburten pro Frau 2014: Deutschland 1,47; Großbritannien 1,81, Schweden 1,88; Spanien 1,32; EU-28 1,58; European Commission, 2016), und es kein vergleichbar starkes Interesse an einer Mobilisierung von Humanressourcen gibt Als wie nachhaltig sich die, partiell besonderen Umständen geschuldete Teil-Revitalisierung gewerkschaftlicher Aktivitäten im deutschen öffentlichen Sektor erweisen wird, das bleibt selbstverständlich abzuwarten. In jedem Fall darf die Bedeutung, die Ver.di der gesellschaftlichen Unterstützung gewerkschaftlicher Aktivitäten zuschreibt, als ein den besonderen Bedingungen des öffentlichen Sektors angemessener Ansatz gewertet werden. Im Beamtenbereich, in dem neben dem DGB und mehreren seiner Einzelgewerkschaften nicht zuletzt der DBB aktiv ist, wird hingegen voraussichtlich auf absehbare Zeit weiter auf die verfassungsmäßige Absicherung einer angemessenen Versorgung gesetzt werden.[73] Letztere trägt selbstverständlich insofern ein „historisches und moralisches Element" in sich, als der Vergleich mit der Entwicklung bei den Tarifbeschäftigten als Maßstab dient, um Angemessenheit zu definieren.

Diese im Ländervergleich eher positive Entwicklung des gewerkschaftlichen Einflusses in Deutschland darf jedoch nicht primär als Reaktion auf die Krise verstanden werden, wenn auch die niedrigen Kreditzinsen zur Entspannung der öffentlichen Haushalte beitragen. Eine kausal bedingte Veränderung der Arbeitsbeziehungen des öffentlichen Sektors durch die jüngste Krise, insbesondere im Sinne einer Stärkung der Gewerkschaften im Kontext einer gegen Austeritätsmaßnahmen gerichteten Politik, lässt sich jedoch ähnlich wie in Schweden auch in Deutschland

73 Über die Klage dreier LehrerInnen gegen das Streikverbot für Beamte vor dem Bundesverfassungsgericht war beim Verfassen dieses Textes noch nicht entschieden.

nicht nachweisen. Wie in den anderen Ländern ist auch in Deutschland die zukünftige politische Unterstützung für Gewerkschaften unsicher. Derzeit ist jedoch weder in Schweden noch in Deutschland ein akuter Angriff auf die Gewerkschaften des öffentlichen Dienstes zu erwarten.

Deutlich dürfte geworden sein, dass in allen vier Ländern die ökonomischen, institutionellen und politischen Bedingungen variieren, insbesondere jedoch in Deutschland und Schweden ganz andere Voraussetzungen herrschen als in Spanien und Großbritannien, und sich die Entwicklung der Gewerkschaften und der Arbeitsbeziehungen tatsächlich unterscheidet. Da deren strukturelle Machtressource geschwächt ist, schlagen die Gewerkschaften in den beiden seit der Krise stark von Austeritätspolitik betroffenen Ländern, anders als wir es ursprünglich für wahrscheinlich erachtet hatten, allerdings keinen Prozess der Radikalisierung ein, sondern versuchen – was ihnen nur bis zu einem gewissen Maß gelingt – mit der Arbeitgeberseite im Gespräch zu bleiben. Gesellschaftlich gestärkt und offensiver wird eher die deutsche Gewerkschaft Ver.di, da sich mit dem Ausbau der vorschulischen Erziehung die Arbeitsmarktposition einer ihrer Trägergruppen verbessert. Die vermehrte Streikaktivität von Ver.di[74] folgt dabei auf eine Phase, in der die Gewerkschaft bereit war, zur Stabilisierung und Reform der Flächentarifverträge Zugeständnisse zu machen, etwa um TVöD und TV-L abschließen zu können.

In Schweden wird seitens der Gewerkschaft *Kommunal* vorsichtige Kritik an der sektorenübergreifenden Deckelung von Entgeltsteigerungen geübt, da dadurch Entgeltungleichheiten zementiert würden (Thörnquist/Thörnqvist 2018; in Schweden sind die Verdienste im öffentlichen Sektor ähnlich wie in Deutschland schlechter als in der Privatwirtschaft, vgl. etwa De Castro/Salto/Steiner 2013, Müller/Schulten 2015). Auch wenn die Vermutung, sozialpartnerschaftliche Orientierungen würden sich unter den genannten Voraussetzungen eher in Schweden und Deutschland stabilisieren, während in Spanien und Großbritannien eine gewisse Radikalisierung der Gewerkschaften stattfinde, auf den ersten Blick durchaus plausibel erscheinen mag, so hat sie sich zumindest bisher nicht als zutreffend erwiesen. Allerdings besteht für die spanischen und britischen Gewerkschaften das Risiko, im Falle von Konfliktvermeidung ebenfalls an Zustimmung zu verlieren, weshalb eine Art retardierte Radikalisierung, die erst dann auftritt, wenn die realen Einflusschancen (etwa nach

74 Da Ver.dis stärkere Orientierung auf Arbeitskämpfe nicht ganz erfolglos ist, was auch Lesch (2016) anerkennt, spricht wenig dafür, dass von dieser Politik rasch wieder Abstand genommen wird.

einem Regierungswechsel) wieder zugenommen haben, zukünftig keineswegs auszuschließen ist.

Aus der Entwicklung der Arbeitsbeziehungen kann jedenfalls die Lehre gezogen werden, dass gerade im öffentlichen Sektor neben der strukturellen Macht auch die institutionelle Verfassung und der politische Wille der Regierung wichtig für die Entwicklung der Arbeitsbeziehungen und der Gewerkschaften sind. Sich primär darauf zu verlassen und nicht in starkem Maße auch auf gesellschaftliche Unterstützung und die Organisierung einer breiten eigenen Mitgliederbasis zu setzen, wäre für Gewerkschaften jedoch in hohem Maße riskant, wie die unilateralen Eingriffe der Regierung in Spanien und Großbritannien zeigen, und kann zu einem Zusammenbruch oder einer Aushöhlung der Arbeitsbeziehungen führen.

6.2 Arbeitsbeziehungen im öffentlichen und im privaten Sektor im Vergleich ■

Die Unterschiede zwischen den Arbeitsbeziehungen der öffentlichen Sektoren der untersuchten Länder haben sich nicht aufgelöst, Konvergenz ist nicht dominant und Annäherungen in Teilbereichen sind nicht selten vorübergehend. In einem Moment augenscheinlich eindeutige Entwicklungen, die in einer Annäherung resultieren müssten, relativierten sich bisher stets über kurz oder lang. Allerdings zeigte sich überall die Tendenz zu einer mehr oder weniger umfangreichen Privatisierung sowie zur Orientierung an Ideen einer Angleichung an die Steuerungs- und Arbeitsprozesse des Privatsektors. Letztere war in aller Regel inspiriert von Konzepten des *New Public Management*, auch wenn sich die Umsetzung nach Art und Reichweite ganz erheblich unterschied. NPM transportierte dabei nicht nur Effizienz als zentrale Norm, sondern durchaus auch konkrete Vorstellungen der Übernahme von tatsächlich oder vermeintlich in der Privatwirtschaft erprobten Instrumenten. Obwohl unter dem Stichwort NPM keineswegs überall dasselbe verstanden oder gar praktiziert wurde, so wirkte doch über die Jahre in allen Ländern ein sich ähnelndes Leitbild, das eine Art kognitiven Druck aufbaute. NPM war ein starkes Leitbild und starke Leitbilder können prinzipiell bestehende Spielräume *de facto* doch erheblich einschränken und eine Tendenz zu „mimetic isomorphism“ begünstigen (DiMaggio/Powell 1983).

Tabelle 24 stellt die Grundzüge der Entwicklung des öffentlichen Sektors und dessen Arbeitsbeziehungen noch einmal vergleichend zusammen und zeigt sowohl Übereinstimmungen als auch Unterschiede. Aktivitäten mit dem Ziel, den öffentlichen Sektor zu verkleinern und dem Privatsektor anzugleichen, spielen in allen Untersuchungsländern eine wiederkehrende Rolle, auch wenn diese nicht in allen Ländern und nicht zu allen Zeiten mit derselben Konsequenz betrieben werden und unterschiedlich erfolgreich sind.

Dabei finden sich durchaus unterschiedliche Motive für diese Bestrebungen, sie reichen von der ideologischen Staatsaversion über das Bemühen, den öffentlichen Sektor durch vorauseilende Anpassung aus der öffentlichen Kritik zu nehmen, bis zum Bemühen um eine bürgerfreundliche Überwindung obrigkeitsstaatlicher Strukturen, wobei selbst bei Letzterer im Lichte neoliberalen Zeitgeistes nicht selten die Privatwirtschaft als Muster und damit gewissermaßen als „*model employer*" diente. Bemühungen um eine bürgerfreundliche Verwaltung und auch eine gewisse Deregulierung der Arbeitsbeziehungen (individualisierte Verhandlungen) wurden von den Gewerkschaften partiell mitgetragen, etwa da Reformkonzepte zugleich eine stärkere Beteiligung der Beschäftigten versprachen. Da das Partizipationsversprechen oft nicht eingelöst wurde, wie Ver.di für Deutschland betont, und Veränderungen meist mit gestiegenen Leistungsanforderungen für die Beschäftigten verbunden waren, stehen die Gewerkschaften Bemühungen zur inneren Ökonomisierung des öffentlichen Sektors in allen Ländern skeptisch gegenüber. Bei allen fortbestehenden Unterschieden bei Größe, Ausgestaltung und Beschäftigungsverhältnissen, so muss doch konstatiert werden, dass sich die Gewerkschaften in allen Ländern mit einem in der Tendenz gleichgerichteten Angriff auf die öffentlichen Dienstleistungen, die Spezifik des öffentlichen Sektors und die Rechte der Beschäftigten auseinandersetzen müssen.

Tab. 24: Entwicklung der Arbeitsbeziehungen des öffentlichen Sektors vor, während und nach der Finanzmarkt- und Wirtschaftskrise

		Deutschland	Schweden	Spanien	Großbritannien
Öffentlicher Sektor	Vor-Krise[1]	Austerität überlagert Verwaltungsreform, abnehmendes Volumen öffentlicher Sektor	NPM und Austerität auf hohem Niveau	Wachstum bei Dezentralisierung, Privatisierung, relativ geringes Volumen	NPM und Ausbau des öffentlichen Sektors
	Krise[2]	Anstieg Staatsverschuldung ohne Einbrüche für den öffentlichen Sektor	Geringer Einfluss auf den öffentlichen Sektor	Drastische Austeritätspolitik	Ab 2010 drastische Austeritätspolitik
	Nachkrise[3]	Relativ gute Finanzlage, Stabilisierung	Relativ gute Finanzlage, Stabilität	Austeritätspolitik anhaltend	Austeritätspolitik anhaltend
Arbeitsbeziehungen öffentlicher Sektor	Vor-Krise	Flächentarifverträge restabilisiert, Tarifreform unter Austeritätsstress (*public sector wage premium* negativ)	Kombination von stabilem *pattern bargaining* mit dezentralisierter Entgeltdetermination (*public sector wage premium* negativ)	Institutionell gestützte Gewerkschaften mit schwachen Mitgliederzahlen, Entgeltsteigerungen (*public sector wage premium* positiv)	Relativ mitgliederstarke Gewerkschaften, (*public sector wage premium* nicht signifikant)
	Krise	Gewerkschaftliche Machtressourcen eher zunehmend	Gewerkschaftliche Machtressourcen eher zunehmend	Unilaterale Einschnitte bei Beschäftigung und Arbeitsbedingungen	Unilaterale Einschnitte bei Beschäftigung und Arbeitsbedingungen
	Nachkrise	Kontinuität dominiert	Kontinuität dominiert	Anhaltende Austeritätspolitik	Anhaltende Austeritätspolitik
Endogene Einflüsse	Vor-Krise	Deutsche Einheit, Austeritätsglaube und Exportstrategie	Krise der 1990er Jahre, anerkannter Wohlfahrtsstaat	Nachholende wirtschaftliche Entwicklung	Reformpolitik von *New Labour*
	Krise	Keynes'scher Impuls, staatlich unterstützter Krisenkorporatismus	Krisenkorporatismus bei Schwächung der institutionellen Stützung	Immobilien- und Bankenkrise	Ausgeprägte Finanzialisierung
	Nachkrise	Sozialdemokratische Gewerkschaftspolitik	Wohlfahrtsstaatlicher Konsens gestärkt	Neoliberale Austeritätspolitik	Neoliberale Austeritätspolitik, evtl. Brexit

		Deutschland	Schweden	Spanien	Großbritannien
Exogene Einflüsse	Vor-Krise	Globalisierung, Maastricht-Kriterien	Globalisierung, deutsches Lohndumping	EU-Konvergenzkriterien	Globalisierung, Finanzialisierung
	Krise	Finanzmarktkrise, Exporteinbruch, Bankenrettung und Verschuldung	Finanzmarktkrise, Exporteinbruch, Bankenrettung	Finanzmarktkrise, europäischer Austeritätsdruck	Finanzmarktkrise, Exporteinbruch, Bankenrettung und Verschuldung
	Nachkrise	Europäischer Fiskalpakt	Keine besonderen	Druck der Finanzmärkte und anhaltender europäischer Austeritätsdruck	Druck der Finanzmärkte
Wirkungen	Vor-Krise	„Lean state", Lohnschwäche, Konkurrenzdruck für schwächere europäische (Euro-) Länder	Weitgehende Stabilität von Wohlfahrtsstaat u. Arbeitsbeziehungen	Kleiner öffentlicher Sektor bei steigenden Verdiensten, Dezentralisierung	Wachstum und Modernisierung des öffentlichen Sektors (NPM), Dezentralisierung
	Krise	Kontinuität von öffentlichem Sektor und Arbeitsbeziehungen, Austeritätsdruck auf Europa	Kontinuität von öffentlichem Sektor und Arbeitsbeziehungen	Krise der Arbeitsbeziehungen, Gewerkschaften zwischen Anpassung und Reorientierung	Krise der Arbeitsbeziehungen, Gewerkschaften zwischen Anpassung und Widerstand
	Nachkrise	Investitionsrückstand, leichte Entspannung, anhaltender Austeritätsdruck auf Europa	Arbeitslosigkeit geht nur langsam zurück, Spannungen unter den Gewerkschaften könnten Veränderungen auslösen	Austeritätspolitik u. politische Instabilität, Arbeitslosigkeit, Defizite bei Wohlfahrt und Qualifizierung	Austeritätspolitik, Gewerkschaften zwischen Anpassung und Widerstand, Risiko des Zerfalls gesellschaftlicher und nationaler Kohäsion

1 = Seit Beginn der 1990er Jahre bis zu den ersten Krisenwirkungen, 2 = Bezogen auf die Finanzmarkt- und Wirtschaftskrise im internationalen Maßstab, unabhängig davon, ob die Krise im jeweiligen Land bereits beendet war oder ist, 3 = Entwicklung im Anschluss an die unter (2) definierte Krise.

Allerdings wirkt der neoliberale Druck alles andere als ungebrochen. Zunächst gibt es, wie beschrieben, vor allem in Großbritannien immer wieder Pendelausschläge in die andere Richtung. Es macht offenbar einen deutlichen Unterschied, wer die Regierung stellt. Privatisierungsprozesse und Binnenökonomisierung des öffentlichen Sektors können in einen Widerspruch zueinander geraten. Privatisierungen und Ausgliederung begünstigen eine Konzentration des Staates auf das hoheitliche Kerngeschäft und können der Wahrnehmung von Bürgernähe entgegenwirken. Wenn in Großbritannien Kürzungen zwar die Kommunen, kaum jedoch die Ministerialverwaltungen betreffen, oder wenn bei gleichzeitigen Bemühungen um Modernisierung in Deutschland und Spanien der faktische Beamtenanteil bereits vor der Krise über Jahre gestiegen ist, können Statusunterschiede zu anderen Arbeitnehmern perpetuiert werden. Die Folge von Privatisierungen ist dann, dass zwar der Privatwirtschaft weitere Bereiche zugeführt werden, der öffentliche Dienst selbst dabei zwar „*lean*", doch gerade nicht dem Privatsektor angepasst wird. Auch von einer Annäherung an das schwedische Modell, wo sich die Arbeitsbedingungen des privaten und des öffentlichen Sektors stark ähneln, kann dann nicht die Rede sein. Schweden zeigt (trotz auch dort vorkommender Anpassungen) im Vergleich ein alternatives Erfahrungsmodell: gerade weil die Kommunen ein breites Dienstleistungsangebot offerieren, erleben die schwedischen Bürgerinnen und Bürger den öffentlichen Sektor nicht primär als Obrigkeit.

Obwohl somit weder institutionelle Konvergenz noch widerspruchsfreie Angleichung an den Privatsektor konstatiert werden kann und sich Unterschiede auf veränderter Grundlage immer wieder reproduzieren, so stehen die Gewerkschaften doch länderübergreifend vor ähnlichen Problemen: der Verteidigung des öffentlichen Sektors selbst und der damit verknüpften Prinzipien nicht-kommodifizierter Daseinsvorsorge sowie der Interessen der öffentlich Beschäftigten, bei Entgelt und Arbeitsbedingungen nicht von der allgemeinen Entwicklung abgehängt zu werden. Diese Probleme weisen auch länderübergreifend ähnliche Ursachen auf, die (inzwischen geschwächte) Hegemonie neoliberaler Vorstellungen, aber auch die (fortbestehende) Schwächung nationalstaatlicher Handlungsmöglichkeiten gegenüber internationalen Konzernen und Finanzmarktakteuren.

Vergleichen wir die Arbeitsbeziehungen des öffentlichen und des privaten Sektors, dann ist allen Ländern im öffentlichen Sektor ein höherer Grad an Institutionalisierung und auch ein höherer gewerkschaftlicher Organisationsgrad gemein. Hinsichtlich der Tarifvertragsdeckung, die in Schweden, Deutschland und (zumindest formal) auch Spanien jeweils bei nahezu 100% liegt, sind die Unterschiede zum Privatsektor diesbezüglich größer als zu den öffentlichen Sektoren der jeweils anderen Länder, da in Teilen der Privatwirtschaft – besonders ausgeprägt in Großbritannien – keine Tarifverträge mehr gelten. Bach und Bordogna (2011: 2289), die eine wachsende Divergenz gegenüber dem Privatsektor konstatieren, ist somit zuzustimmen. Allerdings kann auch eine länderübergreifende Konvergenz im Sinne einer in allen Ländern wachsenden Differenz zwischen privatem und öffentlichem Sektor nur mit großen Einschränkungen festgestellt werden, denn Schweden mit geringer und Großbritannien mit stark ausgeprägter Differenz zwischen den Arbeitsbeziehungen von öffentlichem und privatem Sektor unterscheiden sich ebenfalls erheblich. Nicht zuletzt stellen Schweden und Großbritannien mit Blick auf die Bedeutung und die Stabilität des öffentlichen Sektors Gegenpole dar. Doch während beide Länder einerseits hinsichtlich mancher Merkmale geradezu gegensätzliche Entwicklungen aufweisen, gibt es andererseits jedoch auch Gemeinsamkeiten, etwa den weitgehenden Verzicht auf Beamte bzw. *funcionarios* und ein separates Dienstrecht.

Wir sehen keinen eindeutigen Zusammenhang zwischen den sogenannten Kapitalismusvarianten, den *coordinated market economies* (CME) und den *liberal market economies* (LME) und dem jeweiligen Ausbau und der Regulation des öffentlichen Sektors, etwa hinsichtlich einer Ähnlichkeit der Arbeitsbeziehungen von privatem und öffentlichem Sektor. Erstens gilt das Theorem der funktionalen Äquivalenz auch für den öffentlichen Sektor und zweitens verfügen Staat und öffentlicher Sektor auch über eine zumindest relative Eigenständigkeit. Die Entwicklung des Staates und des öffentlichen Sektors ist deshalb auch durch divergente Interessenlagen und politische Macht geprägt, nicht nur durch funktionale Anforderungen. Der Staat und der öffentliche Sektor können deshalb sowohl als funktionale Ergänzung zur kapitalistischen Ökonomie verstanden werden, etwa indem der Schutz des Eigentums rechtlich garantiert wird, wie auch als gesellschaftliches Gegengewicht, etwa um soziale Ungleichheit durch soziale Umverteilung zu kompensieren, oder auch als Gegenmodell, als alternative Form zur Bewältigung im Grundsatz auch privatwirtschaftlich organisierbarer Aufgaben, begriffen werden.

Der Ländervergleich verdeutlicht, dass viele Aufgaben sowohl öffentlich als auch durch private Anbieter erledigt werden können (neben gewinnorientierten Unternehmern auch z.B. durch Kirchen oder Wohlfahrtsverbände). Zumindest im Grundsatz dürfte es keine wirtschaftliche Aufgabe geben, die nicht staatlich erbracht werden kann, auch wenn darüber gestritten werden kann, ob sich bei bestimmten Aufgaben Effizienzvorteile einer kompetitiven Praxis zeigen. Umgekehrt jedoch sind etliche Aufgaben des Staates, zunächst die hoheitlichen Kernaufgaben Gesetzgebung, Justiz, Polizei, Sicherheit etc., dann aber auch Aufgaben, die eine hohe kapital- oder organisationsintensive Einstiegsschwelle aufweisen (Neuentwicklung von Infrastrukturmaßnahmen wie Verkehrsnetze, Eisenbahn), privatwirtschaftlich nicht oder nur unter größeren Risiken des Scheiterns zu erbringen. Offenbar können steuerfinanzierte Gesundheitssysteme ebenso gut wie versicherungsbasierte funktionieren. Weshalb in Deutschland ein *National Health Service* im britischen Sinne nicht ebenso wie das angewandte privat-öffentliche Mischsystem (staatliche und private Krankenhäuser, Hausärzte) funktionieren sollte, bedürfte erst noch der Begründung. Selbstverständlich ermöglichen und beschränken die institutionellen Ausgangsvoraussetzungen Entwicklungsprozesse, weshalb es kaum einen Systemwechsel vom deutschen zum britischen System oder *vice versa* geben wird. Doch dafür dürften weniger die Zuschreibungen zu einer Kapitalismusvariante als die im konkreten Feld vorgefundenen, materialisierten Institutionen verantwortlich sein.

Die deutsche und spanische, die schwedische und die britische Geschichte brachten im Umgang mit den Beamten drei verschiedene Wege zur Lösung des im Kern gleichen Problems hervor, der Ausweitung der Staatstätigkeiten zur Bewältigung wohlfahrtsstaatlicher Aufgaben. Die Ausweitung staatlicher Aufgaben führte überall dazu, dass Beschäftigte auch für nicht-hoheitliche, mitunter auch eher einfache Tätigkeiten eingestellt wurden, für die nicht immer ein Beamtenstatus für nötig erachtet wurde. Wie damit praktisch verfahren wurde, hängt zwar durchaus mit der unterschiedlichen Staatsverfassung zusammen, jedoch auch mit den in der Zeit der Ausweitung der Staatstätigkeit jeweils herrschenden politischen Regimen.

In Deutschland und Spanien wurde das Berufsbeamtentum konserviert, bzw. wie es die Nationalsozialisten bei dessen Indienstnahme nannten, „wiederhergestellt“, jedoch in weniger hoheitlichen bzw. für den Herrschaftsapparat weniger zentralen Aufgaben durch andere ArbeitnehmerInnen ergänzt. In Großbritannien wurde nicht gänzlich anders verfahren, allerdings blieben die Beamten, dem unitarischen Staat entsprechend, der Krone verpflichtet, während bei den verfassungsmäßig letztlich machtlosen Kommunen gewöhnliche Arbeitnehmer beschäftigt wurden. Während in Deutschland und Spanien die Besonderheiten des Beamtenstatus jedoch stark gefördert und systematisiert wurden, haben sich diese in Großbritannien nicht in dieser Weise verfestigt (auch wenn Laufbahnen systematisiert wurden, vgl. Nolterieke 1981). In Schweden hingegen wurde der Beamtenstatus weitgehend abgeschafft und die Beschäftigungsbedingungen aller Staatsbeschäftigten angeglichen. Neben der historischen Rechtstradition spielen offenbar auch die jüngere Geschichte (Faschismus oder sozialdemokratischer Wohlfahrtsstaat) und die jüngsten politischen Entwicklungen eine Rolle. In der DDR war auch für Deutschland bereits ein anderes System etabliert und wahrscheinlich hätte Spanien heute andere Systeme der öffentlichen Beschäftigung, wenn im spanischen Bürgerkrieg die Republik gesiegt hätte.

Wie der Staat und der öffentliche Sektor organisiert sind und in welcher Beziehung der Staat und der öffentliche Sektor zum privaten Sektor stehen, ist eine gesellschaftlich umkämpfte Frage, bei der weder der Stellenwert funktionaler Anforderungen noch deren Definition unstrittig sind. Offensichtlich ist, dass die britischen Regierungen unter David Cameron den vorgefundenen britischen Staat als in ihrer Interpretation dysfunktional begriffen und nicht ganz ohne Erfolg an dessen Umbau arbeiteten. Die Gewerkschaften aller vier Untersuchungsländer nehmen hierzu einen deutlich anderen Standpunkt ein und halten vielmehr Austeritätspolitik für dysfunktional. Der Konflikt um Kommodifizierung und Dekommodifizierung, Privatisierung und Vergesellschaftung ist nicht nur ein Streit um ökonomische Effizienz und Verteilung, sondern auch um demokratische Teilhabe und gesellschaftliche Mitwirkung und Macht.

Auch die Arbeitsbeziehungen des privaten und des öffentlichen Sektors müssen sich weder gleichermaßen noch in einem bestimmten Verhältnis entwickeln, wenngleich sie ähnlichen gesetzlichen Regeln unterliegen und denselben gesellschaftlichen Diskursen ausgesetzt sein können. Es kommt empirisch sowohl vor, dass sich die Arbeitsbeziehungen zwischen privatem und öffentlichem Sektor institutionell und materiell eher geringfügig unterscheiden, wie es in Schweden der Fall ist, wie es auch vorkommt, dass sich der öffentliche Sektor in verschiedener Hinsicht deutlich vom Privatsektor abhebt, wie es für die anderen Länder zutrifft, etwa wegen des dualen Beschäftigungssystems in Spanien und Deutschland, wegen eines fehlenden Streikrechts für Beamte oder beispielsweise Polizisten einerseits oder dem ausgeprägten Niedergang der tarifvertraglichen Regulierung im Privatsektor Großbritanniens andererseits. Doch bei allen Unterschieden zwischen Ländern, stets wurden in der Vergangenheit die Arbeitsbeziehungen des Privatsektors im Mittel in stärkerem Maße de-institutionalisiert, als die des öffentlichen Sektors.

Drei Deutungen der wachsenden Divergenz zwischen den Arbeitsbeziehungen des öffentlichen und des privaten Sektors bieten sich unseres Erachtens an:

(1) *Verzögerter Niedergang*: In einer Perspektive der Verknüpfung von Industriearbeiterschaft und Gewerkschaften, wie sie verbreitet ist und historisch begründet werden kann, da der sich entwickelnde Indus-

triekapitalismus mit der Lohnarbeit auch die Gewerkschaften hervorbrachte, muss die heute vergleichsweise intakte Institutionalisierung der Arbeitsbeziehungen im öffentlichen Sektor – da die Gewerkschaften nicht über vergleichbar starke Quellen struktureller gewerkschaftlicher Macht verfügen (kein notwendiger Gewinneinbruch durch Streiks) – als das Resultat eines retardierten Wandels erscheinen, als verzögerte Erosion in einem ausgeprägt institutionalisierten oder politisch gewollten staatlichen Schutzraum. Soweit diese Argumentation trägt, muss deshalb mit einem weiteren Niedergang der Arbeitsbeziehungen im öffentlichen Sektor gerechnet werden, solange sich kein nachhaltiger Umschwung im Privatsektor zeigt.

(2) *Partielle Unabhängigkeit*: Empirisch ausgehend vom keineswegs geringen Organisationsgrad bei Beamten und Professionen oder Semi-Professionen, wie Ärzten, Krankenschwestern oder Hebammen, darf angenommen werden, dass es auch Motive zur Organisierung in Gewerkschaften und Berufsverbänden gibt, die ihren Ursprung nicht primär in proletarischer Not und im Widerspruch zu Kapitalinteressen stehenden kollektiven Interessenlage haben, als in der Verteidigung berufsständischer Interessen und mitunter auch von Privilegien. Eine solche Form der Interessenorganisation speist sich zumindest zum Teil bereits in der Entstehung aus anderen Quellen als der puren Not und zielt weniger auf die Vertretung elementarer materieller Interessen als auf die Mehrung gesellschaftlicher Anerkennung (mit positiven materiellen Effekten in der Folge). Obgleich auch gewerkschaftliche Standard-Interessenlagen für die Verbände von Beamten, Akademikern und *professionals* durchaus bedeutsam sein können, da dank Neoliberalismus und Austeritätspolitik bei diesen Entgelt und Arbeitsbedingungen (Befristungen) nicht selten ebenfalls unter Druck geraten sind, so sind sie doch von der Transformation der Industriegesellschaft in eine Dienstleistungs- oder auch Wissensgesellschaft nicht in derselben Weise betroffen wie die klassischen Gewerkschaftsmitglieder der Industriegesellschaft. Langfristig könnten sich eine dem Bereich angemessene organisierte Interessenvertretung und institutionalisierte Arbeitsbeziehungen somit gerade dort im öffentlichen Sektor als stabil erweisen, wo es nicht nur um einfache Tätigkeiten geht.

(3) *Verschiebung gewerkschaftlicher Machtressourcen*: Der öffentliche Sektor entspricht in allen vier Ländern heute nicht mehr durchgängig dem Modell eines zentralistischen Obrigkeitsstaates. Nicht zuletzt die Kommunen begreifen sich meist als Akteure der Daseinsvorsorge, der Erbringung im allgemeinen Interesse liegender Dienstleistungen.

Auch viele im öffentlichen Sektor Beschäftigte verstehen sich inzwischen weniger als Staatsdiener, denn als im Dienste der Bürger und Bürgerinnen stehend. Im Vergleich scheint dies für Schweden in besonderem Maße zuzutreffen. Der öffentliche Sektor organisiert deshalb schon längere Zeit nicht mehr ausschließlich staatliche Herrschaftsinteressen. Der öffentliche Sektor repräsentiert vielmehr gegenüber Marktwirtschaft und Profit ein anderes Prinzip des gesellschaftlichen Zusammenhangs, das der sozialen Unterstützung und der Wohlfahrt. Bestrebungen zur Reform oder Transformation der kapitalistischen Ökonomie können sich heute in entwickelten kapitalistischen Ländern nicht mehr hinreichend begründet auf eine schrumpfende Industriearbeiterschaft berufen. Denn auch wenn deren Interessenartikulation weiterhin bedeutsam für die gesellschaftliche Entwicklung ist, so gibt es doch keinen zureichenden Grund dafür, weshalb gerade der Industriearbeiterschaft in entwickelten Industrie- und Dienstleistungsgesellschaften die Rolle der Zukunftsgestalterin zufallen sollte. Da die Beschäftigten des über Steuern und aus staatlichen Budgets finanzierten öffentlichen Sektors ihre Interessen ohnehin mittel- und langfristig nicht ohne gesellschaftliche Unterstützung durchsetzen können, verfügen sie neben der Strategie des Kungelns mit den Mächtigen, die vor allem für höhere Staatsbeamte eine rationale Strategie darzustellen scheint, vor allem dann eine Chance, eigene Interessen durchzusetzen, wenn es gelingt, diese mit der Interessenlage breiter Bevölkerungsgruppen in Übereinstimmung zu bringen. Unter den Voraussetzungen der Versorgung mit allgemein für nötig erachteten Dienstleistungen ist die Überzeugung, im Sinne des Gemeinwohls zu handeln, jedoch nicht nur nützlich für die eigene Interessendurchsetzung, sondern durchaus auch plausibel und diskursiv vermittelbar, jedenfalls soweit es um die Bereiche Erziehung und Bildung sowie soziale und öffentliche Sicherheit geht. Die Quelle der aktiven Trägerschaft gemeinwohlorientierter und damit in einem weiteren Sinne anti- oder post-kapitalistischer Orientierungen würde sich deshalb von der Industriearbeiterschaft auf die öffentlichen Dienstleister verschieben.

Alle drei Deutungen der vergleichsweise hohen Stabilität der Arbeitsbeziehungen des öffentlichen Sektors können für sich eine gewisse Evidenz beanspruchen. Die Erosion der Arbeitsbeziehungen im Privatsektor geht auch am öffentlichen Sektor nicht spurlos vorbei, zumindest in Großbritannien und Spanien wird dafür auch bewusst gesorgt, und damit verändern sich auch die gesellschaftlichen Machtverhältnisse – auch wenn in einem stark institutionalisierten und weniger antagonistischen Feld die Entwicklung langsamer verläuft. Doch die Artikulation von berufsständischen Interessen und die Verkoppelung von Beschäftigten- und Gemeinwohlinteressen sprechen dagegen, dass der öffentliche Sektor lediglich nachfolgen wird. Allerdings können berufsständische und Gemeinwohlinteressen zumindest partiell konkurrierende Prinzipien darstellen und sich auch in verschiedenen gewerkschaftlichen Organisationen konzentrieren. Eine langfristig orientierte Politik zur Stabilisierung der Arbeitsbeziehungen des öffentlichen Sektors sollte deshalb weder an der Verteidigung von Privilegien ausgerichtet sein, noch den spezifischen Charakter gemeinwohlorientierter Arbeit preisgeben.

Der Druck auf die Arbeitsbedingungen der Beschäftigten im öffentlichen Sektor in Deutschland, Schweden und Großbritannien resultiert primär nicht aus Machtverschiebungen, die unmittelbar aus den Arbeitsbeziehungen selbst erwachsen. Trotz der Tendenz rückläufiger Organisationsgrade, ist es weniger eine Schwäche der Gewerkschaften, die den Druck erzeugt, sondern Sparprogramme, Kürzungen und Haushaltssperren des Staates reduzierten und reduzieren die *ability to pay* des Staates als Arbeitgeber. Die Auseinandersetzungen um die Entwicklung der Arbeitsbedingungen und der Arbeitsbeziehungen des öffentlichen Dienstes wurden vor allem in Spanien (auch unter dem Druck der Finanzmärkte und unter dem Druck der EU) und bis zu einem gewissen Grad auch in Großbritannien durch unilaterale Eingriffe entgrenzt. Der Doppelcharakter des Staates als Staat und Arbeitgeber verschiebt sich im Rahmen der Austeritätspolitik, indem die personalwirtschaftliche und arbeitspolitische Rationalität des Arbeitgeberverhaltens zugunsten von wirtschafts- und fiskalpolitischen Zielen des Staates an Bedeutung verliert. Eine Artikulation von Arbeitnehmerinteressen ist in den Arenen der Arbeitsbeziehungen des öffentlichen Sektors dann nur mehr eingeschränkt möglich. Die Auseinandersetzung um die Zukunft des öffentlichen Sektors und der *terms and conditions* von dessen Beschäftigten ist dann auch deshalb notwendig eine Auseinandersetzung um kulturelle Hegemonie in der gesellschaftlichen und politischen Öffentlichkeit.

6.3 Politische Schlussfolgerungen

Betrachten wir die Resultate, die die deutsche Austeritätspolitik vor der Krise erbrachte, so sollten zumindest vier Folgen unstrittig sein: die öffentlichen Investitionen wurden vernachlässigt, die erbrachten Dienstleistungen (mit regionaler Varianz) ausgedünnt, die Verdienst- und Konsummöglichkeiten der Beschäftigten im öffentlichen Sektor beschnitten und durch den Verzicht auf angemessene Lohnsteigerungen wurde die Konkurrenzfähigkeit der schwächeren europäischen Nachbarn beeinträchtigt, wodurch diese (nach Ausbruch der Krise) zumindest im Euro-Raum gezwungen wurden, Löhne und öffentliche Ausgaben stärker zu senken, als dies bedingt durch die Finanzmarkt- und Wirtschaftskrise allein nötig gewesen wäre. Positive Effekte für die Beschäftigten (und in gewisser Weise auch die Bürger) werden hingegen in Deutschland erst seit der vorübergehenden Abkehr und Abmilderung der Austeritätspolitik erzielt.

Kurzfristig ausbleibende Wachstumseffekte und mittel- oder langfristige Schäden an Infrastruktur und Humankapitalbildung (etwa durch die hohe Jugendarbeitslosigkeit in Spanien) scheinen wie für die deutsche Vor-Krisen-Praxis so auch für die Post-Krisen-Austeritätspolitik in Spanien und Großbritannien kennzeichnend zu sein, allerdings mit dem Unterschied, dass die Eingriffe besonders rasch und wenig sozialverträglich erfolgten und erfolgen. Zwar darf mit Blick auf das Bruttoinlandsprodukt eine Wiederkehr eines gewissen Wachstums in allen vier Ländern konstatiert werden (vgl. Abb. 11), doch auch wenn sich die Wachstumsraten für 2015 angeglichen haben, so konnten durch die positiven Wachstumsraten der Jahre 2014 und 2015 doch vier Jahre negativer Wachstumsraten in Spanien bisher noch nicht kompensiert werden.

Da Austeritätspolitik somit einerseits gesellschaftliche Schäden verursacht, andererseits der erhoffte Nutzen für Wachstum und wirtschaftliche Stabilität zumindest sehr zweifelhaft ist, sind die Gewerkschaften im Mitglieder- und im gesellschaftlichen Interesse sicherlich gut beraten, wenn sie sich eindeutig dagegen positionieren. Allerdings muss die Frage aufgeworfen werden, weshalb eine solche Politik des exzessiven Sparens eigentlich betrieben wird und nicht nur in Spanien, sondern nach einem erfolgreichen Krisenmanagement in Deutschland nicht aufgegeben wird. Genügt es, Austeritätspolitik als theoretische und ideologische Verirrung zu betrachten, der eigentlich mit einem gehörigen Maß an Aufklärung beizukommen sein müsste?

Abb. 11: Bruttoinlandsprodukt zu Marktpreisen in Spanien, Schweden, Großbritannien und Deutschland 1996–2015 (Prozentuale Änderung zum Vorjahr, verkettete Reihe)

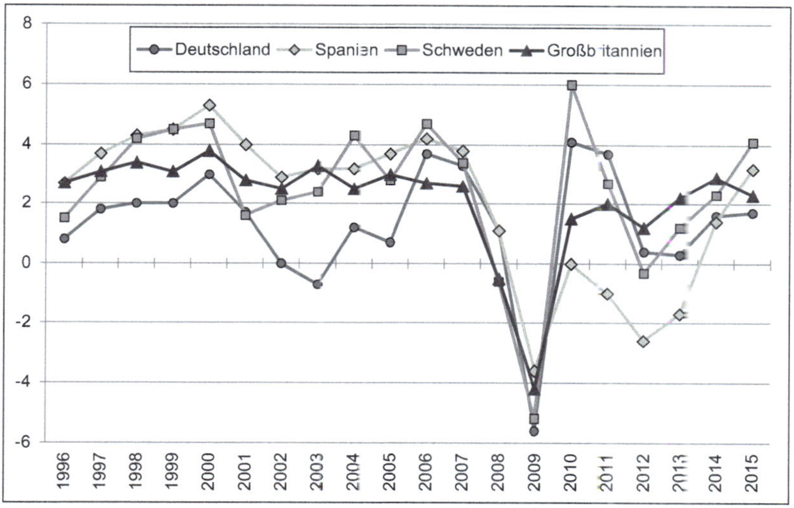

Quelle: Eurostat (2016c).

Austeritätspolitik mag zwar gesellschaftlich und volkswirtschaftlich mehr oder weniger nutzlos bis schädlich sein, doch aus der Perspektive des einzelnen Steuerzahlers und der privaten Konkurrenten des öffentlichen Sektors stellt sich dies offenbar anders dar. Aus einzelunternehmerischer Sicht spricht einiges dafür, niedrige Steuern einem funktionierenden Sozialstaat und öffentlichen Sektor auch dann vorzuziehen, wenn dadurch auch das proklamierte Ziel der Haushaltskonsolidierung nicht erreicht werden sollte. Als bloße, mithin irrationale Ideologie erscheint die Politik des schlanken Staates somit lediglich vor dem Hintergrund der Annahme, alle Akteure würden ein gemeinsames Ziel verfolgen. Dies ist eine Annahme, die selbst einen ideologischen Zug aufweist. Bedenken wir ökonomische und gesellschaftliche Interessendivergenzen, dann darf dem Austeritätskonzept durchaus eine gewisse Rationalität zugeschrieben werden. Die als Kehrseite der Sparpolitik explizit oder implizit betriebene Politik der Kommodifizierung eröffnet neue Geschäftsfelder und erscheint dabei aus betriebswirtschaftlicher Sicht selbst als Geschäftsmodell und aus Sicht des *profit sectors* insgesamt als Chance, neue Anlagesphären zu erschließen. Da einiges dafür zu sprechen scheint, dass seit der Krise des

„goldenen Zeitalters“ des sogenannten „Fordismus“ noch immer kein hinreichend stabiler und ausreichend ertragreicher Wachstumspfad gefunden wurde, eröffnen Kommodifizierung sowie Finanzialisierung und Blasenbildung neben der und alternativ zur klassischen Produktion ergänzende Chancen der Akkumulation. Kurz, die Umverteilung von Reichtum dominiert über die Reichtumsvermehrung mittels der Produktion von Werten. Selbst wenn das neoliberale Gedankengebäude seine Überzeugungskraft und ideologische Hegemonie zunehmend einbüßt, so wird der Druck in Richtung Austerity und Kommodifizierung zumindest solange stark bleiben, wie es an ertragreichen alternativen Anlagefeldern, oder mit anderen Worten, einem produktiven neuen Akkumulationsregime fehlt. Derselbe Umstand spricht aus der Bürger- und Arbeitnehmerperspektive jedoch gerade für eine deutliche Gegnerschaft zu dieser Politik, da sie nicht nur zu wachsender sozialer Ungleichheit führt, sondern auch keinen Weg zu produktiver Reichtumsmehrung darstellt, vielmehr zur Institutionalisierung wenig nachhaltiger Akkumulationsstrategien sowie der Herausbildung zweifelhafter wirtschaftlicher Akteure beiträgt.

Ein gemeinhin als wichtig betrachteter Grund für Sparpolitik, das Ziel der Reduktion der Staatsverschuldung, lässt sich unseres Erachtens jedoch (zumindest im nationalen Rahmen) nicht mehr ausschließlich in Gruppeninteressen auflösen, da eine hohe Staatsverschuldung unter den Umständen der Europäisierung und der Finanzialisierung insofern ein ernstzunehmendes Problem darstellt, als sie die Nationalstaaten abhängig von den Akteuren der Finanzmärkte bzw. ersatzweise supranationaler Akteure (etwa der Troika oder Nachfolgeinrichtungen) macht, wenn die Zinsen nicht mehr aufgebracht werden können. Refinanzierungsprobleme sind in Deutschland und Schweden vor dem Hintergrund geringer Zinsen derzeit nicht akut – und auch in Großbritannien und selbst in Spanien sind diese inzwischen relativ gering geworden. Vor dem Hintergrund des durch die vorangegangene Austeritätspolitik verursachten Investitionsstaus sowie den Nachholbedarf im Bereich der vorschulischen Erziehung spricht gerade in Deutschland somit alles für höhere Staatsausgaben, doch eine Ausweitung der Schuldenfinanzierung bleibt angesichts der latenten Abhängigkeit der Staaten von den internationalen Finanzmärkten riskant, zumal nicht ausgeschlossen werden kann, dass sich eine Finanzmarktkrise mit Bankenrettung wiederholt und sich dann die Verschuldungssituation zuspitzen könnte.

Bei allen Divergenzen, die die Entwicklung der Arbeitsbeziehungen des öffentlichen Sektors der letzten zwanzig Jahre im Ländervergleich aufweist, sind die Gewerkschaften doch in allen Ländern mit vergleichbaren Aufgaben konfrontiert, auch wenn dabei die Dramatik in Spanien und

Schweden in keiner Weise vergleichbar ist: Diese Aufgaben bestehen aus guten Gründen in der Abwehr der Angriffe auf den öffentlichen Sektor und die Arbeitsbedingungen der Beschäftigten, aber wirklich erfolgreich dürften solche Bemühungen nur dann sein, wenn damit eine Weiterentwicklung des staatlichen Sektors zu einem öffentlichen Sektor verbunden wird, der als Materialisierung des demokratischen Willens und der Interessen der Bürger verstanden wird. Einen öffentlichen Sektor dieser Art werden sich die Bürgerinnen und Bürger nicht so einfach wegnehmen lassen, ob es sich dabei um den *National Health Service* oder um die Betreuung und Förderung von Kindern in KiTas handelt. Die skandinavischen Erfahrungen, aber auch die Ideen mancher NGOs, die sich Gedanken um die Förderung gemeinschaftlicher Güter (*commons*) machen, sollten hierzu Hinweise liefern. Wenn es den Gewerkschaften des öffentlichen Sektors gelingen würde, die Interessen der Beschäftigten und größerer Bevölkerungsgruppen zusammenzuführen, dann könnte der besondere Charakter des öffentlichen Sektors zu einer stabilen eigenständigen gewerkschaftlichen Machtressource werden und ein gegenüber dem Privatsektor zeitlich verzögerter Niedergang der Arbeitsbeziehungen des öffentlichen Sektors vermieden werden. Dies gilt, obwohl angesichts des noch immer starken Gewichts neoliberaler Ideen keineswegs mit raschen Erfolgen zu rechnen ist.

Welche Lehren sollten für die Entwicklung der Arbeitsbeziehungen des öffentlichen Sektors und die praktische Arbeit der Akteure gezogen werden?

- Die Chancen, Beschäftigteninteressen im öffentlichen Sektor durchzusetzen, werden unabhängig davon, ob es sich um Beamte oder andere Beschäftigte handelt, in entscheidender Weise durch die finanzielle Situation der öffentlichen Haushalte geprägt, letztlich die Steuer- und Haushaltspolitik des Staates bzw. die politischen Entscheidungen der daran beteiligten Ebenen, sowie den Anforderungen der Europäischen Union, die der Ausstattung und der Ausgestaltung des öffentlichen Sektors und damit auch der strukturellen Machtressource der Gewerkschaften einen Rahmen vorgeben. Die politische und gesellschaftliche, letztlich finanzielle Anerkennung des öffentlichen Sektors ist deshalb ein entscheidender Faktor für gewerkschaftliche Politik. Allein die öffentlich Beschäftigten zu vertreten, ohne sich dabei um die Interessen der Bürger zu kümmern, „Branchensyndikalismus“, ist kein erfolgversprechender Weg. Die Arbeitsbeziehungen des öffentlichen Sektors müssen anders gedacht werden als in der Privatwirtschaft, da Gesellschaft und Politik als Arenen des Konfliktaustrags eine erheblich größere Bedeutung zukommt.

- Staatliche Angriffe auf die Arbeitsbedingungen und unilaterale Eingriffe in die Arbeitsbeziehungen führen im öffentlichen Sektor der vier untersuchten Länder zwar zu Protesten, jedoch nur zu begrenztem Widerstand und gerade dort auch zu Anpassungsverhalten, wo der Druck auf den öffentlichen Sektor und dessen Beschäftigte besonders stark ist. Jedenfalls solange die Gewerkschaften keine breite gesellschaftliche Unterstützung erhalten, gilt ihnen militanter Widerstand als wenig chancenreich – angesichts der besonderen Bedeutung, die politischen und gesellschaftlichen Machtressourcen für die Konfliktfähigkeit im öffentlichen Sektor zukommt, sicherlich nicht ganz zu Unrecht.
- Die Beschäftigten und die Gewerkschaften des öffentlichen Sektors benötigen gesellschaftliche Unterstützung. Für den Kampf gegen Austeritätspolitik und für eine bessere Anerkennung des öffentlichen Sektors lassen sich dann Bündnispartner finden, wenn es gelingt, die Interessen von Bürgern und Beschäftigten sowie von anderen Gewerkschaften und einem relevanten Teil des politischen Spektrums zu bündeln und möglichst weitgehend in Übereinstimmung zu bringen. Dies gelingt nicht, wenn Gewerkschaften des öffentlichen Dienstes primär versuchen, (ohnehin oft fehlende) Privilegien zu verteidigen und Modernisierung zu verhindern, oder – wie in Spanien – sogar in Geruch geraten, selbst Teil eines korrupten Establishments zu sein. Auch die Berufung auf institutionalisierte, der Verfassung garantierte Rechte, wie sie etwa für den Deutschen Beamtenbund typisch ist, steht dann auf tönernen Füßen, wenn die gesellschaftliche und politische Unterstützung entzogen wird.
- Ein großer öffentlicher Sektor, der von den Bürgern geschätzte sozial- und wohlfahrtsstaatliche sowie sicherheitsrelevante Dienstleistungen erbringt (Erziehung, Pflege, Feuerwehr etc.), hat im Grundsatz größere Chancen auf gesellschaftliche Akzeptanz, als ein „schlanker Staat", der sich primär als hoheitliche, kontrollierende Bürokratie versteht und mit dem die Bürger weniger Chancen haben, positive Erfahrungen sammeln zu können. Dies zeigt sich unter anderem an der relativ hohen Anerkennung des öffentlichen Sektors in Schweden, aber auch darin, dass Behörden und Einrichtungen sowie Berufsgruppen, die den Bereichen Wohlfahrt und Sicherheit zugeordnet sind, bei den BürgerInnen überall höhere Anerkennung genießen, als die unmittelbar mit Verwaltung konnotierte Beamtentätigkeit (DBB 2017).

- Lange Zeit war die Ausweitung des öffentlichen Sektors eng mit der Idee sozialstaatlicher Modernisierung verbunden. In der jüngeren Vergangenheit jedoch ist es gelungen, sowohl den Sozialstaat als auch den öffentlichen Sektor zu diskreditieren. Modernisierende Reformpolitik wurde in Austeritätspolitik transformiert. Das Bündnis von Arbeitnehmerinteressen bzw. Gewerkschaften mit den Befürwortern eines modernen öffentlichen Sektors ist dadurch und durch die bereits zuvor einsetzende Verengung von Verwaltungsreform im Sinne einer Übernahme privatwirtschaftlicher Steuerungsinstrumente (NPM) in die Krise geraten. In Deutschland wurde das Beteiligungsversprechen gegenüber den Beschäftigten nicht eingelöst. Das ehemals sozialdemokratisch inspirierte Modernisierungsbündnis zerbrach in den letzten Jahren und Ver.di rückte den Kampf gegen Austeritätspolitik und Privatisierung in den Mittelpunkt. Doch während es aus der Perspektive öffentlich Beschäftigter berechtigt ist, jede Politik des Abbaus öffentlicher Dienstleistungen und verschlechterter Arbeitsbedingungen abzulehnen, auch wenn diese als Modernisierung präsentiert wird, so bedarf die Durchsetzung von Beschäftigteninteressen doch der gesellschaftlichen Anerkennung und verlangt deshalb mehr, als eine bloße Politik der Verteidigung (auch wenn es in vielen Fällen keineswegs um Privilegien geht).
- Eine mittel- und langfristige Strategie der Interessenwahrung der öffentlich Beschäftigten sollte deshalb immer das Bemühen um einen effektiven und bürgernahen öffentlichen Sektor einschließen. Der Nachweis sollte geführt werden können, dass der Mehrheit der Bürger mit einem guten öffentlichen Dienst besser gedient ist als mit Steuerminimierung.
- Nicht nur die Servicepalette, auch Arbeitsbedingungen und Arbeitsbeziehungen bedürfen bisweilen der Modernisierung, wenn die wiederkehrenden Angriffe auf den öffentlichen Sektor erfolgreich abgewehrt werden sollen. Obgleich die tarifpolitischen Reformen in Großbritannien (bspw. *Agenda for Change*), Schweden (Individualisierung) und Deutschland (TVöD und TV-L) in mancherlei Hinsicht durchaus auch negative oder zumindest umstrittene Folgen für die Beschäftigten erbracht haben, so gibt es im Interesse der öffentlich Beschäftigten gleichwohl keine Alternative zu weiteren Bemühungen sowohl um eine Stabilisierung bzw. Ausweitung als auch eine Verbesserung und Modernisierung des öffentlichen Sektors und seiner Arbeitsbeziehungen. Der Hinweis auf die notwendige Verknüpfung von guter Dienstleistungserbringung und guten Arbeitsbedingungen sollte Bestandteil aller gewerkschaftlichen Kampagnen sein. Die Erfolgs-

chancen hierfür stehen in Deutschland nicht ganz so schlecht (vgl. etwa Rekommunalisierungen, Libbe 2013, und Entwicklungen bei Erziehung und Pflege).

- Politische Unterstützer zu gewinnen ist für die Gewerkschaften im öffentlichen Sektor wichtiger als in der Privatwirtschaft. Da sozialdemokratische und linke Parteien dem öffentlichen Sektor und dessen Beschäftigten meist aufgeschlossener gegenüberstehen, als konservative und wirtschaftsliberale Parteien, sind es nicht selten erstere, die als Unterstützer gewonnen werden können – auch wenn „die Parteischiene" in der jüngeren Vergangenheit in allen Ländern nur noch partiell funktioniert hatte. Eine enge parteipolitische Bindung kann spätestens bei einem Regierungswechsel, aber auch bei der politischen Neuausrichtung einer politisch nahestehenden Partei, zu einem Problem werden. Aus diesem Grund bemühen sich die meisten Gewerkschaften darum, auch mit konservativen Parteien im Gespräch zu bleiben. Generell ist die Abhängigkeit von politischem Wohlwollen, da die Arbeitsbeziehungen faktisch nicht hinreichend gesellschaftlich und institutionell abgesichert sind, nicht ohne Risiko, wie sowohl das spanische als auch das britische Beispiel zeigen.
- Gesellschaftliche Einbettung, das Fehlen von Privilegien und nicht zuletzt dessen Funktionsumfang tragen – bei allen auch dort bestehenden Einschränkungen – zur hohen gesellschaftlichen Akzeptanz des öffentlichen Sektors in Schweden bei. Gesellschaftliche Akzeptanz, institutionelle Absicherung, der hohe gewerkschaftliche Organisationsgrad sowie der erhebliche Anteil öffentlicher Beschäftigung (weil die öffentlich Beschäftigten selbst eine größere gesellschaftliche und politische Machtressource darstellen) stabilisieren den öffentlichen Sektor. Die Idee, man könnte den öffentlichen Sektors durch eine Konzentration auf den Kern essentieller Daseinsvorsorge aus der öffentlichen Kritik nehmen, führt in die Irre. Das schwedische Beispiel zeigt darüber hinaus, dass ein umfangreicher öffentlicher Sektor keineswegs dazu führen muss, dass die Beschäftigten Privilegien durchzusetzen oder zu verteidigen suchen.
- Schließlich setzt ein großer, partizipativ angelegter öffentlicher Sektor im Rahmen eines demokratischen Staates der privatwirtschaftlichen Machtkonzentration Grenzen und verstärkt den Einfluss der Bürger auf die Gestaltung von Wirtschaft und Arbeitswelt. Ein in diesem Sinne moderner öffentlicher Sektor birgt die Chance, dass die Idee einer Ausweitung von wirtschaftlicher Demokratisierung und Mitbestimmung sowie einer dekommodifizierten Form von Produktion und Dienstleistungen auch über den öffentlichen Sektor hinaus

wahrnehmbar ist. Eine Vorbildwirkung im Sinne eines „*model employer*“ setzt gute Arbeitsbedingungen für die öffentlich Beschäftigten voraus und ist doch zugleich auch eine Unterstützung für die Durchsetzung von akzeptablen Arbeitsbedingungen und Arbeitsbeziehungen in anderen Branchen. Vor allem bei den Arbeitsmarktkonkurrenten des öffentlichen Sektors sind zumindest dann unmittelbar positive Effekte auf die Arbeitsbedingungen zu erwarten, wenn sich zugleich die Arbeitsmarktlage, wie es die demographische Entwicklung verspricht, für die Arbeitnehmerseite günstig entwickelt.

Literatur

abc.es (2015): CC.OO. gana las elecciones sindicales y aumenta su ventaja sobre UGT: http://www.abc.es/economia/abci-ccoo-gana-elecciones-sindicales-y-aumenta-ventaja-sobre-201512181159_noticia.html (Letzter Zugriff 4.1.2017)

Ahlberg, K./Bruun, N. (2005): Sweden: Transition through collective bargaining. In: Blanpain, R./Blanke, T./Rose, E. (Hg.): Collective Bargaining and Wages in Comparative Perspective: Germany, France, the Netherlands, Sweden and the United Kingdom. Leiden, S. 117-144

Alba, C. R./Navarro, C. (2011): Administrative Tradition and Reforms in Spain. Adaptation versus Innovation. In: Administration 89 (3), S. 783-800

Alfonso Mellado, C. L. (2007): Contenido y eficacia de la negociación colectiva de funcionarios en el Estatuto Básico. Revista de Derecho Social 37, S. 53-82

Allinger, B./Flecker, J./Hermann, C. (2014): Das Ende der Pfadabhängigkeit? – Umwälzungen in den industriellen Beziehungen seit der Krise. In: Sozialer Fortschritt 63, S. 7-13

Alonso Olea, M./Rodríguez-Sañudo, F. (2010): Labour law in Spain. Alphen aan den Rijn

Andersen, S. K./Due, J./Madsen, S. J. (1997): Multi-track approach to public-sector restructuring in Europe: impact on employment relations, role of the trade unions. In: Transfer: European Review of Labour and Research 3, S. 34-61

Andersen, S. K./Ibsen, C. L./Alsos, K./Nergaard, K./Sauramo, P. (2016): Entwicklung der Lohnpolitik und Tarifverhandlungen in den nordischen Ländern – Dänemark, Finnland, Norwegen und Schweden im Vergleich. In: Müller, T./Schulten, T./Van Gyes, G. (Hg.): Lohnpolitik unter europäischer „Economic Governance" – alternative Strategien für inklusives Wachstum. Hamburg, S. 102-127

Andersson Bäck, M. (2011): Who Cares about the Carer? New Public Management in Sweden – the Case of Health Call Centres. In: Thörnquist, A./Engstrand, Å.-K. (Hg.): Precarious Employment in Perspective: Old and New Challenges to Working Conditions in Sweden. Work & Society 70. Brussels, S. 165-194

Antón, J. -I./Muñoz de Bustillo, R. (2013): Public-private sector wage differentials in Spain. An updated picture in the midst of the Great Recession. MPRA Paper, No. 48986

Anxo, D. (2013): Early fiscal consolidation and negotiated flexibility in Sweden: A fair way out of the crisis? In: Vaughan-Whitehead, D. (Hg.): Public Sector Shock. The Impact of Policy Retrenchment in Europe. Cheltenham (UK)/Northampton (USA). Geneva, S. 543-575

Anxo, D. (2014): Von einer Krise zur nächsten. Das schwedische Modell in turbulenten Zeiten – noch einmal betrachtet. In: Lehndorff, S. (Hg.): Spaltende Integration. Der Triumph gescheiterter Ideen in Europa – revisited. Zehn Länderfallstudien. Hamburg, S. 227-242

Arvidsson, M. (2014): Veränderungen im „Schwedischen Modell". Gewerkschaften unter Druck. Berlin

Bach, S. (2011): A new era of public service employment relations? The challenges ahead. In: Acas Future of Workplace Relations discussion paper series, August

Bach, S./Bordogna, L. (2011): Introduction: Varieties of new public management or alternative models? The reform of public service employment relations in industrialized democracies. In: The International Journal of Human Resource Management 22, S. 2281-2294

Bach, S./Bordogna, L. (2013): Reframing public service employment relations: The impact of economic crisis and the new EU economic governance. In: European Journal of Industrial Relations 19 (4), S. 279–294

Bach, S./Bordogna, L. (Hg.) (2016): Public Service Management and Employment Relations in Europe. Emerging from the Crisis. New York, London

Bach, S./Bordogna, L./Della Rocca, G./Winchester, D. (Hg.) (1999): Public Service Employment Relations in Europe. Transformation, modernization or inertia? London, New York

Bach, S./Della Rocca, G. (2000): The management strategies of public service employers in Europe. In: Industrial Relations Journal 31 (2), S. 82–96

Bach, S./Della Rocca, G. (2001): The New Public Management in Europe. In: Dell'Aringa, C./Della Rocca, G./Keller, B. (Hg.): Strategic Choices in Reforming Public Service Employment. An International Handbook. Basingstoke. New York, S. 24-47

Bach, S./Stroleny, A. (2012): Social dialogue and the public services in the aftermath of the economic crisis: strengthening partnership in an era of austerity – the case of the United Kingdom. European Commission project. London

Bach, S./Stroleny, A. (2013): Public service employment restructuring in the crisis in the UK and Ireland: Social partnership in retreat. In: European Journal of Industrial Relations, 19 (4), S. 341-357

Bahnmüller, R./Schmidt, W. (2009): Riskante Modernisierung des Tarifsystems. Die Reform der Entgeltrahmenabkommen am Beispiel der Metall- und Elektroindustrie Baden-Württembergs. Berlin

BBC (2008): Police vote for right to strike: http://newsvote.bbc.co.uk/mpapps/pagetools/print/news.bbc.co.uk/2/hi/uk_news/7409679.stm (Letzter Zugriff 22.3.2016)

Beneyto, P. J. (2009): Panorama actual de la afiliación sindical. Observatorio Confederal de Afiliación 1, S. 10-47

Beneyto, P. J. (2014): Modelos, cobertura y recursos. La representación de los trabajadores en la Unión Europea y España. Fichas e indicadores por países, Estudios Sindicales. Fundación 1 de Mayo: http://www.1mayo.ccoo.es/nova/NPcd/GestorPublicacionesVis?cod_primaria=1442&cod_publicacion=2649 (Letzer Zugriff 14.2.2018)

Bengtsson, E. (2014): Do unions redistribute income from capital to labour? Union density and wage shares since 1960. In: Industrial Relations Journal 45 (5), S. 389-408

Bergström, V. (2003): Prisstabilitet i fullsysselsättningssamhället – Rehns och Meidners modell för lönebildning. In: Erixon, L. (Hg.): Den svenska modellens ekonomiska politik: Rehn-Meidnermodellens bakgrund, tillämpning och relevans i det 21: a århundradet. Stockholm, S. 33-54

Bevir, M./Rhodes, R. A. W./Weller, P. (2003): Traditions of Governance: Interpreting the Changing Role of the Public Sector. In: Public Administration 81, S. 1-17

Bieling, H.-J./Buhr, D. (2015): Auswertung: Welten der Krise in vergleichender Perspektive. In: Bieling, H.-J./Buhr, D. (Hg.): Europäische Welten in der Krise. Arbeitsbeziehungen und Wohlfahrtsstaaten im Vergleich. Frankfurt, New York, S. 327-351

Biletta, I./Cabrita, J./Götzelmann, C. (2013): Eurofound's definition of central public administration. Working paper. European Foundation for the Improvement of Living and Working Conditions. Dublin

BIS (2010): Industrial action and the law. Guidance. First published 2006, London

BIS (2014): Trade union membership 2013. Statistical Bulletin, London

Bispinck, R. (2006): Mehr als ein Streik um 18 Minuten – Die Tarifauseinandersetzungen im öffentlichen Dienst 2006. In: WSI-Mitteilungen 59, S. 374-381

Bispinck, R./WSI-Tarifarchiv (2014): WSI-Arbeitszeitkalender 2014, Elemente qualitativer Tarifpolitik Nr. 78. Düsseldorf

BMFSFJ/Statistisches Bundesamt – Bundesministeriums für Familie, Senioren, Frauen und Jugend und Statistisches Bundesamt (Hg.) (2009): Der Verdienstunterschied von Frauen und Männern im öffentlichen Bereich und in der Privatwirtschaft. Ergebnisse des Projekts „Verdienstunterschiede zwischen Männern und Frauen“. Berlin

Bogumil, J./Grohs, S./Kuhlmann, S./Ohm, A. K. (2007): Zehn Jahre Neues Steuerungsmodell. Eine Bilanz kommunaler Verwaltungsmodernisierung. Modernisierung des öffentlichen Sektors, Sonderband 29. Berlin

Boletín oficial des estado (2015): Estatuto Básico del Empleado Público, Ley 7/2007, Última modificación: 31 de octubre de 2015, BOE-A-2015-11719: https://www.boe.es/buscar/pdf/2007/BOE-A-2007-7788-consolidado.pdf (Letzter Zugriff. 9.1.2017)

Bosch, G. (2013): Public sector adjustments in Germany: From cooperative to competitive federalism. In: Vaughan-Whitehead, D. (Hg.): Public Sector Shock. The Impact of Policy Retrenchment in Europe. Cheltenham, Northampton, Geneva: S. 214-253

Bovill, D./Office for National Statistics (2014): Patterns of Pay: Estimates from the Annual Survey of Hours and Earnings, UK, 1997 to 2013: http://www.ons.gov.uk/ons/dcp171766_353368.pdf (Letzter Zugriff 14.2.2018)

Brehmer, W. (2016): Mitbestimmung im öffentlichen Dienst – eine empirische Analyse der Determinanten vertiefter Personalratsbeteiligung, Dissertation 2014, Universität Konstanz

Briken, K./Gottschall, K./Hø, S./Kittel, B. (2014): Wandel von Beschäftigung und Arbeitsbeziehungen im öffentlichen Dienst in Deutschland – zur Erosion einer sozialstaatlichen Vorbildrolle. In: ZSR 60 (2), S. 123-148

Brown, W. (2011): International Review: Industrial Relations in Britain under New Labour, 1997-2010: A Post Mortem. In: Journal of Industrial Relations 53 (3), S. 402-413

Burmester, C. (2015): Vorläufige Ergebnisse einer wirkungsbezogenen Vorschriftenanalyse zu den Auswirkungen der Föderalismusreform auf die Mobilität von Beamten der allgemeinen Verwaltung, Lehrern und Polizisten. Duisburg

Calleman, C. (2011): Precarious Employment in Sweden? Care Work and Domestic Work in a Twilight Zone between Public Law and Private Law. In: Thörnquist, A./Engstrand, Å.-K. (Hg.): Precarious employment in perspective: Old and new challenges to working conditions in Sweden. Work and Society 70. Brussels: S. 131-162

Cantero Martínez, J. (2013): Criterios para la clasificación del empleado público: ¿funcionario o laboral? The criteria for the classification of the public employee: civil servant or labour worker? Revista Vasca de Gestión de Personas y Organizaciones Públicas 5, S. 82-99

Caprile, M. /Sanz de Miguel, P. (2011): Spain: Representativeness study of the European social part-ners organisations – Public administration sector. Observatory EurWORK: http://www.eurofound.europa.eu/eiro/studies/tn0912027s/es0912029q.htm (Letzer Zugriff: 13.2.2018)

CBI (2014): Public services: http://www.cbi.org.uk/business-issues/public-services/ www.gov.uk/certificationofficer (Letzter Zugriff 26.1.2015)

Certification Office (2014): Annual report of the Certification Officer 2013-2014. London

Certification Office (2017): Annual Report of the Certification Officer 2016-2017: (Letzter Zugriff 9.1.2018)

Corby, S. (2003): Public sector disputes and third party intervention. Prepared for Acas, Research paper 02/03

Crouch, C. (2005): Capitalist Diversity. Recombinant Governance and Institutional Entrepreneurs. New York

Cruz Villalón, J. (2012): Personal laboral: la inaplicación o modificación de los pactos o acuerdos y convenios colectivos vigentes: Alternativas y opciones. Seminari sobre relacions collectives, Paper

Czerwick, E. (2007): Die Ökonomisierung des öffentlichen Dienstes. Dienstrechtsreformen und Beschäftigungsstrukturen seit 1991. Wiesbaden

DBB (Hg.) (1968): Deutscher Beamtenbund – Ursprung, Weg, Ziel. Zur 50. Wiederkehr des Gründungstages am 4. Dezember 1918. Bad Godesberg

DBB (2016): 1. Änderungstarifvertrag: Entgeltordnung für Lehrkräfte weiter verbessert, 15.2.2016: http://www.dbb.de/teaserdetail/artikel/entgeltordnung-fuer-lehrkraefte-weiter-verbessert.html (Letzter Zugriff 4.1.2016)

DBB (2017): Bürgerbefragung öffentlicher Dienst. Einschätzungen, Erfahrungen und Erwartungen der Bürger: https://www.dbb.de/fileadmin/pdfs/2017/forsa_2017.pdf (Letzter Zugriff 31.1.2018)

De Castro, F./Salto, M./Steiner, H. (2013): The gap between public and private wages: new evidence for the EU, European Commisssion Economic Papers 508

Dell'Aringa, C./Della Rocca, G./Keller, B. (Hg.) (2001): Strategic Choices in Reforming Public Sector Employment: An International Handbook. Basingstoke, New York

Demmke, C. (2005): Are civil servants different because they are civil servants? Luxembourg

Department for Business, Innovation and Skills (2016): Trade Union Membership 2015. Statistical Bulletin, May 2016. London

DGB (2011): Die Arbeitsqualität im öffentlichen Dienst aus Sicht der Beschäftigten. DGB Index Gute Arbeit. Sonderauswertung öffentlicher Dienst. Berlin

DGB (2015a): Besoldungsreport 2015. Entwicklung der Einkommen der Beamtinnen und Beamten und Bewertung der Besoldungspolitik von Bund und Ländern. Berlin

DGB (2015b): Arbeitsbedingte Belastung und Beanspruchung. Wie die Beschäftigten den Zusammenhang beurteilen. Ergebnisse einer Sonderauswertung zum DGB-Index Gute Arbeit für die Jahre 2012-14. Präsentiert im Rahmen des 34. Internationalen Kongresses A+A 2015, Oktober 2015

DGB (2016): Beamte – Versorgungsrücklage: Argumente des Innenministeriums überzeugen nicht, 28.4.2016: http://www.dgb.de/themen/++co++36abe148-0d2c-11e6-b480-52540023ef1a (Letzter Zugriff 4.1.2016)

DiMaggio, P. J./Powell, W. W. (1983): The Iron Cage Revisited: Institutional Isomorphism and Collective Rationality in Organizational Fields. In: American Sociological Review 48 (2), S. 147-60

Dittmar, N./Glassner, V. (2017): Varieties of Capitalism im Krankenhaussektor? Gewerkschaftsstrategien in Deutschland und Großbritannien. In: Industrielle Beziehungen 24 (4), S. 393-410

Edenfeld, S. (2000): Arbeitnehmerbeteiligung im Betriebsverfassungs- und Personalvertretungsrecht. Köln

Egels-Zandén, N./Hyllman, P. (2006): Exploring the Effects of Union–NGO Relationships on Corporate Responsibility: The Case of the Swedish Clean Clothes Campaign Journal of Business Ethics 64 (3), S. 303-316

EIRO (2009): Industrial relations in the public sector – United Kingdom (S. Bach): http://www.eurofound.europa.eu/eiro/studies/tn0611028s/uk0611029q.htm (Letzter Zugriff 20.1.2015)

EIRO (2012): United Kingdom: Industrial relations profile, by Alex Wilson: http://www.eurofound.europa.eu/eiro/country/united.kingdom_4.htm (Letzter Zugriff 20.1.2015)

Ekdahl, L. (2003): Mellan fackligt och politiskt dilemma: En bakgrund till Rehn-Meidnermodellen. In: Erixon, L. (Hg.): Den svenska modellens ekonomiska politik: Rehn-Meidnermodellens bakgrund, tillämpning och relevans i det 21:a århundradet. Stockholm, S. 13-32

Ekdahl, L. (2005): Mot en tredje väg: En biografi över Rudolf Meidner: II. Facklig expert och demokratisk socialist. Lund

El País (1983): Los funcionarios y el derecho de huelga, 15.10.1983: http://elpais.com/diario/1983/10/15/economia/435020402_850215.html (Letzter Zugriff 4.1.2017)

eldiario.es (2014): Los sindicatos minoritarios tratan de arañar espacio a CCOO y UGT: http://www.eldiario.es/economia/sindicatos-minoritarios-espacio-CCOO-UGT_0_328618068.html (Letzter Zugriff 4.1.2017)

Ellguth, P./Kohaut, S. (2015): Tarifbindung und betriebliche Interessenvertretung: Ergebnisse aus dem IAB-Betriebspanel 2014. In: WSI Mitteilungen 68, S. 290–297

Ellwein, T. (1980): Gewerkschaften und öffentlicher Dienst. Opladen

Elvander, N. (1997): The Swedish bargaining system in the melting pot. In: Elvander, N./Holmlund, B. (Hg.): The Swedish Bargaining System in the Melting Pot: Institutions, Norms and Outcomes in the 1990s, Arbetslivsinstitutet. Solna, S. 11-89

Elvander, N. (2002): The Labour Market Regimes in the Nordic Countries: A Comparative Analysis. In: Scandinavian Political Studies 25 (2), S. 117-137

EPSU (2008): Collective bargaining in the public services. Country Profile: UK: http://www.epsu.org/IMG/pdf/UK-2.pdf (Letzter Zugriff 20.1.2015)

Esping-Andersen, G. (1990): The Three Worlds of Welfare Capitalism. Cambridge

ETUI (2015): https://www.etui.org/Topics/Trade-union-renewal-and-mobilisation/Strikes-in-Europe-version-2.1-January-2015 (Letzter Zugriff 8.1.2016)

ETUI (2016): Benchmarking Working Europe 2016. Brussels

Eurofound (2009): Trade union membership 2003–2008: http://eurofound.europa.eu/sites/default/files/ef_files/docs/eiro/tn0904019s/tn0904019s.pdf (Letzter Zugriff 4.1.2017)

Eurofound (2010): UK – Developments in social partner organisations: employer organisations (Mark Carley, University of Warwick): http://eurofound.europa.eu/observatories/eurwork/comparative-information/national-contributions/united-kingdom/uk-developments-in-social-partner-organisations-employer-organisations (Letzter Zugriff 20.1.2015)

Eurofound (2014): Industrial relations in central public administration: Recent trends and features, Dublin: European Foundation for the Improvement of Living and Working Conditions. https://zenodo.org/record/11776/files/tn1307019s.pdf (Letzter Zugriff 10.1.2017)

European Commission (2013): Industrial Relations in Europe 2012. Luxembourg

European Commission (2015): Industrial Relations in Europe 2014. Luxembourg

European Commission (2016): Fertility_statistics_YB2016): http://ec.europa.eu/eurostat/statistics-explained/index.php?title=File:Fertility_statistics_YB2016.xlsx&oldid=282457 (Letzter Zugriff 27.4.2016)

European Commission (2017): European Economic Forecast Autumn 2017. https://ec.europa.eu/info/sites/info/files/economy-finance/ip063_en.pdf (Letzter Zugriff 17.1.2018)

Eurostat (2016a): Datensatz lfsa_ergan: Employment rates by sex, age and citizenship: http://ec.europa.eu/eurostat/en/web/products-datasets/-/LFSA_ERGAN (Letzter Zugriff 8.4.2016)

Eurostat (2016c): Datensatznama_10_gdp: GDP and main components: http://appsso.eurostat.ec.europa.eu/nui/show.do?dataset=nama_10_gdp&lang=en (Letzter Zugriff 29.4.2016)

Eurostat (2017a): Government revenue, expenditures and main aggregates, Datensatz gov_10a_main: http://appsso.eurostat.ec.europa.eu/nui/show.do?dataset=gov_10a_main&lang=en (Letzter Zugriff 9.1.2017)

Eurostat (2017b): Datensatz tipspd10: Eurostat_Private Debt_Table_tipspd10FlagDesc_c930d0cd-217d-4055-afd1-00626fdeaa5d: http://epp.eurostat.ec.europa.eu/tgm/table.do?tab=table&init=1&plugin=1&language=en&pcode=tipspd10 (Letzter Zugriff 9.1.2017)

Eurostat (2017c): Datensatz teina225: Eurostat_Staatsverschldung_Table_teina225FlagDesc_26cf5aee-4e8e-4f36-9faa-ca2237185448: http://epp.eurostat.ec.europa.eu/tgm/table.do?tab=table&init=1&plugin=1&language=en&pcode=teina225 (Letzter Zugriff 9.1.2017)

Eurostat (2018a): Arbeitslosenquote im Euroraum bei 9,1%, Pressemitteilung vom 2. Oktober 2017: http://ec.europa.eu/eurostat/documents/2995521/8266826/3-02102017-AP-DE.pdf/2ab0b87b-16df-424d-84cd-3ec946fc597c (Letzter Zugriff: 4.1.2018)

Eurostat (2018b): Gini-Koeffizient des verfügbaren Äquivalenzeinkommens: http://appsso.eurostat.ec.europa.eu/nui/show.do?dataset=ilc_di12&lang=de (Letzter Zugriff 4.1.2018)

EZB (2016): EZB-Jahresbericht 2015. Frankfurt am Main

Ferner, A. (1994): The State as Employer. In: Ferner, A./Hyman, R. (Hg.): New Frontiers in European Industrial Relations (Industrial Relations in Context). Oxford, S. 52-79

Ferner, A. (1995): Public Sector Industrial Relations in Europe. Common Trends and the Persistence of National Variability. In: Industrielle Beziehungen 2 (2), S. 11 -127

Fransson, S. (2000): Lönediskriminering: En arbetsrättslig studie av könsdiskriminerande löneskillnader och konflikten mellan kollektivavtal och lag. Uppsala

Fransson, S./Thörnqvist, C. (2004): Gender, Bargaining Strategies and Strikes in Sweden. In: Svensson, E. -M./Pylkkänen, A./Niemi-Kiesiläinen, J. (Hg.): Coping with Difference: Nordic Feminist Legal Studies at a Crossroads. Aldershot: S. 49-70

Fredman, C./Nilsson, S. (2006): Löneskillnader mellan offentlig och privat sektor. Rapport IAM 2006:1. Stockholm

Friedman, R. A. (1995): Front Stage, Backstage. The Dramatic Structure of Labor Negotiations. Cambridge, MA

Fulton, L. (2007): The forgotten resource: Corporate governance and employee board-level representation. The situation in France, the Netherlands, Sweden and the UK. Edition der Hans-Böckler-Stiftung 109. Düsseldorf

Fulton, L. (2013): Worker representation in Europe. Labour Research Department and ETUI: http://www.worker-participation.eu/National-Industrial-Relations/Countries/Sweden/Collective-Bargaining (Letzter Zugriff 9.1.2017)

Fundación 1 de Mayo (2014): La representación de los trabajadores en la Unión Europea y España. Modelos, cobertura y recursos. Fichas e indicadores por países. Madrid

Furtwängler, F. J. (1955): ÖTV – Die Geschichte einer Gewerkschaft. Stuttgart

Gall, G. (2016): The Trade Union Bill Is Now Law. Assessing the Campaign To Stop It. In: Huffington Post, 5. Mai 2016: http://www.huffingtonpost.co.uk/gregor-gall/trade-union-bill_b_9845574.html (Letzter Zugriff 21.12.2016)

General Directorate of Civil Service (2011): Public Employment in Spain, Secretariat of State for the Civil Service: http://www.seap.minhap.gob.es/dms/es/publicaciones/centro_de_publicaciones_de_la_sgt/Otras_Publicaciones/parrafo/empleo_publico_es_2011_3lenguas/Emp-publ-2011_ingles-INTERNET.pdf (Letzter Zugriff 13.1.2015)

GEW (2015): Stand der Dinge: Entscheidung gut abwägen! Andreas Gehrke, 9.9.2015: https://www.gew.de/aktuelles/detailseite/neuigkeiten/stand-der-dinge-entscheidung-gut-abwaegen/ (Letzter Zugriff 4.1.2016)

Gill-McLure, W. (2013): The Political Economy of Public Sector Trade Union Militancy Under Keynesianism: The Case of Local Government. In: Capital & Class 37 (3), S. 417-436

Glassner, V. (2010): The public sector in the crisis. Working Paper, 2010.07, Brüssel: http://www.etui.org/Publications2/Working-Papers/The-public-sector-in-the-crisis (Letzter Zugriff 22.1.2015)

Glassner, V./Pernicka, S./Dittmar, N. (2015): Arbeitsbeziehungen im Krankenhaussektor. Study Nr. 206 der Hans-Böckler-Stiftung, Dezember 2015

Glassner, V./Watt, A. (2010): Cutting Wages and Employment in the Public Sector: Smarter Fiscal Consolidation Strategies Needed. In: Intereconomics 2010 (4), S. 212-219

Goldfinch, S./Wallis, J. (2010): Two myths of Convergence in Public Management Reform. In: Public Administration 88 (4), S. 1099-1115

González Begega, S./Luque Balbona, D. (2014): Goodbye to Competitive Corporatism in Spain? Social Pacting and Conflict in the Economic Crisis. In: Revista Española de Investigaciones Sociológicas148, S. 79-102

Gottschall, K./Kittel, B./Briken, K./Heuer, J. -O./Hils, S./Streb, S./Tepe, M. (2015): Public Sector Employment Regimes. Transformations of the State as an Employer. Basingstoke

GOV.UK (2016): Types of school: https://www.gov.uk/types-of-school/academies (Letzter Zugriff 4.1.2017)

Grabe, L./Pfeuffer, A./Vogel, B. (2012): „Ein wenig erforschter Kontinent“? Perspektiven einer Soziologie öffentlicher Dienstleistungen. In: Arbeits- und Industriesoziologische Studien 5 (2), S. 35-53

Greifenstein, R./Kißler, L. (2000): Personalvertretung in Reformrathäusern. Zur Standortsuche von Personalräten im Modernisierungsprozess. Berlin

Greifenstein, R./Kißler, L. (2010): Mitbestimmung im Spiegel der Forschung. Eine Bilanz der empirischen Untersuchungen 1952–2010. Berlin

Grimshaw, D. (2013): Austerity, privatization and levelling down: Public sector reforms in the United Kingdom. In: Vaughan-Whitehead, D. (Hg.): Public Sector Shock. The Impact of Policy Retrenchment in Europe, S. 576-626

Gualmini, E. (2008): Restructuring Weberian Bureaucracy: Comparing managerial reforms in Europe and the United States. In: Public Administration 86 (1), S. 75-94

Haensch, P./Holtmann, E. (2008): Die öffentliche Verwaltung der EU-Staaten. In: Gabriel, O. W./Kropp, S. (Hg.): Die EU-Staaten im Vergleich, 3. überarb. Auflage. Wiesbaden, S. 606-630

Hall, A./Leppelmeier, I. (2015): Erzieherinnen und Erzieher in der Erwerbstätigkeit. Ihre Arbeitsbedingungen, Arbeitsbelastungen und die Folgen. Wissenschaftliche Diskussionspapiere des BIBB, Heft 161

Hall, P. A./Soskice, D. (2001): Varieties of Capitalism. The Instituttional Foundations of Comparative Advantage. Oxford

Hamann, K./Johnston, A./Kelly, J. (2012): Unions Against Governments: Explaining General Strikes in Western Europe1980–2006. In: Comparative Political Studies 46 (9), S. 1030-1057

Hamark, J. (2014): Ports, Dock Workers and Labour Market Conflicts, Gothenburg Studies in Economic History 12. Gothenburg

Handelsblatt (2004): Gewerkschaften streiten über Schilys Beamten-Papier, 5.10.2004: https://www.handelsblatt.com/archiv/gewerkschaften-streiten-ueber-schilys-beamten-papier/2412116.html?ticket=ST-753630-fX9YlIVqVDCGCGvDjbft-ab6 (Letzter Zugriff 6.7.2018)

Handler, H./Koebel, B./Reiss, P./Schratzenstaller, M. (2005): The Size and Performance of Public Sector Activities in Europe. WIFO Working Papers No. 246. Wien

Hils, S./Streb, S. (2010): Vom Staatsdiener zum Dienstleister? Veränderungen öffentlicher Beschäftigungssysteme in Deutschland, Großbritannien, Frankreich und Schweden. TranState Working Papers No. 111. Bremen

Hirschman, A. O. (1970): Exit, Voice and Loyalty. Responses to Decline in Firms Organizations and States. Cambridge MA

Hohendanner, C./Ostmeier, E./Ramos Lobato, P. (2015): Befristete Beschäftigung im öffentlichen Dienst. Entwicklung, Motive und rechtliche Umsetzung, IAB-Forschungsbericht 12/2015

Horwitz, L./Myant, M. (2015): Spain's labour market reforms: the road to employment or to unemployment? Working paper of European Trade Union Institute, 2015/03

Hospido, L./Moral-Benito, E. (2014): The public sector wage premium in Spain Evidence from longitudinal administarive data, Banco de España, Documentos de Trabajo, Nr. 1422

Hospido, L./Moral-Benito, E. (2015): Algunos determinantes de las diferencias salariales entre los sectores público y privado en España. Banco de España, Boletín Económico, S. 19-26

Hyman, R. (2008): The State in Industrial relations. In: Blyton, P./Bacon, N./Fiorito, J./Heery, E. (Hg.): The SAGE Handbook of Industrial relations. Los Angeles, London, New Delhi, Singapore, S. 258-284

Ibsen, C. L. (2016): Short-time work in Sweden. Paper: https://collective.etuc.org/sites/default/files/EN%20Case%20study_Sweden_Metal%20sector.pdf (Letzter Zugriff, 14.12.2016)

ICTWSS (2016): http://www.uva-aias.net/en/ictwss (Letzter Zugriff 7.2.2018)

IDS (1996): Job Evaluation, Incomes Data Services, Focus 78, March 1996. London

ILO (2014): 371st Report of the Committee on Freedom of Association, Case No. 2947. Geneva

ILO (2015): Global Wage Report 2014/15. Wages and income inequality. Geneva

IMK (2016): IMK-Steuerschätzung 2016-2020, IMK Report 114, Mai 2016. Düsseldorf

INAP – OCDE (2014): Panorama de las Administraciones Públicas 2013. Madrid

Jauch, P./Schmidt, W. (2000): Industrielle Beziehungen im Umbruch. Die Regulierung von Lohn, Gehalt und Arbeitszeit in Deutschland und Großbritannien. München, Mering

Jódar, P./Jordana, J./Alós, R. (1999): Spain: Public service employment relations since the transition to democracy. In: Bach, S./Bordogna, L./Della Rocca, G./Winchester, D. (Hg.): Public Service Employment Relations in Europe. Transformation, modernization or inertia? London, New York, S. 164-197

Johansson, E./Heed, M. (2014): Working Life Sweden: Industrial relations in central public administration – Recent trends and features. Eurofound: Eurwork: http://eurofound.europa.eu/observatories/eurwork/comparative-information/national-contributions/sweden/sweden-industrial-relations-in-central-public-administration-recent-trends-and-features (Letzter Zugriff 13.1.2015)

Johansson, T. (2015): Kommunal – växer för tredje året på raken: http://www.kommunal.se/Kommunal/Nyheter/2015/Kommunal--vaxer-for-tredje-aret-pa-raken/#.VMDlXS7Cq4I (Letzter Zugriff 22.1.2015)

Jonsson, C. -M./Pettersson, T./Löfgren, H./Arvidsson, K. (2014): When labour costs squeeze the price. An analysis of public sector investments in infrastructure. Stockholm

Joumard, I./Giorno, C. (2005): Getting the Most Out of Public Sector Decentralisation in Spain. In: OECD Economics Department Working Papers No. 436. Paris

Keller, B. (1981): Determinants of the Wage Rate in the Public Sector: The case of Civil Servants in the Federal Republic of Germany. In: British Journal of Industrial relations 19, S. 345-360

Keller, B. (2005): Union formation through Merger: The Case of Ver.di in Germany. In: British Journal of Industrial relations 43, S. 209-232

Keller, B. (2006): Aktuelle Entwicklungen der Beschäftigungsbeziehungen im Öffentlichen Dienst. In: Die Verwaltung 39, S. 79-99

Keller, B. (2007): Wandel der Arbeitsbeziehungen im öffentlichen Dienst: Entwicklungen und Perspektiven. In: Die Verwaltung 40, S. 173-202

Keller, B. (2010a): Arbeitspolitik im öffentlichen Dienst. Ein Überblick über Arbeitsmärkte und Arbeitsbeziehungen. Berlin

Keller, B. (2010b): Arbeitgeberverbände des öffentlichen Sektors. In: Schroeder, W./Weßels, B. (Hg.): Handbuch Arbeitgeber- und Wirtschaftsverbände in Deutschland. Wiesbaden, S. 105-125

Keller, B. (2011): After the end of stability: recent trends in the public sector of Germany. In: The International Journal of Human Resource Management 22 (11), S. 2331-2348

Keller, B. (2013a): The Public Sector in the United States and Germany: Comparative Aspects in an Employment Relations Perspective. In: Comparative Labor Law and Policy Journal, 34 (2), S. 101-129

Keller, B. (2013b): Germany: The public sector in the financial and debt crisis. In: European Journal of Industrial Relations 19 (4), S. 359–374

Keller, B. (2014a): Der öffentliche Dienst in der Finanz- und Schuldenkrise Austeritätspolitik und die Entwicklung der Arbeitsbeziehungen. In: Sozialer Fortschritt 63, S. 30-39

Keller, B. (2014b): The continuation of early austerity measures: the special case of Germany. In: Transfer 20 (3), S. 387-402

Keller, B. (2015): The Public Sector in the Aftermath of the Financial and Debt Crisis: Long-Term, Neglected Consequences. In: Schneider, V./Eberlein, B. (Hg.): Complex Democracy. Varieties, Crisis, and Transformations, Cham et al., S. 185-200

Keller, B./Due, J./Andersen, S. K. (2001): Employer associations and the public sector. In: Dell' Aringa, C./Della Rocca, G./Keller, B. (Hg.): Strategic Choices in Reforming Public Sector Employment: An International Handbook. New York, S. 71-96

Keller, B./Henneberger, F. (1992): Beschäftigung und Arbeitsbeziehungen im öffentlichen Dienst der neuen Bundesländer. Gewerkschaftliche Monatshefte 6, S. 331-342

Keller, B./Schnell, R. (2005): Sozialstruktur und Problemfelder der Interessenvertretung im öffentlichen Dienst. Eine empirische Untersuchung von Personalräten in West- und Ostdeutschland. In: Berliner Journal für Soziologie 15 (1), S. 87-102

Keller, B./Seifert, H. (2014): Atypische Beschäftigungsverhältnisse im öffentlichen Dienst. In: WSI-Mitteilungen 67 (8), S. 628-638

Kickert, W. (2011): Distinctiveness of Administrative Reform in Greece, Italy, Portugal and Spain. Common Characteristics of Context, Administrations and Reforms. Public Administration 89 (3), S. 801-818

Kißler, L./Greifenstein, R./Schneider, K. (2011): Die Mitbestimmung in der Bundesrepublik Deutschland. Eine Einführung. Wiesbaden

Kjellberg, A. (2011): Trade unions and collective agreements in a changing world. In: Thörnquist, A./Engstrand, Å.-K. (Hg.): Precarious employment in perspective: Old and new challenges to working conditions in Sweden. Brussels, S. 47-100

Kjellberg, A. (2014): Union density and specialist/professional unions in Sweden. Studies in Social Policy, Industrial Relations, Working Life and Mobility, Research Reports 2013:2, Department of Sociology. Lund

Kjellberg, A. (2015): Kollektivavtalens täckningsgrad samt organisationsgraden hos arbetsgivarförbund och fackförbund. Studies in Social Policy, Industrial Relations, Working Life and Mobility, Research Reports 2013, aktualisiert Juli 2015, Department of Sociology. Lund

Köhler, H.-D./Calleja Jiménez, J. P. (2012): Transformations in Spanish trade union membership. In: Industrial Relations Journal 43 (3), S. 281-292

Köhler, H.-D./Calleja Jiménez, J. P. (2013): Trade Unions in Spain. Organisation, Environment, Challenges. Berlin

Köhler, H.-D./Calleja Jiménez, J. P. (2014): Spanien: Massenmobilisierungen gegen das Austeritätsdiktat. In: WSI-Mitteilungen 67 (5), S. 367-377

Köhler, H.-D./Calleja Jiménez, J. P. (2015): „They don't represent us!“ Opportunities for a Social Movement Unionism Strategy in Spain. In: Relations industrielles/Industrial Relations 70 (2), S. 240-261

Kommunal (2013): Visstid på livstid. En rapport om de otrygga anställningarna. Stockholm

Kuhlmann, S./Wollmann, H. (2013): Verwaltung und Verwaltungsreformen in Europa. Einführung in die vergleichende Verwaltungswissenschaft. Wiesbaden

Kutlu, Y. (2013): Partizipative Streikführung: Der Erzieherinnenstreik. In: Schmalz, S./ Dörre, K. (Hg.): Comeback der Gewerkschaften? Machtressourcen, innovative Praktiken, internationale Perspektiven. Frankfurt am Main, S. 226-241

Kvarnström, L./Waldemarson, Y./Åmark, K. (1995): I statens tjänst. Statlig arbetsgivarpolitik och fackliga strategier. Lund

Labour Research (2012): Coalition sets siege to the public sector. In: Labour Research 101 (5), S. 9-12

Labour Research (2015): Survey of the 2014-15 Pay Round: http://www.lrd.org.uk/?pagid=102 (Letzter Zugriff 11.2.2018)

Labour Research (2016): Anti-Union Bill will hit unions with huge costs. In: Labour Research 105 (3), S. 23

Lallement, M. (2011): Europe and the economic crisis: forms of labour market adjustment and varieties of capitalism. In: Work Employment Society 2011 25 (4), S. 627-641

Lapidus, J. (2015): Social Democracy and the Swedish welfare model: Ideational analyses of attitudes towards competition, individualization, privatization. Gothenburg studies in Economic History 13. Gothenburg

Larson, R. (2006): Ett systemskifte i medlingsverksamheten. In: Egerö, A.-M./ Nyström, B. (Hg.): Hundra år av medling i Sverige. Jubileumsskrift. Historik, analys och framtidsvisioner. Stockholm, S. 66-95

Larsson, M. (2014): Lönerapport för år 2014. Löner och löeutveckling år 1913-2013 efter klass och kön. Stockholm

Lasierra, J. M. (2007): Labour relations in the Spanish public administration in a context of change. The role of context and regulation. In: International Journal of Public Sector Management 20 (1), S. 63-74

Lehndorff, S. (2011a): Before the crisis, in the crisis, and beyond: the upheaval of collective bargaining in Germany. In: Transfer: European Review of Labour and Research 17 (3), S. 341-354

Lehndorff, S. (2011b): Coercion without Convergence: European Models of Capitalism on the Eve of the Crisis. In: Perspectives on Work 15 (1/2), S. 35-37

Lehndorff, S. (Hg.) (2012): Ein Triumph gescheiterter Ideen. Warum Europa tief in der Krise steckt – Zehn Länder-Fallstudien, Hamburg

Lehndorff, S. (Hg.) (2014): Spaltende Integration. Der Triumpf gescheiterter Ideen in Europa – revisited. Zehn Fallstudien, Hamburg

Lehndorff, S. (2015): Acting in different worlds. Challenges to transnational trade union cooperation in the eurozone crisis. In: Transfer 21 (2), S. 157-179

Lehndorff, S./Dribbusch, H./Schulten, T. (Hg.) (2017): Rough waters European trade unions in a time of crises. Brussels

Leisink, P./Bach, S. (2014): Economic crisis and municipal public service employment: comparing developments in seven EU Member States. In: Transfer 20 (3), S. 327-342

Lesch, H. (2016): Die Dienstleistungsgewerkschaft Verdi. Tarifpolitische Entwicklungen und Herausforderungen. In: IW-Trends 4.2016

Lewin, Leif (1967): Planhushållningsdebatten, 2:a uppl. Stockholm

Libbe, J. (2013): Rekommunalisierung in Deutschland – eine empirische Bestandsaufnahme. In: Matecki, C./Schulten, T. (Hg.) (2013): Zurück zur öffentlichen Hand? Chancen und Erfahrungen der Rekommunalisierung. Hamburg, S. 18-36

Liebold, R. /Trinczek, R. (2002): Experteninterview. In: Kühl, S. /Strodtholz, P. (Hg.): Methoden der Organisationsforschung. Ein Handbuch, Wiesbaden. S. 33-71

LGA – Local Government Association (2013): Pay policy and practice in local authorities. A guide for councillors. London

Mailand, M./Hansen, N. W. (2016): Denmark and Sweden: The Consequences of Reform and Economic Crisis for Public Service Employment Relations. In: Bach S./Bordogna, L. (Hg.): Public Service Management and Employment Relations in Europe. Emerging from the Crisis. New York, London, S. 218-243

Margetts, H./6, P./Hood, C. (Hg.) (2010): Paradoxes of Modernization. Unintended Consequences of Public Policy Reform. Oxford

Martínez Lucio, M. (2007): Trade unions and employment relations in the context of public sector change. The public sector, "old welfare states" and the politics of managerialism. In: International Journal of Public Sector Management 20 (1), S. 5-15

Masters, M. F./Gibney, R./Shevchuk, I./Zagenczyk, T. (2008): The State as Employer. In: Blyton, P./Bacon, N./Fiorito, J./Heery, E. (Hg.): The SAGE Handbook of Industrial Relations. Los Angeles, London, New Delhi, Singapore, S. 305-324

Meagher, G./Szebehely, M. (2013): Long-term care in Sweden: Trends, actors and consequences. In: Ranci, C./Pavolini E. (Hg.): Reforms in long term care policies in Europe: Investigating institutional change and social impacts. New York

Medlingsinstitutet (2014a): Många svar på samma fråga. Inkomst, lön och skillnad – begrepp som förvirrar. Stockholm

Medlingsinstitutet (2014b): Jahresbericht 2014 – Zusammenfassung: http://www.mi.se/other-languages/auf-deutsch/ (Letzter Zugriff 20.8.2018)

Medlingsinstitutet (2015a): Avtalsrörelsen och lönebildningen 2014. Stockholm

Medlingsinstitutet (2015b): Jahresbericht 2015 – Zusammenfassung: http://www.mi.se/files/PDF-er/ar_foreign/ar_2015_int/ty_smnftn_2015.pdf (Letzter Zugriff 18.12.2016)

Medlingsinstitutet (2015c): Hemsida/Standort: http://www.mi.se/other-languages/auf-deutsch (Swedish National Mediation Office) (Letzter Zugriff 18.12.2016)

Medlingsinstitutet (2016): Jahresbericht 2016 – Zusammenfassung: http://www.mi.se/files/PDF-er/ar_foreign/Sammanfattning_ar16_ty.pdf (Letzter Zugriff 28.12.2017)

Medlingsinstitutet/Ekonomifakta (2015): Reallöneutveckling I Sverige: http://www.ekonomifakta.se/sv/Fakta/Arbetsmarknad/Loner/Loneutveckling-och-inflation/?from20419=2006&to20419=2014&diagroupa=diagram_2&diagroupb=&currentDia=diagram_2 (Letzter Zugriff 20.12.2016)

Ministerio de Administraciones Públicas (2002): Resolución de 15 de noviembre de 2002, BOE Nr. 276: https://www.boe.es/boe/dias/2002/11/18/pdfs/A40528-40540.pdf (Letzter Zugriff 4.1.2017)

Ministerio de Administraciones Públicas (2008): Resolución de 22 de mayo de 2008, BOE Nr. 137: https://www.boe.es/boe/dias/2008/06/06/pdfs/A26268-26271.pdf (Letzter Zugriff 4.1.2017)

Ministerio de Empleo y Seguridad social (2014): *Estadística de Huelgas y Cierres Patronales: Comentario de principales resultados Datos Enero-Noviembre 2014:* http://www.empleo.gob.es/estadisticas/hue/hue14novpublicacion/Resumen%20de%20resultados.pdf (Letzter Zugriff 13.2.2018)

Ministerio de Empleo y Seguridad Social (2016a): Estadìstica de convenios colectivos de trabajo. Avance Mensual 2016, basierend auf Tabelle CCT-2.1

Ministerio de Empleo y Seguridad social (2016b): *Estadística de Huelgas y Cierres Patronales: Comentario de principales resultados. Datos Enero-Mayo 2016:* http://www.empleo.gob.es/estadisticas/hue/hue16maypublicacion/Resumen%20de%20resultados.pdf (Letzter Zugrif 14.2018)

Ministerio de la Presidencia (2009): Resolución de 22 de octubre de 2009, BOE 258: http://www.boe.es/boe/dias/2009/10/26/pdfs/BOE-A-2009-16986.pdf (Letzter Zugriff 4.1.2017)

Ministry of the Presidency (2010): Public Employment in European Union Member States. Madrid

Müller, A./Ramos-Vielba, I./Schmidt, W./Thörnquist, A./Thörnqvist, C. (2015): How do trade unions in the public sector respond to austerity before and since the recent crisis? Paper presented at the IREC 2015 Conference 10-11/09/2015, Gothenburg

Müller, A./Ramos-Vielba, I./Schmidt, W./Thörnquist, A./Thörnqvist, C. (2014): Public sector labour relations in four European countries compared: Long-term convergence and short-term divergences? Paper presented at the IREC 2014/ESA RN17 Conference 10-12/09/2014. Dublin

Müller, T./Platzer, H.-W. (2016): Gewerkschaften und Arbeitsbeziehungen im Europa der Krise. In: Bsirske, F./Busch, K./Höbel, O./Knerler, R./Scholz, D. (Hg.): Gewerkschaften in der Eurokrise. Nationaler Anpassungsdruck und europäische Strategien. Hamburg, S. 10-44

Müller, T./Schulten, T. (2015): The public-private sector pay debate in Europe, ETUI Working Paper 2015.08. Brüssel

Müller-Jentsch, W. (1997): Soziologie der industriellen Beziehungen. Eine Einführung. 2., überarb. und erw. Auflage. Frankfurt am Main

Müller-Jentsch, W. (2008): Arbeit und Bürgerstatus. Studien zur sozialen und industriellen Demokratie. Wiesbaden

Muñoz de Bustillo, R./Antón, J. -I. (2013): Those were the days, my friend: The public sector and the economic crisis in Spain. In: Vaughan-Whitehead, D. (Hg.): Public Sector Shock. The Impact of Policy Retrenchment in Europe, S. 511-542

Nachtmann, W. (1996): 100 Jahre ÖTV. Die Geschichte einer Gewerkschaft und ihrer Vorläuferorganisationen. Frankfurt am Main

Naschold, F./Oppen, M./Wegener, A. (1998): Kommunale Spitzeninnovationen – Konzepte, Umsetzung, Wirkungen in internationaler Perspektive. Berlin

Neumann, P./Sievers, C. (2003): Demokratisierung der öffentlichen Dienste – Vorschläge zur Veränderung des Personalvertretungsrechts. In: DGB (Hg.): Anforderungen des DGB an eine Modernisierung des Personalvertretungsrechts in Bund und Ländern. Berlin

NHS (2015a): NHS terms and conditions of service handbook 3/2015, Stand 1.4.2015: www.nhsemployers.org (Letzter Zugriff 15.3.2016)

NHS (2015b): Job evaluation handbpook: http://www.nhsemployers.org/case-studies-and-resources/2016/10/job-evaluation-handbook (Letzter Zugriff 14.2.2018)

NHS (divers): NHS Staff Surveys 2007, 2008, 2009, 2010, 2011, 2012, 2103, 2014, 2015 und 2016: http://www.nhsstaffsurveys.com/Page/1021/Past-Results/Historical-Staff-Survey-Results/ (Letzter Zugriff 20.3.2016)

NJC – National Joint Council for Local Government Services (2005): National Agreement on Pay and Conditions of Service, updated June 2005

Nolterieke, G. (1981): Beamtenkarrieren in England und Deutschland: Laufbahnstrukturen gegen Ende der sechziger Jahre. In: Zeitschrift für Soziologie 10 (2), S. 151-169

Nomden, K./Fanham, D./Onnee-Abbruciati, M. -L. (2003): Collective bargaining in public services. Some European comparisons. In: The International Journal of Public Sector management 16 (6), S. 412-423

Nomden, K./Onee-Abbruciatti, M. -L. (2002): Labour relations in European public services: Towards convergence within divergence? Paper presented to the annual Meeting of the European Group of Public Administration, 4-7 September 2002. Potsdam

Nyberg, A. (2003): Tillväxt i obalans: Om kvinnors och mäns sysselsättning, löner och hushållsarbete. In: von Otter, C. (Hg.): Ute och inne i svenskt arbetsliv: Forskare analyserar och spekulerar om trender i framtidens arbete. Stockholm, S. 77-100

OECD (2008): The State of the Public Service. Paris

OECD (2015): Government at a Glance 2015. Paris

OECD (2016): Trade Union Density: https://stats.oecd.org/Index.aspx?DataSetCode=UN_DEN (Letzter Zugriff 7.4.2016)

Olsen, T. (Hg.) (1996): Industrial Relations Systems in the Public Sector in Europe. European Public Services Committee

OME (2013): Guidance – An introduction to pay review bodies (Letzter Zugriff 25.1.2018)

Ongaro, E. (2008): Introduction: the reform of public management in France, Greece, Italy, Portugal and Spain. In: International Journal of Public Sector Management 21, S. 101-107

Ongaro, E. (2009): Public Management Reform and Modernization. Trajectories of Administrative Change in Italy, France, Greece, Portugal and Spain. Cheltenham, Northampton

ONS (2013): Labour Disputes. Annual Article 2012. London

ONS (2014a): UK Labour Market, December 2014. London

ONS (2014b): Self-employed workers in the UK – 2014, August 2014. London

ONS (2014c): Public sector employment, Q4 2013. http://www.ons.gov.uk/ons/rel/pse/public-sector-employment/q4-2013/stb-pse-2013-q4.html (Letzter Zugriff 9.1.2017)

ONS (2015a): Trade Union Membership 2014, Statistical Bulletin, June 2015

ONS (2015b): Statistical Bulletin: Public sector employment, UK: December 2015

ONS (2015c): Contracts with No Guaranteed Hours: 2015: http://www.ons.gov.uk/employmentandlabourmarket/peopleinwork/earningsandworkinghours/articles/contractswithnoguaranteedhours/2015-09-02#how-many-no-guaranteed-hours-contracts-are-there (Letzter Zugriff 18.4.2016)

ONS (2016): Working Days Lost due to strike action in the public sector – monthly: https://www.ons.gov.uk/employmentandlabourmarket/peopleinwork/employmentandemployeetypes/timeseries/f8xz (Letzter Zugriff 3.3.2016)

ONS (2018a): Public Sector Employment time series dataset: https://www.ons.gov.uk/employmentandlabourmarket/peopleinwork/publicsectorpersonnel/datasets/publicsectoremploymenttimeseriesdataset (Letzter Zugriff 4.1.2018)

ONS (2018b): LFS: Employees: Part-time: https://www.ons.gov.uk/employmentandlabourmarket/peopleinwork/employmentandemployeetypes/timeseries/ycbn/lms (Letzter Zugriff 4.1.2018)

Oreland, C. (2010): Övergång till privat drift inom offentlig sektor? Högre lön för den anställde. Ekonomisk Debatt 38 (5), S. 61-74

Ortiz Vargas, F. J. (2011): Legitimidad y financiación de los sindicatos considerados "más representativos" en España: Confederación Nacional del Trabajo: http://cnt.es/sites/default/files/legitimidad_financiacion_sindicatos_mas_representativos.pdf (Letzter Zugriff 24.1.2018)

Otaegui, A. (2012): Participación sindical en Europa y representación de los trabajadores en tiempos de crisis Fundación 1° de Mayo: http://www.1mayo.ccoo.es/nova/files/1018/ParticipacionSindical.pdf (Letzter Zugriff 14.2.2018)

Patterson, P. (2012): The Productivity Conundrum, Explanations and Preliminary Analysis. ONS, October 2012

Pedersini, R. (2010) Trade union strategies to recruit new groups of workers, Dublin: European Foundation for the Improvement of Living and Working Conditions: http://eurofound.europa.eu/sites/default/files/ef_files/docs/eiro/tn0901028s/tn0901028s.pdf (Letzter Zugriff: 13.2.2018)

Pennings, P. (2010): Exploring Variations in the Political Discourse on Public Sector Reforms, 1981–2005. In: Public Management Review 12 (2), S. 173-190

Peters, J. (2012): Neoliberal convergence in North America and Western Europe: Fiscal austerity, privatization, and public sector reform. In: Review of International Political Economy 19, S. 208-235

Pimec (2009): Personal al servicio de las Administraciones Públicas en el Estado español 2004-2009: http://s.libertaddigital.com/doc/empleo-publico-20042009-18927223.pdf (Letzter Zugriff 9.1.2017)

Polanyi, K. (1997): The Great Transformation. Politische und ökonomische Ursprünge von Gesellschaften und Wirtschaftssystemen. Frankfurt am Main

Pollitt, C./Bouckaert, G. (2011): Public Management Reform: A Comparative Analysis – New Public Management, Governance, and the Neo-Weberian State. Oxford, New York

Premfors, R. (1998): Reshaping the Democratic State: Swedish experiences in a comparative perspective. In: Public Administration 76 (Spring), S. 141-159

PRRB (2015): First Report. England and Wales 2015, Presented to the Parliament by the Prime Minister and Secretary of State for the Home Department by Command of Her Majesty, July 2015. London

Ramió, C. (2007): La percepción de los españoles de la Administración Pública. Congreso internacional sobre gestión de recursos humanos en la Administración Pública. Vitoria-Gasteiz

Ramos, R./Sanromá, E./Simón, H. (2014): Public-private wage differentials by type of contract: Evidence from Spain. IZA Discussion Paper 1858. Bonn

Reiners, M. (2008): Verwaltungsstrukturreformen in den deutschen Bundesländern. Radikale Reformen auf der Ebene der staatlichen Mittelinstanz. Wiesbaden

Rubery, J./Rafferty, A. (2014): Gender, recession and austerity in the UK. In: Rubery, J./ Karamessini, M. (Hg.): Women and austerity. The economic crisis and the future for gender equality. Abingdon, New York, S. 123-143

Sachverständigenrat (2016): Zeitreihen für Deutschland: Lohnstückkosten nach Wirtschaftsbereichen, Stand:26.2.2016: http://www.sachverstaendigenrat-wirtschaft.de/zr_deutschland.html (Letzter Zugriff 3.5.2016)

Sack, D./Schneider, K. (2005): Wirkungen materieller Teilprivatisierungen und betriebliche Handlungsmöglichkeiten. In: Oppen, M./Sack, D./Wegener, A. (Hg.): Abschied von der Binnenmodernisierung. Kommunen zwischen Wettbewerb und Kooperation. Berlin, S. 179-191

Sanchez-Motos, E. M. (2007): Civil Service Salary System in Spain and Recent Reform Trends. Conference on Civil Service Salary Systems in Europe. Bucharest

Sanz de Miguel, P. (2013): Spain: Industrial relations profile. Eurofound

Sanz de Miguel, P. (2014): Spain: Industrial relations in central public administration – Recent trends and features: http://eurofound.europa.eu/observatories/eurwork/comparative-information/national-contributions/spain/spain-industrial-relations-in-central-public-administration-recent-trends-and-features (Letzter Zugriff 13.1.2015)

Schily, O./Heesen, P./Bsirske, F. (2004): „Neue Wege im öffentlichen Dienst", Eckpunkte für eine Reform des Beamtenrechts, Ms.

Schmalz, S./Dörre, K. (2014): Der Machtressourcenansatz: Ein Instrument zur Analyse gewerkschaftlichen Handlungsvermögens. In: Industrielle Beziehungen 21 (3), S. 217-237

Schmid, J. (2008): Der Wohlfahrtsstaat in Europa – Divergenz und Integration. In. Gabriel, O./Kropp, S. (Hg.): Die EU-Staaten im Vergleich. 3. Überarb. Auflage. Wiesbaden, S. 711-738

Schmidt, W. (2003): Betriebsratswahlen 2002. Determinanten der Wahlbeteiligung in Großbetrieben der Metallindustrie. Tübingen

Schmidt, W. (2004): Flächentarifvertrag oder mimetische Löhne. Der Einfluss von multinationalen Unternehmen und industriellen Beziehungen auf Entgelt und Arbeitszeit in Deutschland und Großbritannien. München, Mering

Schmidt, W. (2017): Dokumentenanalyse in der Organisationsforschung. In: Liebig, S./Matiaske, W./Rosenbohm, S. (Hg.): Handbuch Empirische Organisationsforschung. Wiesbaden, S. 443-466

Schmidt, W./Dworschak, B. (2006): Pay Developments in Britain and Germany: Collective Bargaining, 'Benchmarking' and 'Mimetic Wages'. In: European Journal of Industrial Relations 12, S. 89-109

Schmidt, W./Müller, A. (2013): Leistungsorientierte Bezahlung in den Kommunen. Befunde einer bundesweiten Untersuchung, Reihe Modernisierung des öffentlichen Sektors, Sonderband 42, Berlin

Schmidt, W./Müller, A. (2018): Germany: an intertwined two-part system of unilateralism and collective bargaining. In: Labor History 59 (1), S. 71-86

Schmidt, W./Müller, A./Trittel, N. (2011): Der Konflikt um die Tarifreform des öffentlichen Dienstes. Verhandlungsprozesse und Umsetzungspraxis. Reihe Modernisierung des öffentlichen Sektors, Sonderband 38. Berlin

Schneider, K. (2002): Mitbestimmung im „Konzern Stadt". Arbeitspolitische Implikationen des dezentralisierten kommunalen Sektors. In: Industrielle Beziehungen 9 (1), S. 7-32

Schroeder, W. (2014): Perspektiven der industriellen Beziehungen in der deutschen Exportwirtschaft und die Rolle der Finanz- und Wirtschaftskrise. In: Sozialer Fortschritt 63, S. 21-30

Schulten, T./Müller, T. (2013): A new European interventionism? The impact of the new European economic governance on wages and collective bargaining. In: Natali, D./ Vanhercke, B. (Hg.): Social developments in the European Union 2012 – Fourteenth annual report. Brussels, S. 181-213

Schwarz-Kocher, M. (2014): Wettbewerbskorporatismus oder neue Machtressource? Gewerkschaftliche Betriebspolitik im Spannungsfeld der Korporatismuskritik. In: Sozialer Fortschritt 63, S. 13-21

Shaoul, J. (2011): The Economic and Financial Context: Paying for the Banks. In: Corby, S./ Symon, G. (Hg.) (2011): Working for the State. Employment Relations in the Public Services. London, New York, S. 43-65

Silver, B. J. (2003): Forces of Labor: Workers' Movements and Globalization Since 1870 (Cambridge Studies in Comparative Politics). Cambridge et al.

Simón, H. J. (2003): ¿Qué determina la afiliación a los sindicatos en España? Revista del Ministerio de Trabajo y Asuntos Sociales 41: Economía y Sociología, S. 69-89

Statistics Sweden (2014a): Arbetskraftsundersökningarna (AKU) fjärde kvartalet 2014 – Tema: Utvecklingen av tidsbegränsat anställda: http://www.scb.se/sv_/Hitta-statistik/Statistik-efter-amne/Arbetsmarknad/Arbetskraftsundersokningar/Arbetskraftsundersokningarna-AKU/23265/23272/Behallare-for-Press/385694/ (Letzter Zugriff 15.2.15)

Statistics Sweden (2014b): Statistical Yearbook: Public Finances in Sweden: http://www.scb.se/en_/Finding-statistics/Statistics-by-subject-area/Public-finances/General-statistics/Statistical-yearbook-Public-finances-in-Sweden/#c_undefined (Letzter Zugriff 13.1.2015)

Statistics Sweden (2014c): Finansiärer och utförar inom vården, skolan och omsorgen: http://www.scb.se/hitta-statistik/statistik-efter-amne/offentlig-ekonomi/finanser-for-den-kommunala-sektorn/finansiarer-och-utforare-inom-varden-skolan-och-omsorgen/ (Letzter Zugriff 15.12.2015)

Statistics Sweden (2017): Labour Force Surveys: http://www.scb.se/en/finding-statistics/statistics-by-subject-area/labour-market/labour-force-surveys/labour-force-surveys-lfs/#_TablesintheStatisticalDatabase (Letzter Zugriff 26.1.2018)

Statistisches Bundesamt (2011): Fachserie 14 Reihe 6, Finanzen und Steuern: Personal des öffentlichen Dienstes 2010. Wiesbaden

Statistisches Bundesamt (2014a): Verdienste und Arbeitskosten, Index der Tarifverdienste und Arbeitszeiten, Fachserie 16, Reihe 4.3. Wiesbaden

Statistisches Bundesamt (2014b): Verdienste und Arbeitskosten, Arbeitnehmerverdienste, 2. Vierteljahr 2014. Wiesbaden

Statistisches Bundesamt (2015): Fachserie 14 Reihe 6, Finanzen und Steuern: Personal des öffentlichen Dienstes 2014. Wiesbaden

Statistisches Bundesamt (2016): Verdienste und Arbeitskosten, Index der Tarifverdienste und Arbeitszeiten, Fachserie 16, Reihe 4.3. Wiesbaden

Statistisches Bundesamt (2017): Verdienste und Arbeitskosten, Index der Tarifverdienste und Arbeitszeiten, Fachserie 16, Reihe 4.3. Wiesbaden

Stokke, T. A./Thörnqvist, C. (2001): Strikes and collective bargaining in the Nordic countries. In: European Journal of Industrial Relations 7 (1), S. 245-267

Stoleroff, A. (2013): Employment relations and unions in public administration in Portugal and Spain: From reform to austerity. In: European Journal of Industrial Relations, 19 (4) 309-323

Streeck, W. (2011): The Crisis of Democratic Capitalism. In: New Left Review 71 (Sept/Oct), S. 5-29

Streeck, W. (2013): Gekaufte Zeit. Die vertagte Krise des demokratischen Kapitalismus. Berlin

Streeck, W./Mertens, D. (2010): Politik im Defizit. Austerität als fiskalpolitisches Regime. MPIfG Discussion Paper 10/5. Köln

Streeck, W./Thelen, K. (2005): Introduction: Institutional Change in Advanced Political Economies. In: Beyond Continuity. Institutional Change in Advanced Political Economies. Oxford, S. 1-39

Svensson, T./Öberg, P. (2005): How are coordinated market economies coordinated? Evidence from Sweden. In: West European Politics 28 (5), S. 1075-1100

Swenson, P. A. (2009): Solidaritet mellan klasserna: Storlockouten och Saltsjöbadsandan. In: Lundh, C. (Hg.): Nya Perspektiv på Saltsjöbadsavtalet. Stockholm, S. 42-90

Tepe, M./Gottschall, K./Kittel, B. (2008): Marktwirtschaftsmodelle und öffentliche Beschäftigungsregime in der OECD. In: Der moderne Staat 2/2008, S. 377-397

Tepe, M./Gottschall, K./Kittel, B. (2010): A structural fit between states and markets? Public administration regimes and market economy models in the OECD. In: Socio-Economic Review 8, S. 653-684

Tepe, M./Kroos, D. (2010): Lukrativer Staatsdienst? Lohndifferenzen zwischen öffentlichem Dienst und Privatwirtschaft (Wage differential between public and private sector employees. An empirical analysis using the GSOEP). In: WSI Mitteilungen 63 (1), S. 3-10

The Spain Report (2015): Somos, A Trade Union Linked To Podemos, Becomes Leading Force At Spanish Economy Ministry: https://www.thespainreport.com/articles/117-150624195703-somos-a-trade-union-linked-to-podemos-becomes-leading-force-at-spanish-economy-ministry (Letzter Zugriff 4.1.2017)

Thörnquist, A. (2008): The Swedish Occupational Safety and Health Model Lost in Transition? OSH & Developments, October 2008, S. 43-62: http://urn.kb.se/resolve?urn=urn:nbn:se:uu:diva-181582 (Letzter Zugriff 14.2.2018)

Thörnquist, A. (2013): Mångfaldens marknad och arbetets villkor. Om följder av kundval (LOV) i hemtjänsten, Arbetsliv i Omvandling nr. 2, 2013. Lund: Work, Technology & Social Change

Thörnquist, A. (2014): Mångfaldens retorik och arbetets praktik: Konkurrensutsättning och jämställdhet i hemtjänsten. In: de los Reyes, P. (Hg.): Inte bara jämställdhet, SOU 2014, 34. Stockholm

Thörnquist, A. (2015): East-West Labour Migration and the Swedish Cleaning Industry: A matter of immigrant competition? TheMes, Themes on Migration and Ethnic Studies, 2015:42, REMESO, Linköping University: http://www.diva-portal.org/smash/get/diva2:797602/FULLTEXT01.pdf (Letzter Zugriff 14.2.2018)

Thörnquist, A./Thörnqvist, C. (2018): Do public sector industrial relations challenge the Swedish model? In: Labor History 59 (1), S. 87-104

Thörnqvist, C. (1998): The Swedish discourse on decentralisation of labour relations. In: Fleming, D./Kettunen, P./Søborg, H./Thörnqvist, C. (Hg.): Global Redefining of Working Life – A New Nordic Agenda for Competence and Participation? Copenhagen, S. 267-291

Thörnqvist, C. (1999): The Decentralization of Industrial Relations: The Swedish Case in Comparative Perspective. In: European Journal of Industrial Relations 5 (1), S. 71-87

Thörnqvist, C. (2000): Arbetsinställelser 1903-1999. In: Tegle, S. (Hg.): Har den svenska modellen överlevt krisen? Utvecklingstendenser inför 2000-talets arbetsliv. Stockholm, S. 163-168

Thörnqvist, C. (2007): Changing Industrial Relations in the Swedish Public Sector – New Tensions within the Old Framework of Corporatism'. In: International Journal of Public Sector Management 20 (1), S. 16-33

Thörnqvist, C. (2010): "Kvinder og strejker – I Norden og internationalt". In: Deding, M./Holt, H. (Hg.), Hvorfor har vi lønforskelle mellem kvinder og mænd? En antologi om ligeløn i Danmark. København, S. 199-217

Thörnqvist, C. (2011a): The Most Powerful Industrial Relations in the World? Pros and Cons of the Swedish Collective Bargaining System in the Light of the Laval Conflict. In: Thörnquist, A./Engstrand, Å. -K. (Hg.): Precarious employment in perspective: Old and new challenges to working conditions in Sweden. Brussels, New York, S. 23-45

Thörnqvist, C. (2011b): Il modello svedese di democrazia industriale: Dramma storico in quattro atti, Quaderni di Rassegna Sindacale, 2011/2, S. 209-238

Thörnqvist, C./Woolfson, C. (2012): When tender turns tough: posted workers and the tendering regime in the Swedish construction industry. In: Construction Management and Economics 30, S. 525-533

Traxler, F. (1999): The state in industrial relations: A cross-national analysis of developments and socioeconomic effects. In: European Journal of Political Research 36, S. 55-85

Traxler, F./Blaschke, S./Kittel, B. (2001): National Labour Relations in Internationalized Markets. A Comparative Study of Institutions, Change, and Performance. Oxford

UK-Pollingreport (2016): Looking back at 2011: http://ukpollingreport.co.uk/blog/archives/date/2011/12 (Letzter Zugriff 31.3.2016)

Unison (2016): Local authority chief officers agree two-year pay deal, 21.3.2016: https://www.unison.org.uk/news/2016/03/local-authority-chief-officers-agree-two-year-pay-deal/ (Letzter Zugriff 4.1.2016)

Unison (2017): UNISON responds to latest inflation figures, 12.12.2017: https://www.unison.org.uk/news/press-release/2017/12/unison-responds-latest-inflation-figures/ (Letzter Zugriff 8.1.2018)

Unite (2014): Facts on NHS Pay, June 2014

Van der Meer, M. (1997): Trade Union Development in Spain. Past Legacies and Current Trend, Arbeitsbereich 1/18. Mannheim

Van Wanrooy, B./Bewley, H./Bryson, A./Forth, J./Freeth, S./Stokes, L./Wood, S. (2011): Employment relations in the shadow of recession. Findings from the 2011 Workplace Employment Relations Study Basingstoke. New York

Vaughan-Whitehead, D. (Hg.) (2013): Public Sector Shock. The Impact of Policy Retrenchment in Europe

Vesper, D. (2012): Finanzpolitische Entwicklungstendenzen und Perspektiven des Öffentlichen Dienstes in Deutschland. Berlin

Vesper, E. (1996): Leistungsanreize und andere (auch nicht monetäre) Möglichkeiten der Mitarbeitermotivation. In: Zeitschrift für Tarifrecht 4/1996, S. 150-155

Visser, J. (2006): Union membership statistics in 24 countries. In: Monthly Labor Review 129 (1), S. 38-49

Wall, A. (2014), Är det här ok? – en rapport om de visstids- och timanställdas verklighet. Stockholm.

Wallenberg, J. (2012): Kommunals medlemmars syn på individuella löner. Stockholm

Warneck, W. (2008): Streikregeln in der EU27 und darüber hinaus. Ein vergleichender Überblick. ETUI-REHS Research Department Bericht 103. Brüssel

Wehler, H. -U. (2008): Deutsche Gesellschaftsgeschichte. Erster Band 1700–1815, erste, durchgesehene Studienausgabe. München

Wierer, E./Stauske, J. -C. (2005): Gleichwertige Lebensverhältnisse. Ausarbeitung des Parlamentarischen Beratungs- und Gutachterdienst des Landtags NRW vom 15. April 2005

Wikipedia (2016): Huelgas generales en España: http://es.wikipedia.org/wiki/Huelgas_generales_en_Espa%C3%B1a (Letzter Zugriff 4.1.2017)

Wikipedia (2018): Opinion polling for the next United Kingdom general election: https://en.wikipedia.org/wiki/Opinion_polling_for_the_next_United_Kingdom_general_election (Letzter Zugriff 17.1.2018)

Willems, I./Janvier, R./Henderickx, E. (2006): New pay in European civil services: is the psychological contract changing? In: International Journal of Public Sector Management 19, S. 609-620

Witzel, A. (2000): Das problemzentrierte Interview. In: Forum Qualitative Sozialforschung 1 (1): Artikel 22: http://www.qualitative-research.net/index.php/fqs/article/view/1132/2519 (Letzter Zugriff 31.1.2018)

Woll, C. (2011): Wer rettet die Banken? Staatliche Nothilfe im internationalen Vergleich. In: MPIfG (Hg.): MPIfG-Jahrbuch 2011–2102, S. 19-25

Wollmann, H. (2002): Verwaltungspolitische Reformdiskurse und -verläufe im internationalen Vergleich. In: König, K. (Hg.): Deutsche Verwaltung an der Wende zum 21. Jahrhundert. Baden-Baden, S. 489-525

Wollmann, H. (2011): Entwicklung und Perspektiven der deutschen kommunalen Selbstverwaltung im europäischen Vergleich. Referat anlässlich der Bundesfachgruppenkonferenz Allgemeine Kommunalverwaltung der Gewerkschaft ver.di am 14.2.2011 (überarbeitete Fassung 25.2.11). Berlin

Wollmann, H./Marcou, G. (Hg.) (2010): The Provision of Public Services in Europe. Between State, Local Government and Market. Cheltenham, Northampton, MA

Wright, C. F. (2011): What role for trade unions in future workplace relations? Acas Future of Workplace Relations discussion paper series, September 2011

Wright, E. O. (2000): Working-Class Power, Capitalist-Class Interests, and Class Compromise. In: American Journal of Sociology 105, S. 958-1002

WSI-Tarifarchiv (2015): http://www.boeckler.de/wsi-tarifarchiv_2257.htm (Letzter Zugriff 29.12.2015)

YouGov (2013): Austerity: the new normal: https://yougov.co.uk/news/2013/04/24/austerity-new-normal/ (Letzter Zugriff 4.1.2017)

YouGov (2015): Majority support winding down austerity: https://yougov.co.uk/news/2015/10/01/majority-support-winding-down-austerity/ (Letzter Zugriff 4.1.2017)

Abbildungs- und Tabellenverzeichnis

Abbildungen:

Tabellen: